Die großen Polit-Skandale

Thomas Ramge

Die großen Polit-Skandale

Eine andere Geschichte
der Bundesrepublik

Campus Verlag
Frankfurt/New York

Meinen Eltern

Bibliografische Informationen der Deutschen Bibliothek

Die Deutsche Bibliothek verzeichnet diese Publikation in der Deutschen National-
bibliografie. Detaillierte bibliografische Daten sind im Internet über http://dnb.ddb.de
abrufbar.

ISBN 3-593-37069-7

Copyright © 2003 Campus Verlag GmbH, Frankfurt am Main
Umschlaggestaltung: RGB, Hamburg
Umschlagmotiv: dpa
Satz: Leingärtner, Nabburg
Druck und Bindung: Wiener Verlag GmbH, Himberg
Gedruckt auf säurefreiem und chlorfrei gebleichtem Papier.
Printed in Germany

Besuchen Sie uns im Internet: www.campus.de

Inhalt

Vorwort

Ausgestopfte Tiere schauten Konrad Adenauer in seinem ersten Amtszimmer bei der Arbeit zu. Im Herbst 1949 waren die Kanzlerbüros provisorisch in einem Bonner Naturkundemuseum untergebracht. Die Arbeiten am Palais Schaumburg, dem späteren Sitz des Regierungschefs, gingen nur zögerlich voran, und der betagte Staatsgründer wurde ungeduldig: »Ich höre die Leute schon sagen: ›Der Alte sitzt bei den Affen, und da gehört er ja auch hin!‹« Eigentlich hatte Adenauer nur wenig Grund, sich zu beschweren. Die Geschichte der Bundesrepublik Deutschland begann mit einer politischen Sünde, die er zu verantworten hatte – wenn auch mit einer kleinen. Als Präsident des Parlamentarischen Rates sorgte Adenauer mit einer Reihe politischer Taschenspielertricks dafür, dass Bonn und nicht Frankfurt Hauptstadt des westdeutschen Staates wurde. Als skandalös wurde diese Entscheidung im Jahr 1949 nur von wenigen wahrgenommen.

Ein politischer Skandal ist ein kommunikativer Prozess. Das Fehlverhalten eines Politikers, einer Partei oder der politischen Klasse wird erst zum Skandal, wenn die Öffentlichkeit sich über ein undemokratisches Vergehen empört und Konsequenzen fordert. Vier Jahre nach Kriegsende war für Empörung keine Zeit. Deutschland musste wieder aufgebaut und demokratische Rituale mussten erst erlernt werden. Denn der politische Skandal ist ein demokratisches Ritual der Selbstreinigung. Mit der Bestrafung der Schuldigen versichert sich die Demokratie, dass sie funktioniert, getreu dem

Motto: Bei uns fliegen Schweinereien auf und werden geahndet. Die Gesellschaft der Bundesrepublik sollte schon bald ausreichend Gelegenheit haben, dieses Ritual zu üben. Die Schatten der Nazivergangenheit, Geheimdienstpannen, Machtanmaßung, Polizeigewalt, illegale Parteispenden und persönliche Bereicherung boten zahlreiche Gründe zur Empörung, und eine freie Presse verfügte über die Mittel, diese zum Ausdruck zu bringen. Einzig gegen das Genre des Sittenskandals schien die Bundesrepublik resistent. Die Affäre Kießling sollte erst Mitte der 8oer Jahre auch diese Lücke schließen.

Dieses Buch zeigt an zwölf Beispielen, wie in der Bundesrepublik Deutschland politische Skandale hochkochten und welche Spuren sie hinterließen. Wer trieb einen Skandal aufgrund welcher Interessen voran, und mit welchen Mitteln setzten sich die Beschuldigten zur Wehr? Unter welchen Umständen überstand ein Politiker einen Skandal relativ unbeschadet, wann musste er seinen Hut nehmen? Welche Konsequenzen wurden gezogen, und was wurde aus den Hauptfiguren? Dies sind die Leitfragen für die kommenden Seiten. Dabei soll kein theoretisches Modell entworfen werden, das historische Skandale nach definierten Parametern analysiert und den Verlauf kommender Affären vorhersagt. Hiermit haben sich bislang auch Politikwissenschaft und Soziologie ausgesprochen schwer getan. Dieses Buch nähert sich dem Phänomen des Politskandals über seine Protagonisten. Franz Josef Strauß lief stets zur Hochform auf, wenn wieder einmal eine Lawine von Vorwürfen auf ihn zurollte. Dem wortgewaltigen Bayern gelang es, Skandale für seine Zwecke zu instrumentalisieren. Willy Brandt brach zusammen, als sein Referent Günter Guillaume als Stasi-Kundschafter enttarnt wurde. Für beide Reaktionen gibt es Gründe in Biografie und Charakter der Politiker, die genauso erforscht werden sollen wie der historische Kontext, in dem über Rücktritte und politische Comebacks entschieden wurde.

Politische Skandale brauchen freie Presse, Opposition und Öffentlichkeit. Die DDR kannte entsprechend das Ritual des Skandals nicht. Im demokratischen Sinne war sie selbst ein Skandal. Auf die politischen Affären in Westdeutschland nahm die Regierung in Ostberlin dafür umso stärker Einfluss. Sie belieferte Staatsanwälte mit echten und gefälschten Akten, die Adenauers Staatssekretär Hans Globke belasteten, spannte Verfassungsschutzpräsident Otto John vor ihren Propagandakarren und unterstützte die Westberliner Studenten nach dem Tod von Benno Ohnesorg. Im Gegenzug geriet im Westen der Kampf gegen den Kommunismus zur Standardrechtfertigung, wenn Politiker Gesetze übertraten. Politische Skandale waren in der Bundesrepublik fast immer auch ein Derivat des Ost-West-Konfliktes. Dies galt sogar noch für die Affären nach der Wiedervereinigung. Helmut Kohl begründete seine illegalen Parteispenden mit dem Satz: »Wir standen mit dem Rücken zur Wand.« Das Geld aus den schwarzen Kassen sei in den Aufbau der Ost-Union geflossen. Die DDR und ihr Einfluss sowie die antikommunistische Identität des Westens stehen daher unter besonderer Beobachtung in diesem Buch.

Ob getragen von einzelnen Personen wie »Super-Ossi« Günther Krause oder von der gesamten politischen Klasse wie im Spendenfall Flick: Skandale sind wohl das spannendste politische Ritual, das die Demokratie kennt. Sie polarisieren, schaffen Zweckbündnisse und stellen Loyalitäten auf die Probe. Sie machen Politik emotional und gleichzeitig zum kühlen Strategiespiel. Im Skandal beweist sich, wie tief eine Gesellschaft – Beschuldigte und Skandalierer eingeschlossen – die selbst gesetzten Spielregeln verinnerlicht hat. Oft genug zeigt die Skandalgeschichte der Bundesrepublik, dass es weder Moral noch Anstand sein müssen, die hinter der »Aufklärung« stehen. Aus Opfern wurden, siehe Björn Engholm, strahlende Sieger, die bei genauerem Hinsehen selbst nicht frei von Fehlverhalten waren. Aus Tätern wurden, siehe Uwe Barschel, tragische Figuren, bei denen die Schuldfrage keineswegs geklärt war. Die »Waterkant-Affäre« wurde für die Medienkritiker zum Paradebeispiel einer fehlgeleiteten Jägermentalität vieler Journalisten.

Ein Rückblick auf die großen Skandale der Bundesrepublik sagt viel über die politische Geschichte Deutschlands aus, mischten in der Konfrontation von Anklägern und Beschuldigten doch stets die wichtigsten Politiker der Zeit mit. Dieses Buch unternimmt den Versuch, auch die politische Atmosphäre der einzelnen Epochen einzufangen. Es will erzählen, historisch genau und dennoch unterhaltsam. Denn dazu lädt das Thema des Buches förmlich ein. Eine perfekte Demokratie kennt keine Skandale. Der Autor hält es daher mit Theodor Fontane, der einmal schrieb: »Unser Leben verläuft, offen gestanden, etwas durchschnittsmäßig, also langweilig, und weil dem so ist, setz ich dazu: ›Gott sei Dank, dass es Skandale gibt.‹«

Berlin, Juli 2002

1
Bonn bei Rhöndorf –
Adenauer und die Hauptstadtfrage
(1949)

Die Tagesordnung war extra geändert worden. Der Parlamentarische Rat entschied zum ersten Mal in geheimer Abstimmung. Schriftführer Jean Stock rief die 63 Abgeordneten dem Alphabet nach einzeln auf, die Stadt ihrer Wahl handschriftlich auf den Stimmzettel zu schreiben: Frankfurt oder Bonn. Die Zuschauertribüne des provisorischen Bonner Plenarsaals, in dem der Rat bis dahin über das Grundgesetz beraten hatte, war bis auf den letzten Platz besetzt. Vor dem Gebäude warteten Hunderte von Bonner Lokalpatrioten auf die Entscheidung: Wo würden Regierung und Parlament der Bundesrepublik Deutschland nach der Staatsgründung und den ersten freien Wahlen ihre Arbeit aufnehmen?

Die Urne mit den Stimmzetteln wurde auf dem Präsidententisch geleert. Der Ratsvorsitzende Konrad Adenauer ließ es sich nicht nehmen, jeden einzelnen Zettel persönlich zu entfalten und das Votum bekannt zu geben. Die Zuschauer auf der Tribüne zählten laut mit, bejubelten jede Stimme für die bislang eher unbedeutende Universitätsstadt am Rhein. Adenauer mahnte mehrmals: »Ich bitte, jedes Zeichen des Missfallens und des Beifalls zu unterlassen.« Das Ergebnis ging trotzdem im Jubel unter: Frankfurt erhielt 29 Stimmen, für Bonn stimmten 33 Abgeordnete, eine Stimme war ungültig.

In den späten Abendstunden des 10. Mai 1949 war die Vorentscheidung für Bonn als »provisorische« Hauptstadt der Bundesrepublik gefallen. Gegen Mitternacht wurde die schwarz-rot-goldene

Fahne, die erst zwei Tage zuvor als Bundesflagge deklariert worden war, auf dem Tagungsgebäude der Pädagogischen Akademie aufgezogen und angestrahlt. Die Bonner jubelten. Adenauer ließ sich seinen Triumph über die Sozialdemokraten und die Gegner innerhalb der Union nicht anmerken.

Seine innere Genugtuung muss gleichwohl groß gewesen sein. Die Entscheidung für Bonn im Parlamentarischen Rat, dem verfassunggebenden Vorparlament der Bundesrepublik, war das Ergebnis eines machtpolitischen Intrigenspiels. Adenauer hatte es mit Unterstützung des Landes Nordrhein-Westfalen und der Stadt Bonn in den vergangenen Monaten gegen eine Übermacht an Frankfurt-Befürwortern betrieben. Am Tag der Abstimmung gipfelte es in einer Mischung aus taktischem Geniestreich und alberner Provinzposse, die nach heutigen Maßstäben gehöriges Skandalpotenzial hatte.

Noch am Morgen des 10. Mai sah es so aus, als ob Frankfurt als der sichere Sieger aus der Abstimmung hervorgehen würde. In einer Probeabstimmung der Union votierten 21 Abgeordnete für Bonn, sechs für Frankfurt. Bei den Abweichlern handelte es sich vermutlich um die bayrischen CSU-Vertreter. Es war bekannt, dass die Spitze der Christlich-Sozialen Union in München eine Hauptstadt nördlich der Mainlinie ablehnte. Nachdem sie schon dem Grundgesetz nicht zugestimmt hatte, übte sie jetzt erneut Druck auf die bayrischen Delegierten aus. Zudem galten die beiden hessischen CDU-Abgeordneten Heinrich von Brentano und Walter Strauß als Wackelkandidaten. Das Stuttgarter CDU-Ratsmitglied Paul Binder, der sich mehrfach mit Adenauer in der Hauptstadtfrage angelegt hatte, schien ebenfalls noch unentschieden.

Die SPD hingegen wollte ihre 27 Abgeordneten per Fraktionszwang auf Frankfurt verpflichten. Zwei Stimmen der FDP galten der Mainmetropole ebenso als sicher. Die beiden Kommunisten im Rat wollten sich enthalten. Bonn konnte noch mit drei Stimmen der Freien Demokraten und jeweils zwei Stimmen von Deutscher Partei und Zentrum rechnen. Unter dem Strich hieß das: Sollte die CSU bei ihrem Votum bleiben, wäre Frankfurt der künftige Sitz der Bundesregierung. Auch die drei unentschiedenen CDU-Abgeordneten konnten Adenauers Plan noch endgültig zunichte machen, selbst wenn sich die CSU zugunsten Bonns umstimmen ließe.

Hangenauer, Fräulein Moritz und die Warteklinke

Fast alle politischen Beobachter gingen am Morgen der Abstimmung davon aus: Die künftige Bundeshauptstadt würde Frankfurt heißen. So wäre es wohl auch gekommen, hätte Adenauer nicht in letzter Minute eine »geheime Meldung« der Nachrichtenagentur Deutscher Pressedienst, einem Vorläufer der dpa, in die Finger bekommen. Die Meldung berichtete von der soeben beendeten Sitzung des Parteivorstandes der Sozialdemokraten in Köln. Dort hatte der SPD-Vorsitzende Kurt Schumacher angeblich »eine Wahl Frankfurts als Bundessitz als eine Niederlage für die CDU/CSU« bezeichnet. Für die SPD sei »die Entscheidung des Bundessitzes von großer politischer Bedeutung«.

Die SPD feierte also vorab den Sieg Frankfurts als politischen Sieg über die CDU, ermöglicht durch, wie es in der Meldung mokierend hieß, »einige starrköpfige Außenseiter« in der Union! Adenauer las den Text in der Fraktion vor. Er warf den Abweichlern vor, den Sozialdemokraten eine Steilvorlage für die kommende Bundestagswahl zu liefern. Nun behauptete auch Adenauer: »Die Hauptstadtfrage ist eine politische geworden.« Seine Schlussfolgerung lautete: Die Union konnte gar nicht mehr anders als geschlossen für Bonn zu stimmen, sonst machten die Roten das Rennen. Wer wollte dafür schon die Verantwortung tragen? Der Kanzler in spe rang seinem schwäbischen Widersacher Paul Binder das Eingeständnis ab, sich wenigstens der Stimme zu enthalten. Der ungültige Stimmzettel am Abend stammte wahrscheinlich von ihm. Den beiden hessischen CDU-Abgeordneten wurden offenbar persönliche

Zugeständnisse gemacht. Heinrich von Brentano, später Außenminister, rückte noch vor der Abstimmung in die Fraktionsspitze auf. Walter Strauß wurde auf ausdrücklichen Wunsch Adenauers zum Staatssekretär im Justizministerium berufen. Auch die CSU knickte ein. Was zu diesem Zeitpunkt keiner der Abgeordneten wusste: Die dpd-Meldung war gar keine echte Meldung.

Formuliert worden war sie von zwei Journalisten, die der CDU nahe standen: dpd-Korrespondent Franz Hange, Spitzname »Hangenauer«, und Heinrich Böx, Redakteur der konservativen *Allgemeinen Kölnischen Rundschau*. Getippt wurden die Zeilen auf dem dpd-Fernschreiber in Hanges Büro. Bevor die beiden loslegten, drückten sie jedoch die so genannte »Warteklinke« des Gerätes. Damit wurde die Standleitung zur Hamburger Zentralredaktion des Deutschen Pressedienstes gekappt. Der Fernschreiber mutierte zur einfachen Schreibmaschine. Hange und Böx verfassten ein Schriftstück, das nur aussah wie eine Meldung, die über den Ticker gegangen war. Das Blatt mit der vermeintlichen Meldung spielten sie Adenauer zu.

Was Kurt Schumacher auf der SPD-Vorstandssitzung in Köln tatsächlich sagte, wird wohl immer ein Rätsel bleiben. Ein Protokoll gibt es nicht mehr. Seine Informationen über die Sitzung erhielt »Hangenauer«, soviel ist sicher, von seiner jungen Kollegin Elfriede Moritz, die er sehr gut kannte. Er war heimlich mit ihr verheiratet. Die Liaison musste geheim gehalten werden, weil »Fräulein Moritz« für die konkurrierende Deutsche Nachrichten Agentur (DNA) in Hanges Nachbarbüro arbeitete. Die 25-jährige Journalistin verfügte über beste Kontakte zur SPD-Parteispitze. Sie stammte aus einer sozialdemokratischen Familie und war selbst im Besitz eines roten Parteibuches. Offenbar hatte ihr ein SPD-Fraktionsmitglied telefonisch von Schumachers Rede berichtet: unter der Auflage, diese Hintergrundinformation nicht zu veröffentlichen. Hange und Böx hingegen versorgten nicht nur Adenauer mit ihrer dubios frisierten Meldung, sondern auch einige Kollegen, die sich umgehend aufmachten, das Gerücht vom siegesgewissen Schumacher zu verbreiten.

Die Meldung sorgte bei allen Fraktionen für gehörige Aufregung. Auch der Verdacht, es handele sich um eine Fälschung Hanges, stand schnell im Raum, zumal Schumacher die vermeintliche Nachricht umgehend dementierte. Die CDU/CSU-Fraktion nutzte eine Unterbrechung der Plenarsitzung, um noch einmal über die Meldung zu diskutieren. Nach diskreter Befragung weiterer Journalisten kamen die Abgeordneten zu dem Ergebnis: Die Meldung mag zwar auf der »Warteklinke« geschrieben worden sein, ihr Inhalt jedoch war korrekt. Die CSU lenkte daraufhin endgültig ein. Die Mehrheit für Bonn war gesichert.

Für die Journalisten Hange und Böx zahlte sich die nicht gemeldete Meldung langfristig aus. Franz Hange bekam zwar ein wenig Ärger mit seiner Chefredaktion, öffentlich wurde er aber vom dpd in Schutz genommen. Noch 1949 fiel er auf der Karriereleiter nach oben und stieg zum Chefkorrespondenten für die unmittelbare Berichterstattung über Adenauer auf. Vor Kollegen brüstete er sich damit, die gesamte Postablage des Kanzlers nach Meldungen abfischen zu dürfen. Schließlich landete Hange, nach einer Zwischenstation als Referent im Kanzleramt, als Ministerialrat im Bundespresseamt. Heinrich Böx wurde alsbald direkt von Adenauer zum Leiter des Presse- und Informationsamtes der Bundesregierung berufen. Nur bei Elfriede Moritz zeigte die Schumacher-Meldung keine karrierefördernde Wirkung. Die DNA schickte ihr die Kündigung. Außerdem musste sie sich in einem Verfahren wegen »Schädigung der Bundesrepublik Deutschland« verantworten, das allerdings im Sande verlief. Mehrere Sozialdemokraten ließen sich schriftlich von der Journalistin bestätigen, dass sie ihr keine Informationen hatten zukommen lassen.

Der politische Verlierer der Meldungs-Finte hieß Kurt Schumacher. Drei Wochen nach der Hauptstadtentscheidung donnerte er auf dem Landesparteitag der bayrischen SPD: »Am Nachmittag jenes Tages sind einige Personen, darunter zwei Journalisten, eine kleine Madame von der DNA und ein Herr vom dpd, in ganz Bonn herumgeschickt worden, über die Frage des künftigen Sitzes der

Bundeshauptstadt eine Falschmeldung zu kolportieren, indem man mir etwas in den Mund legte, was ich nie gesagt habe.« Seine Bewertung lautete: »Eine solche Handlungsweise kann nur einer unvorstellbar niederen politischen Vorstellungsweise entspringen, denn jeder verantwortungsbewusste Mensch kann eine so realpolitisch bedeutsame Frage nicht zum Gegenstand der Konkurrenz zweier Fraktionen machen.« Schumachers Empörung fand außerhalb der SPD kaum Beachtung. Die Entscheidung war gefallen, und die »Nachricht« vom siegesgewissen Schumacher hatte die Wende zugunsten Bonns gebracht. Der *Spiegel*-Korrespondent Lothar F. Ruehl schrieb: »Sie stülpte die Stimmung CDU/CSU-Oppositioneller um und machte aus heißen Frankfurtern frische Bonner.«

Die Nachrichtenente vom 10. Mai 1949 war nur der vorläufige Höhepunkt einer Reihe trickreicher bis skandalträchtiger Schachzüge, die eine kleine Gruppe von Bonn-Befürwortern zugunsten der späteren Hauptstadt unternahm. Zum Sitz des Parlamentarischen Rates war Bonn nur geworden, weil sich die Ministerpräsidenten der Westzonenländer sicher waren, mit der Stadt am Rhein eben keine Vorentscheidung über eine spätere Hauptstadt zu treffen. Bonn schien zu unbedeutend, um ernsthaft mit den Kandidaten Frankfurt, Stuttgart und dem zentral gelegenen Kassel konkurrieren zu können. Diese Rechnung hatten die Ministerpräsidenten allerdings ohne Adenauer gemacht. »Der Alte« hatte schon lange Gefallen an dem Gedanken gefunden, die künftige Hauptstadt in seiner rheinischen Heimat zu platzieren.

Ratskantine und Rechenspiele

Bereits im Frühherbst 1948 verabredeten Adenauer, das Land Nordrhein-Westfalen und die Bonner Stadtverwaltung, Bonn hauptstadttauglich auszubauen. Das Kabinett in Düsseldorf bewilligte im Oktober zehn Millionen Mark für neue Tagungs- und Verwaltungsgebäude. Zu diesem Zeitpunkt hatte der Parlamentarische Rat gerade seine Arbeit aufgenommen. Vor Ort sorgte der Düsseldorfer Ministerialdirektor Hermann Wandersleb dafür, dass die Bauplanung zügig vorankam. Gleichzeitig tat die Stadtverwaltung alles, damit sich die Abgeordneten, die letztlich über die Hauptstadtfrage zu entscheiden hatten, in Bonn auch wohl fühlten. Das Restaurant der Pädagogischen Akademie übertraf den Standard einer üblichen Parlamentskantine im Jahr 1948 um Klassen. Für die süddeutschen Abgeordneten wurden »heimische« Gerichte wie Käsespätzle, Leberknödel und Griesnockerln in den Speiseplan aufgenommen. Die Hotels wurden von Politikern und Journalisten angewiesen, in Küche und Keller nicht zu sparen. Mit einigen kommunalen Subventionen war da viel zu machen. Selbstverständlich erhielten die Abgeordneten und Pressevertreter Freifahrscheine für die öffentlichen Verkehrsmittel. Die Bonner Fürsorge reichte sogar bis auf den Nachttisch. Hermann Wandersleb ließ in den Leselampen der Presseleute die schwachen 25-Watt-Birnen durch stärkere Leuchten ersetzen. Seine Begründung: »Journalisten arbeiten vorwiegend im Bett.« Der Unterstützung Adenauers konnte sich der umtriebige Beamte sicher sein. Der Rat hatte gerade vier Wochen getagt, da stellte der spätere Kanzler zufrieden fest: »Es geht ja ganz ausgezeichnet. Die Leute fühlen sich hier so wohl, dass sie gar nicht mehr wegwollen. Jetzt können wir darangehen, einen Vorschlag in der Richtung zu machen, dass Bonn vorläufige Bundeshauptstadt wird.«

Während Wandersleb organisierte, trickste Adenauer im politischen Verfahren. Als Präsident des Parlamentarischen Rates sorgte er dafür, dass zunächst nur das Land Nordrhein-Westfalen vor dem Ältestenrat die Vorzüge der Stadt Bonn darlegen konnte. Die hessischen Vertreter blieben außen vor, obgleich bekannt war, dass die Wiesbadener Landesregierung darauf brannte, Frankfurt wieder in Position zu bringen. Auch Wandersleb nutzte den Heimvorteil. In regelmäßigen Abständen legte er den Parlamentariern und der Presse geschönte Baukalkulationen vor. Das Fazit seiner Berech-

nungen blieb immer gleich: »Bonn ist die günstigere Lösung.« Die
Hauptstadtfrage geriet zum Preiskampf, und die vorgeblich geringen Baukosten zum wichtigsten Argument der Bonner Taktiker.

Früh regte sich Kritik an Wanderslebs Rechenspielen – auch innerhalb der CDU. Reinhold Maier, Ministerpräsident von Württemberg-
Baden und stolz, Stuttgart aus dem Rennen geworfen zu haben, um
dessen Bewohnern die »Hauptstadtplage« zu ersparen, merkte an:
»Die Zahlen sind ganz unseriös kalkuliert und für schwäbische
Genauigkeit im Nachrechnen voll von Fragezeichen.« Tatsächlich
wurden die vom Hauptstadtbüro Bonn avisierten Baukosten in keinem einzigen Fall eingehalten. Dies galt für die Erweiterung des Bun-
deshauses, den Umbau von Kasernen sowie für die Restaurierung des
Palais Schaumburg. Nach der Entscheidung nutzte man die hohen
verbauten Summen wiederum als Argument, auf jeden Fall in Bonn
bleiben zu müssen. Sonst wären die immensen Investitionen ja Fehlin-
vestitionen gewesen! Das Bundeshaus lieferte das sichtbarste Beispiel.
Frühzeitig hatte Adenauer einen renommierten Düsseldorfer Archi-
tekten beauftragt, in der Pädagogischen Akademie Platz für Bundestag und Bundesrat zu schaffen. Nordrhein-Westfalen sprang mit der
ersten Finanzierungsrate von 1,5 Millionen Mark ein. Ohne vorlie-
gende Baugenehmigung trieb Wandersleb den Ausbau seit Februar
1949 voran. Adenauer freute sich: »Das schönste Geräusch hier bei
dem ganzen Betrieb ist für mich das Hämmern und Klopfen am Neu-
bau des Plenarsaals.« Der Richtkranz stieg am 5. Mai über dem späteren Parlamentsgebäude auf, fünf Tage bevor der Parlamentarische Rat
darüber entschied, wo der Bundestag seine Arbeit aufnehmen würde.

Show-down Kapitale

Nach dem 10. Mai mussten Adenauer und die Bonn-Fraktion
noch eine weitere Hürde nehmen. Die endgültige Entscheidung,
wo bis zu einer Wiedervereinigung Regierung und Parlament

der Bundesrepublik Deutschland sitzen sollten, traf der erste Bundestag. Auch diese Abstimmung verlief unter dubiosen Umständen.

Die Bundestagswahlen vom 14. August verschafften der CDU/ CSU einen knappen Vorsprung von acht Sitzen gegenüber den Sozialdemokraten. Am 7. September – fünf Monate, nachdem der Parlamentarische Rat die Vorentscheidung für Bonn getroffen hatte – trat der Bundestag zu seiner konstituierenden Sitzung zusammen. Kaum hatte Parlamentspräsident Erich Köhler die feierlichen Eröffnungsworte gesprochen, meldete sich der SPD-Fraktionsvorsitzende Erich Ollenhauer zu Wort und forderte: »Regierung und Parlament sollen schnellstmöglich in Frankfurt zusammenkommen.« Das erste Bundestagsprotokoll verzeichnet: »Beifall bei der SPD, Lachen rechts.« Das Parlament verfügte zu diesem Zeitpunkt weder über eine Geschäftsordnung noch über Ausschüsse oder einen Arbeitsplan. Parlamentspräsident Köhler konterte: »Der Ältestenrat bestimmt die Tagesordnung, nicht einzelne Fraktionen.«

In der elften Sitzung des Bundestags, am 30. September, wurde Ollenhauers Antrag endlich zugelassen. Die SPD drängte, über die Hauptstadtfrage direkt abzustimmen. Die Union schlug vor, eine Kommission einzurichten, die nochmals Fakten über die tatsächliche Eignung der beiden Städte sammelte. Union und FDP stimmten diesem Vorschlag zu.

Die Befürworter Frankfurts sahen sich vom Abschlussbericht klar bestätigt. Dieser kam durchaus nicht zu dem Ergebnis, dass Bonn die billigere Alternative darstellte. Zwar besaß Bonn zu diesem Zeitpunkt in der Tat ein Parlamentsgebäude, das Frankfurt noch fehlte. Für die Exekutive allerdings verfügte die Stadt am Main mit den Gebäuden der Wirtschaftsverwaltung der Westzonen über ideale Räumlichkeiten, bei denen nur die Türschilder hätten ausgetauscht werden müssen. Für die Ministerialbürokratie standen in Frankfurt 45 800 Quadratmeter Bürofläche bezugsfertig bereit. Bonn hatte rund 12 000 Quadratmeter zu bieten. Für den Rest mussten mehrere Kasernen der alten Garnisonsstadt erst noch umgebaut werden. Auch was die Unterbringung von Politikern und Beamtenschaft anging, war Frankfurt die offensichtlich bessere Wahl. Bonn konnte laut Berechnungen der Kommission nicht einmal so viele öffentliche Wohnungen bieten, wie in Frankfurt noch fehlten, nämlich 512. Ferner arbeiteten bereits 4 000 Beamte in den Behörden des Wirtschaftsrates der Westzonen. Die Kosten für deren Umzug nach Bonn würden den ersten Bundeshaushalt ebenfalls belasten. Für Frankfurt sprachen zudem die wesentlich bessere Verkehrsanbindung durch Zug und Autobahn, der Flughafen sowie ein modernes Fernsprechnetz, das in Bonn mit 20 Millionen zusätzlich zu Buche schlug.

Grob gerechnet kam der Hauptstadtausschuss in seinem 18 Seiten umfassenden Bericht zu folgendem Ergebnis: In Frankfurt waren bereits über 100 Millionen Mark aus Mitteln des Vereinigten Wirtschaftsgebietes verbaut worden. Weitere 25 Millionen müssten investiert werden, um die Hauptstadt vorerst funktionstüchtig zu machen. Für Bonn fiel das Zahlenverhältnis umgekehrt aus. 20 Millionen Mark waren hier bereits investiert worden, weitere 120 Millionen an öffentlichen Geldern waren nötig. Private Kosten und Investitionen waren nicht eingerechnet.

Die Kommission legte ihren Bericht am 28. Oktober vor. Eine knappe Woche später, am 3. November, stimmte der Bundestag endgültig über den »Sitz der Bundesorgane« ab. Auf Bonn entfielen 200 Stimmen, auf Frankfurt 176. Ein beachtlicher Teil der Abgeordneten fehlte bei der Abstimmung. Wandersleb wurde als »Sieger von Bonn« gefeiert, Adenauer dankte dem Finanzminister von Nordrhein-Westfalen für sein Engagement, und das Bonner Studentenkabarett »Wintergärtchen« bekam 300 Mark Gage angewiesen. Unermüdlich hatte es mit einem Lied für Bonn geworben: »Bonn, Bonn, nur du allein.«

Frühe Amigos

Sechs Tage hatten Adenauer gereicht, um das Blatt erneut zu wenden. Sofort nach dem Erscheinen des Abschlussberichtes zweifelte er die Recherchen der Ausschussmitglieder an. Von den Amerikanern holte er schnell eine Stellungnahme über die Kosten ein, die mit einer Räumung Frankfurts von Besatzungstruppen verbunden wären. Diese gab er dann unvollständig und verzerrt wieder. Am Morgen der Bundestagsabstimmung landete in den Fächern von allen Abgeordneten eine »Stellungnahme der Bundesregierung zur Frage des vorläufigen Sitzes der leitenden Bundesorgane«. Das Papier hatte Hermann Wandersleb, inzwischen Staatssekretär, in der Nacht zuvor auf Weisung Adenauers zusammengestellt. Es enthielt Zahlen, die mit denen des Abschlussberichts wenig gemein hatten. Nur noch drei Millionen Mark, so rechnete Wandersleb dieses Mal vor, sollten in Bonn notwendig sein. Ein Umzug nach Frankfurt brächte »Verlust und Neuaufwendungen« in Höhe von 110 Millionen Mark. Die Zahlen waren völlig aus der Luft gegriffen.

Die Zustimmung der CSU hatte sich Adenauer vor der Bundestagswahl mit politischen Versprechungen gesichert. Den bayrischen Ministerpräsidenten Hans Ehard köderte er mit dem ersten Vorsitz im Bundesrat, was dann allerdings nicht klappte, sowie mit seiner Unterstützung im CSU-internen Machtkampf gegen Josef »Ochsensepp« Müller. Die CSU sollte zudem, so war ihr bereits im Mai versprochen worden, nach der gewonnenen Wahl das Finanzministerium und zwei weitere Ministerposten erhalten.

Auf Betreiben von Wandersleb hatten seit Ende 1949 überraschend viele bayrische Firmen den Zuschlag für öffentliche Bauaufträge in Bonn erhalten – gerne auch auf persönliche Empfehlung. So schrieb der spätere Justizminister Dehler am 4. November 1949 einen Brief an Wandersleb mit der Bitte: »Ich hatte mir vor einiger Zeit gestattet, Sie auf das Installationsunternehmen meines Jugendfreundes Georg Pabst in Bamberg hinzuweisen. Ich wäre Ihnen sehr dankbar, wenn Sie ihm Fingerzeig geben wollten, wie er sich bei der Bewerbung um Aufträge verhalten soll. Ich danke Ihnen für Ihre Bemühungen.« Knapp ein Drittel der frühen Bauvorhaben wurde letztendlich von bayrischen Firmen erledigt.

Mit der CSU konnte Adenauer rechnen, mit den 17 Abgeordneten der Bayernpartei (BP) nicht. Bei einer knappen Entscheidung des Bundestags konnten ihre Stimmen ausschlaggebend sein. Aus sicherer Quelle glaubte Wandersleb zu wissen, dass die BP geschlossen für Frankfurt stimmen werde: nicht, weil es ihr um die Sache gegangen wäre, sondern um »dem Alten« einen Denkzettel zu verpassen, da Adenauer sie wiederholt lächerlich gemacht hatte. Im »Büro Bundeshauptstadt« war man der Ansicht, der Kanzler solle noch vor der Abstimmung mit den Abgeordneten der Bayernpartei sprechen. Ob er dies tat, ist unklar. Die Voten der BP sorgten jedoch für gehörigen Wirbel. Mindestens die Hälfte der Freistaatler stimmte überraschenderweise doch für Bonn.

Viele Frankfurt-Anhänger innerhalb der SPD, unter ihnen Carlo Schmid, waren fest davon überzeugt: Die Entscheidung für Bonn war gekauft worden. Im Februar beantragten sie einen Parlamentarischen Untersuchungsausschuss – den ersten in der Geschichte der Republik. Im September erhärtete der *Spiegel* die Gerüchte. Aus einem Gedächtnisprotokoll des Bayernpartei-Vorsitzenden Josef Baumgartner zitierte das Nachrichtenmagazin ein Gespräch zwischen Baumgartner und dem zwielichtigen Abgeordneten Hermann Aumer, der ebenfalls der BP angehörte. Dieser behauptete, dass 100 Abgeordnete aller Fraktionen bestochen worden waren: »20 000 DM für diejenigen, die mitzureden haben, 10 000 DM für diejenigen, die ein Gewicht haben und 1 000 für diejenigen, die nur ihre Stimme hergegeben haben.« Als Geldgeber nannte Aumer CSU-Finanzminister Fritz Schäffer und den Bankier Robert Pferdemenges, der Adenauers Finanzen in Ordnung hielt.

Völlig abwegig klangen die Bestechungsvorwürfe nicht. Von der Bayernpartei war bekannt, dass sie permanent Geldsorgen hatte und sich in internen Machtkämpfen zerrieb. Der *Spiegel* deckte in den folgenden Wochen auf, dass dubiose Gelder, die Aumer vermittelt hatte, plötzlich von BP-Abgeordneten als Parteispenden zur »persönlichen Verwendung im Wahlkreis« deklariert worden waren. Insgesamt 36 Mal tagten die Obleute des Parlamentarischen Untersuchungsausschusses. Im Mai 1951 legte dieser ein 2000 Seiten starkes Abschlussprotokoll vor. Echte Erhellung brachte es nicht. »Versuchte oder erfolgte Bestechung sind nicht klar nachzuweisen«, hieß es in dem Papier. Wegen diverser Widersprüche in ihren Aussagen wurde aber den Abgeordneten Hermann Aumer, Anton Freiherr von Aretin, Ludwig Volkholtz und Wilhelm Schmidt trotzdem empfohlen, ihre Mandate niederzulegen.

Der *Spiegel* begründete im Verlauf der Affäre seinen Ruf als wachsames Auge über dem Bonner Treiben. Zum ersten Mal musste er sich wegen seiner »tendenziösen Berichterstattung« von rechts den Vorwurf anhören, das Ansehen der Republik beschädigt zu haben. Die beschuldigten Abgeordneten sahen sich als Opfer journalistischer Hetze – ein Vorwurf, der bei allen kommenden Skandalen der Republik laut werden würde. Rudolf Augstein resümierte in einem Kommentar: »Die Verfehlungen einzelner Abgeordneter waren nur möglich und ihre Vertuschungsmanöver vor dem Ausschuss können nur Bestand haben, weil alle Parteien seit Jahr und Tag das Grundgesetz gründlich missachten, das in seinem Artikel 21, Absatz 1, bestimmt: Die Parteien müssen über die Herkunft ihrer Mittel öffentlich Rechenschaft geben.« Wie zukunftsweisend seine Kritik sein sollte, konnte er zu diesem Zeitpunkt sicher nicht ahnen.

Die Rache der Kanalarbeiter

Die Bestechungsvorwürfe waren der unrühmliche und konsequente Abschluss der Entscheidung über die künftige Hauptstadt. Die Bonner Republik nahm ihren Anfang mit einer Serie von ver-

deckten Operationen, Intrigen und dubiosen Manipulationen, die
einige Jahre später mit Sicherheit heftigere Reaktionen in der politischen Öffentlichkeit ausgelöst hätten. Damals kam es kaum zu
Widerspruch. Der *Spiegel* und einige hessische Zeitungen mühten
sich zwar redlich, mit dem »Hauptstadtskandal« Schlagzeilen zu
machen. Kurt Schumacher nannte die Entscheidung für Bonn das
Ergebnis des »autoritären Wahns gewisser Leute der CDU« und
»die Rache der Kanalarbeiter«. Die neuen Bundesbürger teilten
diese Empörung nicht. Deutschland musste aufgebaut werden,
schnell und effektiv. Die meisten Nachkriegsdeutschen fanden vorerst keine Zeit, sich genauer mit politischen Entscheidungsprozes-
sen zu beschäftigen. Das Verhältnis von Politik und Moral war ein
unangenehmes Thema. Die Verbrechen der Vergangenheit wollten
sie nur zum kleinen Teil aufarbeiten, in der Mehrzahl jedoch lieber
verdrängen. Ein Gespür dafür, wann demokratische und rechts-
staatliche Regeln übertreten wurden, hatten die Deutschen im Jahr
1950 noch nicht entwickelt.

Adenauer hielt sich persönlich stets geschickt genug im Hintergrund und verschanzte sich hinter vermeintlichen Sachargu-
menten, um nicht allzu direkt dem Vorwurf der Manipulation aus-
geliefert zu sein. Neben den Rechenspielen mit den Bau- und
Umzugskosten hob er immer wieder die historische Verbindung
des Rheinlands zu Frankreich als Standortvorteil hervor. Dies kam
seinem Plan der Wertbindung entgegen. Eine rheinische Hauptstadt stellte für Adenauer zudem einen sympathischen Bruch mit
preußischer Tradition dar. Politisch war ihm vor allem die tief sozialdemokratische Atmosphäre in Südhessen ein Dorn im Auge.
Außerdem mochte er die »lärmende und amerikanisierte« Stimmung in Frankfurt nicht.

Persönliche Motive zugunsten Bonns leugnete der Kanzler treu-
herzig, etwa auf einer Pressekonferenz Ende August 1949: »Ich
habe mich als Präsident des Parlamentarischen Rates bewusst und
völlig von den Auseinandersetzungen um den Bundessitz fern

gehalten, weil eine höchst naive Betrachtungsweise auf die Vermutung gefallen wäre, da ich in Rhöndorf drüben wohne, sollte der
Bund nach Bonn gehen.« Wenig später dankte er der Bonner Fähr-
gesellschaft für ihre Glückwünsche zur Kanzlerwahl mit den Worten: »Die Rheinfähre Königswinter–Mehlem gehört zu meinem
Leben.« So sollte es, dafür hatte Adenauer gesorgt, in den kommenden 14 Jahren seiner Kanzlerschaft auch bleiben.

2

Der verlorene John –
Der Verfassungsschutzpräsident
zu Diensten der DDR-Propaganda
(1954)

Otto John verhielt sich schon seit einigen Tagen sonderbar. Am
15. Juli 1954 war der Präsident des Bundesamtes für Verfassungsschutz (BfV) von Köln nach Berlin geflogen. Nach der Landung
ließ er alle anderen Passagiere zuerst aussteigen, obwohl er direkt an
der Ausgangstür saß. Dabei drehte er sich in Richtung Bordwand,
als ob ihn niemand erkennen durfte. Auf dem Rollfeld erklärte John
den zu seiner Sicherheit bestellten Personenschützern: »Ich bin
Manns genug, auf mich selbst aufzupassen.« Entgegen den üblichen
Regeln hielt er es für ausreichend, alle paar Stunden in seinem
Sekretariat anzurufen und mitzuteilen, wo er sich gerade befand.
Zusammen mit seiner Frau Lucie-Marlén stieg John im Hotel
Schaetzle im Grunewald ab. Dort wohnte für einige Tage auch sein
Freund Prinz Louis Ferdinand, Kaiserenkel und Chef des Hauses
Hohenzollern.

Johns Kalender war mit Terminen gespickt. Zahlreiche Gespräche in der Westberliner Filiale des Verfassungsschutzes standen an.
Am 17. Juli wurde Theodor Heuss als Bundespräsident wiederge-
wählt, am 20. Juli jährte sich zum zehnten Mal das missglückte
Attentat auf Hitler. Die Gedenkfeiern waren der Hauptgrund
für die Reise des Verfassungsschutzpräsidenten in die ehemalige
Hauptstadt. Otto John hatte selbst zum Kreis der Widerstands-
kämpfer um Graf Stauffenberg gehört und der Gestapo durch die
Flucht nach Spanien nur knapp entkommen können. Sein Bruder
Hans, ebenfalls Mitverschwörer, war geschnappt und von den

Nazis ermordet worden. Am Abend vor den Feierlichkeiten gab der Senat der Stadt Berlin einen Empfang. John wirkte seltsam abwesend. Alte Freunde gaben später zu Protokoll: »Wir wurden von Otto nicht einmal begrüßt.« Einen Kollegen stellte John dafür gleich drei Mal seiner Frau vor. Zu vorgerückter Stunde schimpfte er lauthals: »Auch hier sind lauter Nazis!« Auf der offiziellen Gedenkfeier an der Hinrichtungsstätte Plötzensee brach John in lautes Schluchzen aus und erntete irritierte Blicke. Prinz Louis Ferdinand nahm seinen aufgewühlten Freund zur Seite und lud ihn für den Abend in seine Suite ein. John lehnte ab: »Ich kann nicht.«

Zurück im Hotel zog sich Johns Frau mit Kopfschmerzen in ihr Zimmer zurück. Auf Reisen wohnte das Ehepaar immer getrennt. Auch John ging auf sein Zimmer und leerte dort seine Taschen. Portemonnaie, Dienstpass und Schlüssel zum Kölner Büro sowie zu seiner Geheimkassette landeten auf dem Nachttisch. Stattdessen steckte er 750 Mark in bar und einen gefälschten Personalausweis ein. Von denen besaß der Chef des deutschen Inlandsgeheimdienstes gleich mehrere, die ihn unter anderem als hohen Funktionär der Wasser- oder Forstwirtschaft auswiesen. Um 19.40 Uhr ließ er sich von einem Wagen, den das Hotel seinen Gästen zur Verfügung stellte, Richtung Kurfürstendamm fahren. Vorgebliches Ziel: das Maison de France. Dort warteten zwei britische Geheimdienstoffiziere, mit denen sich John um zwanzig Uhr verabredet hatte.

Im Maison de France tauchte John nie auf, sondern er spazierte in die nahe gelegene Uhlandstraße und besuchte einen alten Freund, den stadtbekannten Arzt und Lebemann Wolfgang »WoWo« Wohlgemuth. Der schenkte ihm eine Tasse Kaffee ein. So weit sind die Fakten unstrittig. Was dann genau geschah, blieb bis heute ungeklärt. Fest steht nur: Wohlgemuth verschwand mit John im Wagen über die Sektorengrenze nach Ostberlin.

Einmal Verräter, immer Verräter!

Der Präsident des Verfassungsschutzes verschwunden in Ostberlin! Die Nachricht erschütterte die junge Bundesrepublik, wie es später nur noch einmal der Fall Guillaume vermochte. Der mysteriöseste Spionageskandal der deutsch-deutschen Geschichte hatte begonnen. Bundesinnenminister Gerhard Schröder gab sich sicher: John wurde vom KGB entführt und wider seinen Willen in der DDR festgehalten. Es wäre nicht der erste Fall von Spionagekidnapping in der Frontstadt des Kalten Krieges gewesen. Zeitungen mutmaßten, dass John auf der Jagd nach geheimen Informationen freiwillig in den Osten gefahren und dabei der Stasi in die Hände gefallen war. Aber welche Rolle spielte sein Freund »WoWo«? Wohlgemuth war nicht nur ein blendend aussehender Playboy mit dickem Amischlitten und ein hervorragender Jazztrompeter. Er war zudem als »Salonbolschewist« bekannt und hatte das erklärte Berufsziel, Direktor der berühmten Ostberliner Charité zu werden – ein Posten, über den 1954 in Moskau entschieden wurde. Der britische Geheimdienst MI 5 hielt den Arzt für einen Ostagenten und hatte John eindringlich vor Wohlgemuth gewarnt.

Drei Tage blieb Zeit für wildeste Spekulationen. Dann meldete sich John im Rundfunk der DDR zu Wort. Er sei freiwillig in der DDR und protestiere damit gegen die Politik Adenauers, die auf eine dauerhafte Spaltung Deutschlands hinauslaufe. Die Bundesregierung hielt offiziell an der Entführungsthese fest: John stehe vermutlich unter Drogen und sei zu der Aussage gezwungen worden. Schadensbegrenzung. Immer mehr Indizien sprachen dafür, dass der Verfassungsschutzpräsident tatsächlich freiwillig die Fronten gewechselt hatte. Ein westdeutscher Zöllner sagte aus, er hätte Wohlgemuths Wagen am Abend des 20. Juli gegen neun Uhr angehalten und nach kurzem Gespräch über die Sektorengrenze gewunken. Der Arzt habe am Steuer gesessen, John entspannt auf dem Beifahrersitz. Nach Entführung sah das nicht aus. Eine Verwechslung konnte ausgeschlossen werden: Der Beamte hatte sich die drei Endziffern des Fahrzeugkennzeichens gemerkt. Am Morgen des 21. Juli fand Wohlgemuths Sprechstundenhilfe zudem einen handschriftlichen Zettel ihres Chefs. Darauf teilte der Arzt mit, John habe im Osten Gespräche mit Kollegen geführt und sich entschlossen, nicht mehr in den Westen zurückzukehren. Auch Wohlgemuth wolle erst einmal im Osten bleiben, »bis sich die Lage geklärt hat«.

Die Öffentlichkeit glaubte schnell an Verrat und war überzeugt: Die Bundesrepublik hatte im Kampf der Systeme ihre erste »große Schlappe« erlitten. Innenminister Schröder erntete Hohn und Spott, als er 500000 Mark Belohnung für die Aufklärung des Falles aussetzte.

Drei Wochen später, am 11. August, folgte die vermeintliche Gewissheit. Otto John stellte sich in Ostberlin der staunenden Weltpresse. Dicht gebeugt über sein Manuskript, fast ohne aufzublicken, verlas er eine 25-minütige Erklärung. Die zentrale Aussage lautete: »Ich habe mich nach reiflicher Überlegung entschlossen, in die DDR zu gehen und hier zu bleiben, weil ich hier die besten Möglichkeiten sehe, für eine Wiedervereinigung und gegen die Bedrohung durch einen neuen Krieg tätig zu sein.« Heftig kritisierte er die Pläne Adenauers, Deutschland im Rahmen der Europäischen Verteidigungsgemeinschaft zu remilitarisieren. In der EVG sollten westdeutsche Truppen einem europäischen Kommando unterstellt werden. Das Vorhaben scheiterte letztlich am Veto des französischen Parlaments. Die strikte Westbindung der Bundesregierung verhindere, so John, die mögliche Wiedervereinigung – ein Vorwurf, der auch auf Adenauers direkte Ablehnung der Stalinnoten von 1952 abzielte. In ihnen hatte die Sowjetunion eine Wiedervereinigung in Aussicht gestellt, falls sich Gesamtdeutschland zu politischer Neutralität verpflichte. Ferner machte John seinem Ärger über die »Renazifizierung« der Bundesrepublik Luft. Namentlich nannte er den Vertriebenenminister Theodor Oberländer, Mitstreiter beim Hitler-Putsch von 1923 und später Führer des »Bundes

Deutscher Osten«, sowie Reinhard Gehlen, seinen Widersacher im
Dienst des neuen Auslandsgeheimdienstes.

Im Anschluss an die Erklärung durften Journalisten Fragen stellen. Zumindest die Westjournalisten hatten diese nicht mit den
SED-Organisatoren abgesprochen. Alle warteten auf ein Zeichen.
John wirkte zwar nervös, ließ aber zu keinem Zeitpunkt durch-
blicken, mit der Pistole im Nacken zu sprechen. Der Eindruck in
der westlichen Welt einschließlich der Bundesrepublik war verheerend. Der Chef des westdeutschen Inlands-Geheimdienstes stellte
sich ohne Wenn und Aber in den Propagandadienst des Ostberliner
Regimes. Auch Innenminister Schröder nannte John nun einen
»verächtlichen Überläufer«. Der Fall schien immer klarer. Nach
viermonatigen Verhören durch den KGB in Moskau und am
Schwarzen Meer trat John als eine Art Handlungsreisender in
Sachen Wiedervereinigung auf. Im Auftrag des »Ausschusses für
Deutsche Einheit« hielt er in den großen Städten der DDR Vorträge
und veröffentlichte zahlreiche Artikel. Die Themen waren stets die
gleichen: die Vereinigung eines neutralen, der Sowjetunion freundlich gestimmten Deutschlands, die Altnazis in der Bundesrepublik
und die Wiederbewaffnung. Für seine Propagandatätigkeit erhielt
John ein großes Büro mit zwei Sekretärinnen, ein komfortables
Haus direkt am Zeuthener See, eine Stadtwohnung und einen Mercedes mit Chauffeur. Zwar waren ihm rund um die Uhr zwei Bewacher zur Seite gestellt, dennoch zeigte sich John nach außen hin in
seiner Rolle rundum zufrieden.

Die Westpresse reagierte immer aggressiver. Der *Stern* beschuldigte John, den Engländern im Krieg den Standort der Raketenan-
lage Peenemünde verraten zu haben. Die Bombardierung durch die
Royal Air Force hatte Hunderte von deutschen Toten zur Folge.
Der *Welt*-Chefredakteur Hans Zehrer schrieb: »Vor zehn Jahren
ließ er die Kameraden, darunter seinen Bruder, in den Fängen Hitlers und Freislers zurück. Wenig später lieferte er selbst Deutsche
ans Messer … Und heute wiederum liefert er Deutsche in der Sow-

jetzone an das Messer Wollwebers (des Geheimpolizeichefs) und seiner Organe.« General Gehlen brachte Johns Verhalten auf die viel zitierte Formel: »Einmal Verräter, immer Verräter.«

Die Rache der Generäle

Gehlens Hieb traf ins Mark. Er offenbarte, wie zerrissen die fünfjährige Republik hinter der frisch verputzten Wirtschaftswunderfassade war – und was die schweigende Mehrheit der Deutschen von den Widerstandskämpfern hielt, die emigriert waren und aufseiten der Alliierten gegen Deutschland gekämpft hatten. Es besteht kein Zweifel daran, dass John fest hinter seinen Vorwürfen vom 11. August stand. Seine gesamte Biografie stand hinter ihnen. Er hasste die Nazis abgrundtief, er hasste das Militär, und wie die Verschwörer des 20. Juli wünschte er sich, dass ein geeintes Deutschland seinen eigenen, friedlichen Weg ging. Der Blick auf Johns bisheriges Leben ließ seinen Wechsel über die Fronten des Kalten Krieges erklärbar erscheinen, wenn auch nicht weniger verächtlich.

Otto John, Jahrgang 1909, wuchs als Sohn eines Beamten in Wiesbaden auf. Er studierte Jura und ging als Syndikus zur Deutschen Lufthansa. Die Nazis waren ihm von Anfang an unsympathisch. In der Hauptverwaltung der Fluggesellschaft lernte er den Abteilungsleiter Klaus Bonhoeffer kennen, den Bruder des oppositionellen Pastors Dietrich Bonhoeffer. Über ihn fand er Zugang zur Widerstandsgruppe um den liberalen Richter Hans von Dohnanyi, aus der sich einige der Verschwörer des 20. Juli rekrutieren sollten. Als Jurist bei der Lufthansa durfte John in neutrale Länder reisen. Für die Widerstandsgruppe übernahm er fortan Kurierdienste, insbesondere nach Spanien, wo er Kontakt mit britischen Geheimdienstagenten aufnahm. Als das Attentat in der Wolfsschanze scheiterte, setzte sich John per Flugzeug von Berlin nach Madrid ab. Da es dort von Gestapo-Spitzeln nur so wimmelte, floh er mithilfe der

Briten über Lissabon weiter nach England. Hier arbeitete er, wie
viele deutsche Hitler-Gegner, für den deutschsprachigen »Soldatensender Calais«, der die Moral der deutschen Soldaten untergraben
sollte.

Nach dem Krieg überprüfte John im Auftrag der britischen Ent-
nazifizierungsbehörde »Control Office for Germany and Austria«
deutsche Militärs und SS-Führer auf deren Rolle und Schuld im
Dritten Reich. Mehrfach trat er auch als Zeuge, Übersetzer und
Rechtsberater bei Kriegsverbrecherprozessen auf, unter anderem in
dem Verfahren gegen den ehemaligen Feldmarschall Erich von
Manstein, das im Jahr 1949 für großes Aufsehen sorgte. Von Manstein hatte sich auch unter den Alliierten den Ruf eines fähigen und
ehrbaren Soldaten erworben, der im Krieg »sauber« geblieben war.
Nicht zuletzt seiner Aussage verdankte der deutsche Generalstab,
dass er in Nürnberg nicht als »verbrecherische Organisation« verurteilt worden war. Churchill hatte sich gegen eine Anklage von
Mansteins ausgesprochen und sich persönlich einer Spendenaktion
zu dessen Verteidigung angeschlossen.

Wie viele seiner Kameraden behauptete von Manstein, von den
Judenmorden in Russland erst nach Kriegsende erfahren zu haben.
Otto John hatte das Kriegstagebuch von Mansteins 11. Armee als
juristischer Treuhänder der Briten aufbewahrt. Einige Zeilen darin
waren überklebt. John legte die Stelle wieder frei, folgende Sätze traten hervor: »Der neue Befehlshaber (von Manstein) wünscht nicht,
dass Offiziere bei der Erschießung von Juden zusehen. Das ist eines
deutschen Offiziers nicht würdig.« John erschütterte damit die
Glaubwürdigkeit des militärischen Denkmals. Die Militärrichter
verurteilten von Manstein zu achtzehn Jahren Haft. Die deutschen
Generäle, die wie Gehlen in der Bundesrepublik wieder zu Einfluss
kamen und mehr oder weniger offen die Restauration betrieben,
sollten John diese Aussage nie verzeihen.

Die Rückkehr nach Deutschland wurde John nicht gerade leicht
gemacht. Eine Bewerbung im Auswärtigen Amt scheiterte trotz

bester Referenz: Theodor Heuss setzte sich für ihn ein. John vermutete wohl mit Recht, dass sich die Manstein-Verehrer im Ministerium quer legten. Auf den Posten im neu gegründeten Bundesamt für Verfassungsschutz geriet er dann durch Zufall. Zwölf Bewerber waren durchgefallen. »Wir hatten keinen anderen mehr. Wir waren ausverkauft«, entschuldigte sich die Bonner Ministerialbürokratie später. Auch die drei alliierten Sicherheitsdirektoren hatten die Suche nach einem idealen Bewerber offenbar aufgegeben. Adenauer, der John nur ein einziges Mal empfing, war von Anfang an skeptisch: »Er gefällt mir nicht«, lautete das knappe Urteil des Kanzlers bereits 1950. Vier Jahre später sah er sich bestätigt und war froh, von Anfang an Gehlens Spionageorganisation in Pullach mehr Gewicht eingeräumt zu haben.

Kaum hatte John, von den Briten gefördert, sein Amt angetreten, wuchs die Kritik an dem mit 42 Jahren jüngsten Chef einer großen Bundesbehörde. Weiße Weste und exzellente Fremdsprachenkenntnisse hin oder her: John verfügte über keine Verwaltungserfahrung. Er mochte ein Demokrat vom Scheitel bis zur Sohle sein. »Ein scharf denkender Jurist« war er nicht, bemängelte sein enger Mitarbeiter Günther Nollau, später selbst Chef des BfV. Dem Mann »mit Hang zur Romantik« fehle die für das Amt »nötige Härte«. Sein sensibler und wankelmütiger Charakter fiel auch anderen Zeitgenossen auf. John, charmant und weltgewandt, war oft, gerne und lange Gast in Bars und auf Partys. Der britische Hohe Kommissar in Deutschland Sir Frederick Hoyer Millar meldete nach London: »John neigt zu Indiskretion, egal ob nüchtern oder betrunken.« Bereits in der Emigration hatte Alkohol keine ganz unwesentliche Rolle in dessen Leben gespielt. Die Exzesse häuften sich, sodass sich der Staatssekretär im Innenministerium Ritter von Lex bemüßigt fühlte, John zu warnen: Trunkenheit oder Geschwätzigkeit seien für einen Verfassungsschutzpräsidenten Entlassungsgründe. Auch Sefton Delmer, einst Johns Chef beim britischen Soldatensender, hielt ihn für gänzlich ungeeignet. Um in seinem Amt zu reüssieren,

hätte John »entweder ein Mann von rücksichtsloser Entschlossen-
heit sein müssen, mit der Haut eines Elefanten und einer aalglatten
diplomatischen Geschmeidigkeit – der er nicht war – oder aber ein
unterwürfiger Opportunist – der er ebenso wenig war.«

John war ein emotionaler Mensch, tief geprägt von seiner Zeit im
Widerstand. Die Kritik an seiner Person traf ihn schwer. Und dann
noch die alten Nazis in neuen Positionen! Seine psychische Labilität
hatte den Geheimdienstchef zum Überläufer gemacht – wenn er
denn einer war.

»John ist geflohen, selten so gelacht!«

Sonntag, 12. Dezember 1955. Gegen vier Uhr nachmittags ließ
Otto John sich von seinen Bewachern zur Humboldt-Universität bringen. Wie üblich fuhr der Wagen am Hintereingang vor, der
Vordereingang war wegen Bauarbeiten geschlossen. Den Sicher-
heitsleuten erklärte John, er müsse nur kurz etwas holen. Kein Ver-
dachtsmoment: John beschäftigte sich gerade mit einer wissen-
schaftlichen Arbeit. Seine Aktentasche ließ er im Auto zurück mit
dem Hinweis, es befänden sich 8 000 Mark darin. Die Beamten sollten gut darauf aufpassen. Kaum im Gebäude stürmte John durch die
Gänge Richtung Vorderausgang. Über ein Gerüst kletterte er auf die
Straße »Unter den Linden«. Dort wartete ein hellgrüner Ford M 15
mit dänischem Kennzeichen. Am Steuer saß der Journalist Henrik
Bonde-Henrikson, in Dänemark bekannt für seine riskanten
Recherchereisen durch den Ostblock. Hastig stieg John zu, band
sich einen breiten Schal um und setzte eine Brille auf. Mit zittrigen
Händen zündete er eine Pfeife an und umnebelte seinen Kopf mit
dichten Rauchschwaden. Bonde-Henrikson steuerte ruhig mit den
zulässigen vierzig Stundenkilometern auf das Brandenburger Tor
zu. Die Volkspolizisten an der Sektorengrenze stoppten den Wagen.
Der Däne kurbelte das Fenster herunter und fragte freundlich:

»Herr Wachtmeister, alles in Ordnung?« Der Grenzer warf nur einen flüchtigen Blick in den Wagen und ließ passieren. Um 16.32 Uhr rollte Otto John auf der Straße des 17. Juni Richtung Großer Stern. Kaum war er in Bonde-Henriksons Westberliner Wohnung angekommen, verständigte er das Bundeskriminalamt.

Am folgenden Tag buchte das BKA John und Bonde-Henrikson unter den Namen Dr. Vogel und Dr. Fischer auf einen PanAm-Flug nach Köln-Bonn. Auf dem Rollfeld wurden sie von Sicherheitsbeamten in Empfang genommen. Wenige Minuten später rief Hans Globke, Staatssekretär und rechte Hand Adenauers, den Kanzler in Rhöndorf an: »Sie sind da.« Im Radio hörte Adenauer gerade einen Bericht über den John-Untersuchungsausschuss des Bundestags, der just an diesem Montag tagte, aber von der Rückkehr nicht das Geringste ahnte. Der Kanzler gestand später: »Ich habe lange nicht so gelacht, wie in diesem Augenblick.«

John war äußerst überrascht, dass ein Haftbefehl gegen ihn vorlag und er nach den Verhören durch das Bundeskriminalamt in Untersuchungshaft in ein Pforzheimer Gefängnis wanderte. Er glaubte offenbar allen Ernstes, er müsse nur vor dem Bundestag Rede und Antwort stehen. Angeblich hatte der Staatsekretär im Justizministerium Walter Strauß dem Fluchthelfer Bonde-Henrikson versichert, eine Verhaftung käme kaum infrage. Strauß bestritt dies im Nachhinein. Er habe dem Dänen gesagt, dass John wohl selber am besten wisse, welche Straftaten er begangen habe. Doch erst im Gefängnis dämmerte es dem Heimkehrer, dass ihn tatsächlich alle für einen Überläufer hielten – und nicht für das Opfer einer Spionageentführung.

Die DDR-Presse teilte ihren Bürgern derweil mit, John habe auf eigenen Wunsch das Land verlassen, um im Westen »seinen Kampf gegen den Neofaschismus weiterzuführen«. Dafür blieb ihm wenig Zeit. Vor dem Karlsruher Bundesgerichtshof begann ein Verfahren gegen ihn wegen Landesverrats. Oberbundesanwalt Max Güde beantragte zwei Jahre Haft. Die Presse hatte ihren Schuldspruch schon gefällt. Zwei Tage vor Heiligabend 1956 zogen die Bundesrichter nach: vier Jahre Zuchthaus wegen landesverräterischer Fälschung in Tateinheit mit landesverräterischer Konspiration im besonders schweren Fall. Die Auslandspresse nannte die Urteilsbegründung »kurios«. Im Laufe des Verfahrens konnte John nicht nachgewiesen werden, tatsächlich Staatsgeheimnisse ausgeplaudert zu haben. Er hatte keine geheimen Dokumente, zum Beispiel eine Liste der Mitarbeiter des Verfassungsschutzes, in die DDR geschmuggelt. Mit Interna über den geplanten Aufbau der Europäischen Verteidigungsgemeinschaft, an denen die Russen brennend interessiert waren, konnte John ebenfalls nicht dienen. Er war nicht eingeweiht. Auch war nach seinem Abtauchen im Osten kein westdeutscher Agent enttarnt worden. Die Richter griffen auf § 100a des Strafgesetzbuches zurück. Dieser stellte unter Strafe, einen Sachverhalt zu erfinden, der ein Staatsgeheimnis darstellen würde, wenn er denn wahr wäre. Will sagen: John wurde verurteilt, weil er der Öffentlichkeit Lügen über die Bundesrepublik aufgetischt hatte, die, wären sie keine Lügen gewesen, Geheimnisse enthüllt hätten. Das Jahr Untersuchungshaft wurde ihm angerechnet, eine Revision war jedoch ausgeschlossen.

Ent- oder verführt?

John präsentierte während der Gerichtsverhandlung eine ganz andere Version: Am Abend des 20. Juli fuhr er zu Wohlgemuth, um ein Attest für die Witwe eines befreundeten Widerstandskämpfers abzuholen. Als er kurz auf die Toilette ging, schüttete der Arzt ihm ein Schlafmittel in den Kaffee. Wohlgemuth schlug vor, in seine Privatwohnung zu fahren. Im Auto verlor John das Bewusstsein. Als er wieder aufwachte, lag er auf einer Couch in einer Villa des KGB in Karlshorst. Er fragte, wo er sei. Ein auffällig gut gekleideter Mann mit weißer Strähne im Haar antwortete: »Bei guten Freunden.« Da

wurde John bewusst, wie hilflos er war. Durch die Tür im Neben-
zimmer sah er eine Frau in einem weißen Arztkittel. Das Spritzen-
kommando. John entschloss sich, zum Schein zu kooperieren und
auf eine Fluchtmöglichkeit zu warten. Dies schien ihm die einzige
Möglichkeit, zwanzig Jahre Sibirien zu entgehen. Die berühmte
Pressekonferenz studierte der KGB drei Wochen lang minutiös mit
ihm ein. Die Erklärung las er dann bewusst teilnahmslos vor, um ein
Zeichen zu geben. Bei den anschließenden Verhören in Russland
gab John nur Banalitäten preis, von denen er wusste, dass die Russen
sie ohnehin schon kannten. Dies entsprach der Linie, die der Verfassungsschutz Anfang der 50er Jahre seinen Agenten für den Ent-
führungsfall ausgegeben hatte: zum Schein kooperieren, wichtiges
Wissen schützen und auf die Fluchtchance warten.

Bei den Richtern fand John damit kein Gehör. Sie bewerteten
seine Aussage als »klischeehaft«,, sie entbehre »jeder Anschaulich-
keit« und bleibe »in wenigen Äußerlichkeiten stecken«. »Der Schil-
derung« fehlte laut Urteilsbegründung »jeder echte überzeugende
Ausbruch von Empörung«. Die Juristen waren sich einig: »Seine
farblose Darstellung zeigt, dass er nicht entführt worden ist.« Auf
eine gutwillige Interpretation konnte John nicht hoffen. Das Urteil
fiel wenige Wochen, nachdem russische Panzer den Aufstand in
Ungarn niedergeschossen hatten. Der Kalte Krieg war in seine
Hochphase eingetreten. Dass sich das Urteil über Ver- oder Entführung ausschließlich auf Indizien stützte, die auch umgekehrt
hätten gedeutet werden können, geriet angesichts der politischen
Ereignisse zur Nebensache.

Wichtigster Zeuge der Anklage war der zwielichtige Publizist
Carl Wittig, ein Mann aus dem Dunstkreis der Geheimdienste. Er
behauptete, John im Mai 1955 in einem Hotel in Weimar getroffen
zu haben. Dort habe dieser ihm sein Herz ausgeschüttet: Er sei freiwillig in die DDR gewechselt und dürfe sich dort völlig frei bewe-
gen. Johns »Freund« Wohlgemuth, inzwischen in Ostberlin an der
Charité tätig, war nicht als Zeuge vor Gericht erschienen, obwohl

Der Spion, der in die Kälte ging. Wurde Otto John von dem Arzt Wolfgang »WoWo« Wohlgemut nach Ostberlin entführt? Oder wechselte der Verfassungsschutzpräsident freiwillig die Fronten?

die Bundesrepublik ihm freies Geleit zugesichert hatte. Während der Verhandlung wurde der Angeklagte persönlich demontiert. Staatsanwalt Güde erkannte als »hervorstechendstes Merkmal« Johns dessen »totale Bedeutungslosigkeit« und nannte ihn eine »unwahrscheinlich kleine Figur«. Ein psychiatrisches Gutachten attestierte dem ehemaligen Verfassungsschutzpräsidenten eine »in mancher Beziehung nicht ausgereifte, fast noch knabenhafte Persönlichkeit«. Er neige zu Selbstüberschätzung, Geltungssucht, besitze eine spielerisch oberflächliche Veranlagung, dafür aber ein gehöriges Maß an schauspielerischen Fähigkeiten. Die Anklage kam zu dem Schluss: »Hier ist die Persönlichkeit die Tat und die Tat die Persönlichkeit.«

Einer der wenigen Fürsprecher Johns war ein Gegner Hans Globkes: Adolf Arndt. Er nannte die richterliche Begründung »primitiv, dilettantisch und weltfremd«. Auch der Bundestagsausschuss unter Vorsitz von Gerd »Buck« Bucerius befand sechs Monate nach dem Karlsruher Urteil: »Die letzte Klarheit über die Vorgänge vom 20. Juli 1954, insbesondere die Umstände, unter denen sich Johns Übergang in die sowjetisch besetzte Zone vollzogen hat, kann heute noch nicht getroffen werden.« An dem Urteil änderte das aber nichts. John musste, im Unterschied zur Mehrzahl der verhassten Kriegsverbrecher, seine Strafe fast vollständig absitzen. Nach der Entlassung setzte er bis zu seinem Tod im Jahr 1997 seine gesamte Energie dafür ein, rehabilitiert zu werden. Seine Autobiografie mit dem Titel *Zweimal kam ich heim* von 1969 endete mit dem Satz, der zum lebensbestimmenden Leitmotiv geworden war: »Ich will nicht als Verräter sterben.«

Gnadenbrot

Mehrfach beantragte John die Wiederaufnahme seines Verfahrens, zum letzten Mal 1995. Erste Hoffnung schöpfte er 1958. John saß noch in Haft, da tauchte Wohlgemuth unvorsichtigerweise in Westberlin auf und wurde verhaftet. Im Dezember sprach der Bundesgerichtshof den Arzt vom Vorwurf der landesverräterischen Beziehung frei. Wohlgemuth erklärte zwar, ein Gespräch zwischen John und »östlichen Gesprächspartnern« arrangiert zu haben. Dies sei aber kein Gespräch über Staatsgeheimnisse gewesen, und die »Gesprächspartner« hätten sich nicht als Geheimdienstler zu erkennen gegeben. Bei einer Gegenüberstellung im Gerichtssaal wurde John ausfällig und wäre wohl am liebsten auch handgreiflich geworden. Der Arzt konterte kühl und souverän – und fuhr wieder gen Osten. John hatte sich in den Augen der westdeutschen Öffentlichkeit erneut lächerlich gemacht. Auch als 1966 ein zu den Amerikanern übergelaufener sowjetischer Geheimdienstmajor Wohlgemuth endgültig als KGB-Agenten enttarnte, lehnte das Karlsruher Gericht eine Wiederaufnahme von Johns Verfahren ab.

Die Zeugenaussage von Carl Wittig versuchte John, mit einem
Meineidsprozess zu erschüttern. Dieser hatte vor Gericht erklärt,
nie für einen Geheimdienst gearbeitet zu haben. Doch bevor der
Prozess beginnen konnte, war Wittig verschwunden. Die Stasi hatte
ihn auf einer Reise durch die DDR verhaftet. 1962 wurde er wegen
Spionage für die Amerikaner zu fünfzehn Jahren Zuchthaus verurteilt. Nach sieben Jahren kaufte die Bundesregierung ihn frei.
1971 konnte der Meineidsprozess endlich beginnen. Wieder standen
sich zwei hasserfüllte alte Männer gegenüber, und wieder zog John
den Kürzeren: Wittig wurde freigesprochen.

Den Kampf um seine Rehabilitation führte John zurückgezogen
und verbittert von Tirol aus, finanziell unterstützt vom »Hilfswerk
20. Juli«. Gleichwohl fanden sich mit den Jahren immer mehr, die
ihm glaubten. Herbert Wehner, Willy Brandt und Franz Josef
Strauß setzten sich öffentlich für eine neue gerichtliche Untersuchung ein. Auch den Bundespräsidenten Walter Scheel und Karl
Carstens schien die Entführungsthese plausibel. Richard von Weizsäcker wies John einen »Gnadenunterhalt« von 4 200 Mark monatlich an, um »einen Schlussstrich zu ziehen«.

»Der ist gemaust worden« – Wende nach der Wende?

John wollte keine Begnadigung, er wollte seinen Ruf wie-
derherstellen. Mit dem Fall der Mauer und dem Ende des Ost-
West-Konflikts schien dies plötzlich möglich. »Endlich habe ich
Tatzeugen«, freute er sich. Im März 1991 meldete sich im *Stern* ein
ehemaliger Oberstleutnant der Stasi zu Wort, Franz Kramer, Aus-
bilder an der Hochschule des Ministeriums für Staatssicherheit
(MfS). Er bestätigte Johns Unschuld: »Der ist gemaust worden.
Das wurde ja damals häufiger gemacht – von uns, aber auch von
drüben. Der Wohlgemuth, der KGB-Mann, der hat ihn rüber-
geholt. Aber das hat er ohne Auftrag gemacht. Er hat seine Kom-

petenzen überschritten. Das war allgemein bekannt bei uns in der Firma.«

Ein Mann, dessen Wort unter Geheimdienstlern Gewicht hatte, stützte diese Aussage: Heinz Felfe, seit 1950 KGB-Spion im Bundesnachrichtendienst, zeitweise im Referat Gegenspionage UdSSR und DDR. 1961 wurde er enttarnt, zu vierzehn Jahren Freiheitsstrafe verurteilt und 1969 nach Ostberlin ausgetauscht. Danach lehrte er an der Humboldt-Universität Kriminalistik. Der Spion im Ruhestand bestätigte: Wohlgemuth war auf John angesetzt worden, damit dieser sich bei ihm ausplaudern konnte. In den Osten gebracht hatte ihn der Arzt auf eigene Faust. Offensichtlich wollte er den ganz großen Coup landen. Am liebsten hätten die Russen den Verfassungsschützer unauffällig wieder zurückgeschickt. Doch das war nicht mehr möglich, da der Westen ihn schon vermisste. »Also blieb nur die Flucht nach vorn«, erklärte Felfe ebenfalls im *Stern*. »Die ganze Geschichte mit politischem Asyl und Pressekonferenz. Aber das hat ja nur propagandistischen Wert gehabt.« Dieser wiederum war schnell ausgereizt. Die DDR habe, so der Spion, die Flucht zurück nach Westberlin gar nicht verhindern wollen: »Wäre er richtig überwacht worden, wäre ihm das nicht gelungen.«

Der ehemalige KGB-Agent Vitali Tschernow, Klarname Tschernjawski, machte Mitte der 90er Jahre das Verwirrspiel komplett. Tschernjawski war in den 50er Jahren der Chef des sowjetischen Geheimdienstes in Berlin-Karlshorst. Er behauptete, John sei am Abend des 20. Juli 1954 bester Laune in einer konspirativen Villa in Ostberlin aufgetaucht. Er habe geglaubt, mit hochrangigen Diplomaten Gespräche über die Wiedervereinigung und »gemeinsame Maßnahmen gegen die Nazis in Westdeutschland« führen zu können. Statt der Diplomaten saß ihm allerdings der KGB gegenüber und wollte ihn als Spion anwerben. Laut Tschernjawski lehnte John entsetzt ab. Die Sowjets änderten daraufhin die Taktik und versprachen hohe Ämter in einem wiedervereinigten Deutschland. Als John nochmals ablehnte, stellten sie ihn mit Tabletten ruhig. »John ist freiwillig gekommen, aber nicht ganz freiwillig geblieben«, räumte der KGB-Mann ein. Mit der Rundfunkmeldung vom freiwilligen Überlaufen habe man ihm bewusst den Rückweg abgeschnitten und dann so lange psychisch unter Druck gesetzt, bis er zur Kooperation bereit war.

War John naiv in eine KGB-Falle getappt und hatte er dann nur sehr geringen Widerstand geleistet, bis er sich in seine Rolle fügte? Diesen Schluss legen KGB-Akten nahe, die amerikanische Journalisten und Historiker in Moskau einsehen durften. Pikanterweise belegen die Geheimdienstprotokolle aber auch, dass John dem KGB mehr sicherheitsrelevante Namen nannte, als bisher angenommen. Acht »Residenten und Agenten, die in der KPD tätig sind«, soll er verraten haben, dazu elf Maulwürfe, die in »neofaschistischen und militaristischen Organisationen« eingesetzt waren. Unermüdlich, so geht aus den Akten hervor, muss John über die neuen Karrieren von Altnazis in Gehlens Spionageorganisation berichtet haben.

Die 24 schmutzig-orangen Aktenordner der Bundesbehörde für die Stasi-Unterlagen halfen John ebenfalls nicht, die Entführungsthese zu erhärten. Sein Weg von West nach Ost ist auf keinem einzigen Blatt dokumentiert. Stattdessen belegen die Akten, dass die Stasi von seiner »festen politischen Haltung« überzeugt war und John es sich in seinem vorgeblichen Gefängnis nicht schlecht ergehen ließ. Für seine Dienste im Arbeiter-und-Bauern-Staat wurde er fürstlich entlohnt. 2 500 Ostmark flossen monatlich auf sein Sparbuch. Dazu kamen stattliche Honorare für öffentliche Auftritte und Artikel. Für eine schmale Broschüre mit dem Titel *Ich wählte Deutschland* erhielt er 15 299,40 Mark. John bestritt, die Broschüre je geschrieben zu haben.

1995 unternahm Otto John einen letzten Versuch, seinen Prozess neu aufzurollen. Es war der fünfte Antrag, den der damals 86-Jährige stellte. Dieses Mal berief er sich auf eine eidesstattliche Erklärung von Valentin Falin, der lange Jahre sowjetischer Botschafter in Bonn war. Ein ehemaliger Leiter des K. S., eines Think-Tanks des sowjetischen Außenministeriums, hatte Falin erzählt, dass John von Wohlgemuth entführt worden sei. Das Berliner Kammergericht lehnte die Wiederaufnahme des Verfahrens erneut ab. Die vorgebrachten Beweise und Zeugenaussagen »reichten nicht aus, ihn freizusprechen oder eine geringere Bestrafung zu begründen«. John starb tief verbittert am 26. März 1997 in Innsbruck.

Müllhaufen der Geschichte

Der Hohenzollernprinz Louis Ferdinand nannte das Urteil gegen Otto John eine »deutsche Dreyfus-Affäre«. Das Strafmaß der Bundesrichter, einige von ihnen hatten bereits im Dritten Reich »Recht gesprochen«, war hoch – doppelt so hoch, wie es die Staatsanwaltschaft forderte. In seiner Begründung stellte der Karlsruher Senat klar: Nicht der Verrat von Staatsgeheimnissen war der Grund für die Haftstrafe, denn Verrat konnte damals nicht nachgewiesen werden. John musste vier Jahre ins Gefängnis, weil er »eine beispiellose Loyalitätsverletzung« begangen hatte. Er hatte der Weltöffentlichkeit erklärt: »Die Bundesrepublik ist realistisch betrachtet nicht der einzige rechtmäßig legitimierte deutsche Staat.« Damit hatte er dem Kaiser die Kleider ausgezogen. Mit der harten Strafe versicherte sich die Bundesrepublik ihres Alleinvertretungsanspruches auf die deutsche Staatlichkeit. Dabei warf sie einen elementaren Grundsatz des Rechtsstaates kurzerhand über Bord: im Zweifel für den Angeklagten.

Der Fall John war die erste große deutsch-deutsche Spionageaffäre. Spannend, durchtrieben, mysteriös. Ein gefundenes Fressen für Verschwörungstheoretiker und Freunde von Agentenkrimis. In der innenpolitischen Wirkung griffen zum ersten Mal die Mechanismen, die auch die kommenden Spionagefälle steuern sollten. Die Öffentlichkeit hatte schnell den Schuldigen gefunden. Die Zeitun-

gen machten sich über »das doppelte Lottchen« und den »Tarnvater
John« lustig. Spionageskandale unterliegen einer klaren Schwarz-
Weiß-Malerei. Ist der Missetäter als solcher erkannt, hat er so gut
wie keine Chance, das Blatt zu seinen Gunsten zu wenden. John
gelang dies über vierzig Jahre lang nicht, obwohl er gewichtige Fakten und Fürsprecher auftun konnte. Die Logik der Agentenaffäre
deckt sich mit der Logik des Kalten Krieges. Wer sich auf die Seite
des Bösen schlägt, kann nicht mehr zurück. Otto John durfte es
nicht einmal nach der Auflösung des Ost-West-Konfliktes.

Es besteht kein Zweifel daran, dass John bis zu seinem Tod fest
von seiner Unschuld überzeugt war. Woher hätte er sonst die Kraft
nehmen sollen, so emotional und ausdauernd für seine Rehabilitation zu kämpfen? Ein gehöriges Maß an Realitätsverlust war dabei
nicht zu übersehen. Der ehemalige Verfassungsschutzpräsident
hatte sich, überzeugt oder willfährig, von der SED missbrauchen
lassen. Gleichzeitig war er ein Opfer des Kalten Krieges. Der sowjetische Plan einer deutschen Wiedervereinigung unter dem Vorbehalt
der Neutralität war 1955 längst überholt. Die Blöcke hatten sich fest
gefügt, alle Energie wurde fortan in den »dauerhaften Aufbau des
Sozialismus« gesteckt. Für die DDR-Propaganda war John wertlos
geworden. Er landete auf dem »Müllhaufen der Geschichte«, wie es
ein russischer Diplomat formulierte.

Im Westen gab es keine politische Gruppierung, die ein Interesse
daran gehabt hätte, John bei seinem Kampf um Rehabilitierung zu
unterstützen. Die SPD attackierte die Regierung Adenauer. Wie
konnte diese einen so wankelmütigen Mann, bekannt für sein Alko-
holproblem, nur mit einer so wichtigen Aufgabe betrauen? Die
Fraktion der Reaktionäre freute sich darüber, dass ein »Verräter des
Reichs« zum Wiederholungstäter geworden war. Selbst die alten
Mitstreiter aus dem Widerstand, von wenigen persönlichen Freunden abgesehen, wandten sich von John ab. Von einem Kämpfer
des 20. Juli erwarteten sie mehr Widerstandskraft gegenüber einem
Regime, auch wenn es dieses Mal rot und nicht braun gefärbt war.

Otto John war kein deutscher Dreyfus. Der Verdacht des Verrats fiel nie von ihm ab. Die Frage, ob Wolfgang Wohlgemuth ihn betäubte und über die Grenze verschleppe, wird wohl nie geklärt werden. Der Arzt nahm die Wahrheit mit ins Grab. 1976 beging er aus unbekannten Gründen in Ostberlin Selbstmord. Der amerikanische Geheimdienst urteilte: »John ist zu je einem Viertel Idealist, Nazigegner, Sowjetagent und Verrückter.« Die 500 000 Mark Belohnung, die Innenminister Schröder zur Klärung des Falls im Jahr 1954 aussetzte, hat sich bislang niemand verdient.

3
Braune Eminenz –
Hans Globke und
die Nürnberger Rassegesetze
(1950–1963)

»Im Namen des Volkes: Der Angeklagte wird wegen in Mittäterschaft begangenen, fortgesetzten Kriegsverbrechens und Ver-
brechens gegen die Menschlichkeit in teilweiser Tateinheit mit
Mord gemäß Artikel 6 des Statutes für den internationalen Mili-
tärgerichtshof, §§ 211, 47, 73 StGB, zu lebenslangem Zuchthaus verurteilt. Die bürgerlichen Ehrenrechte werden ihm auf
Lebenszeit aberkannt.« Pünktlich um 10.30 Uhr verlas Präsident
Dr. Heinrich Toeplitz das Urteil. Hinter seinem Rücken domi-
nierten Hammer und Zirkel die braun getäfelte Wand, vor ihm
machten dicht gedrängt 250 Journalisten ihre Notizen. Aus aller
Welt waren sie zum Obersten Gerichtshof der DDR nach Ostber-
lin gereist. Die SED hatte extra ein Pressezentrum eingerichtet.
Die Verlesung der Urteilsbegründung dauerte geschlagene zehn
Stunden.

Nicht im Saal war der Angeklagte. Hans Josef Maria Globke
ging in Bonn seiner Arbeit als Staatssekretär im Kanzleramt und
wichtigster Berater von Konrad Adenauer nach. Das *Neue Deutschland* ließ am folgenden Tag wissen: »Das Oberste Gericht erfüllte
mit dem Prozess eine Verpflichtung, die sich für den ersten deutschen Arbeiter-und-Bauern-Staat aus der Geschichte, aus dem Völ-
kerrecht und aus den nationalen Interessen des deutschen Volkes
ergibt.« Die *Frankfurter Rundschau* nannte den Prozess in doppel-
ter Hinsicht beschämend: zum einen, weil die Ankläger keine Legitimation hätten, im Namen des Rechtsstaates zu sprechen, zum

anderen, weil zwar nicht alle, aber die meisten der dort gezeigten Dokumente echt seien.

Der Schauprozess gegen Hans Globke am 23. Juni 1963 war der Schluss- und Höhepunkt der Debatte um die »Graue Eminenz« der Adenauerzeit. Im folgenden September wurde Globke 65 Jahre alt. Sein Abschied in den Ruhestand war beschlossene Sache. Die DDR wollte die letzte Chance nutzen, aus der »Akte Globke« politisches Kapital zu schlagen. Die Inszenierung eines politischen Skandals war zum Kampfmittel des Kalten Krieges geworden, zum Derivat des Ost-West-Konflikts. Die SED warf mit Dreck über die frisch gebaute Mauer. Zumindest ein Teil davon blieb hängen. Für seine Kritiker auch im Westen Deutschlands wurde Globke zur Symbolfigur der unbewältigten Vergangenheit.

Der Allertüchtigste

Von Beginn an war Hans Globke eine der umstrittensten Figuren der Ära Adenauer. Der Grund dafür lag vierzehn Jahre zurück. 1935 hatte der Jurist Globke als Ministerialbeamter im Reichsinnenministerium der Nazis den wichtigsten Kommentar zu den Nürnberger Rassegesetzen verfasst – zusammen mit seinem vorgesetzten Staatssekretär und SS-Obergruppenführer Dr. Wilhelm Stuckart. Stuckart, ein alter Kämpfer der Bewegung, schrieb die Einleitung im gewohnt üblen Nazijargon, Globke kommentierte die einzelnen Paragrafen im Detail. Der Präsident des Volksgerichtshofs, Roland Freisler, war voll des Lobes: »Man hat alles, was man in der Praxis benötigt, hier aufgenommen. Der Kommentar kann wohl in keiner juristischen Handbücherei fehlen.« Die Erstauflage von 5 000 Exemplaren war bald vergriffen. Die Autoren strichen beim Verlag je 3 000 Reichsmark ein.

Der Kommentar bot den Gegnern Globkes später in der Tat ausreichende Munition. Ein Beispiel: »»Außerehelicher Verkehr zwischen Juden und Staatsangehörigen deutschen oder artverwandten Blutes ist verboten‹. § 2 ist die notwendige Ergänzung der Eheverbote wegen jüdischen Bluteinschlags. Der Zweck dieser Verbote – die Verhütung mischrassiger Nachkommenschaft – würde nur unvollkommen erreicht werden, würde nicht auch ein Verbot des außerehelichen Geschlechtsverkehrs wenigstens für die Fälle ergangen sein, in denen die daraus zu erwartende Nachkommenschaft unter rassebiologischen Gesichtspunkten am wenigsten erwünscht ist.« An anderer Stelle sorgte preußische Beamtenakribie, gepaart mit NS-Idiomatik, für bittere Groteske: »Der Dreiachteljude, der einen volljüdischen und einen halbjüdischen Großelternteil besitzt, gilt als Mischling mit einem volljüdischen Großelternteil, der Fünfachteljude mit zwei volljüdischen und einem halbjüdischen Großelternteil als Mischling mit zwei volljüdischen Großeltern.« Einige Passagen nannte der Autor selbst im Nachhinein »furchtbar und widerlich«.

Früh stand der Verdacht im Raum, Globke sei nicht nur am Kommentar, sondern gar an der Formulierung der Nürnberger Gesetze beteiligt gewesen. Erhärtet wurde diese Vermutung durch ein Schreiben, das DDR-Staatsanwälte im Januar 1961 dem hessischen Generalstaatsanwalt übergaben. Es handelte sich um einen Empfehlungsbrief des Reichsinnenministers Dr. Wilhelm Frick an Hitlers Stellvertreter Rudolf Heß. Frick wollte seinen, wie er ihn in dem Schreiben nannte, »unzweifelhaft befähigtsten und tüchtigsten Beamten« zum Ministerialrat befördern. Der Minister begründete seinen Vorschlag damit, Globke sei »in ganz hervorragender Weise am Zustandekommen des Gesetzes zum Schutze des deutschen Blutes und der deutschen Ehre beteiligt gewesen«.

Adenauer hätte Globke 1949 gerne direkt zu seinem Staatssekretär ernannt, rechnete aber mit zu großem Widerstand bei den Sozialdemokraten. Er besetzte den Posten zunächst mit Otto Lenz, der zum Kreis der Hitler-Verschwörer des 20. Juli gehört hatte. Im stillen Einverständnis überließ Lenz einen großen Teil seiner Kompe-

Graue Eminenz mit brauner Vergangenheit. Staatssekretär Hans Globke ist Adenauers Mann für alle Fälle. Sein Kommentar der Nürnberger Rassegesetze macht den fleißigen Juristen zeitlebens angreifbar.

tenzen dem wesentlich jüngeren und ehrgeizigen Globke, der im Kanzleramt im Rang eines Ministerialdirektors Anstellung fand. Als dieser Handel durchsickerte, formierten sich die Gegner. Dabei profilierte sich der SPD-Abgeordnete Adolf Arndt, selbst ein Verfolgter des NS-Regimes, als wichtigster Ankläger. Im Bundestag nannte er Globkes »scheinbar wissenschaftliche« Kommentierung der Nürnberger Gesetze »juristische Prostitution«. In den Kriegsjahren hatte Globke seinen Vorgesetzten auf verschiedene Reisen nach Polen, Rumänien, Frankreich und in die Tschechoslowakei begleitet. Für Arndt wurde der Kanzlergefährte dadurch zum Wegbereiter des Holocaust: »Überall wo dieser Korreferent für Judenfragen mit dem SS-Obergruppenführer Stuckart erschien, soll natürlich von den Juden – außer in Straßburg, wofür ein Dokument vorliegt, das ist Pech! – nie gesprochen worden sein und soll das Reichsinnenministerium nur als Hort und Hüter der Juden in

Erscheinung getreten sein. Aber alle Welt weiß, dass von diesen Plätzen aus und nach diesen Besprechungen sich die Blutspur der gemarterten und gemordeten Juden in die Vernichtungslager nach Auschwitz und nach Majdanek zog.«

Die Gewerkschaften unterstützten Arndt in seiner Anklage. In seinem Weißbuch *Feinde der Gewerkschaften – Feinde der Demokratie* von 1950 forderte der DGB, Globke zu entlassen. Die größte Sorge der Kollegen war, der Ministerialdirektor schädige »das Ansehen der Bundesrepublik in der ganzen Welt«. Ein Vorwurf, der später sogar von der regierungsnahen Presse übernommen wurde.

Der Kommentar zu den Rassegesetzen blieb im Zentrum der Kritik, die Globke die kommenden vierzehn Jahre begleiten sollte. Weitaus schlimmere Vorwürfe folgten. Mal hieß es, Globke habe schon 1932 Juden der Gestapo ans Messer geliefert. Dann titelte das *Neue Deutschland*: »Massaker in Rumänien organisiert. 110000 Ermordete. Enge Zusammenarbeit des heutigen Kanzler-Staatssekretärs mit Eichmann und Bräutigam.« Der *Spiegel* glaubte belegen zu können, dass Globke farbige Franzosen zurück in »diejenigen außereuropäischen Kolonialgebiete exmittieren wollte, die ihrer rassischen Herkunft entsprechen«. Schließlich sollte er gar an der Ausbürgerung Willy Brandts beteiligt gewesen sein. Fußten die Vorwürfe ausschließlich auf Akten, die der Ostberliner »Ausschuss für Deutsche Einheit« lancierte, wurden sie von der kritischen Westpresse mit großen Fragezeichen versehen. Doch immer häufiger kam belastendes Material nicht aus den Händen der Stasi.

Die 20 000 von Saloniki

Im Juni 1960 nahm die Frankfurter Generalstaatsanwaltschaft die Ermittlungen gegen Globke auf. Der Anfangsverdacht lautete: »Beteiligung an den Judenverfolgungen in Griechenland«. Grund hierfür waren Vorwürfe des ehemaligen NS-Kriegsverwaltungsrates von Saloniki, Max Merten, der ein Jahr zuvor von einem griechischen Gericht zu 25 Jahren Kerker verurteilt worden war, dann aber nach kurzer Haft nach Deutschland abgeschoben wurde. Merten behauptete, er habe zusammen mit dem Beauftragten des Internationalen Roten Kreuzes, Dr. René Burckardt, im März 1943 per Schiff 20 000 Juden nach Palästina schaffen wollen, um sie vor den Vernichtungslagern zu retten. SS-Obersturmbannführer Adolf Eichmann stimmte dem Plan angeblich nach einigem Zögern zu, wollte sich im Reichsinnenministerium aber noch Rückendeckung verschaffen. Globke habe die Rettung vereitelt.

Kurz nachdem die Geschichte bekannt wurde, erstattete Globke Anzeige wegen Verleumdung und falscher Anschuldigung. Vor dem Hintergrund des Eichmann-Prozesses in Tel Aviv gewannen Mertens Anschuldigungen besondere Brisanz. Im Sommer hatte der israelische Geheimdienst Mossad Eichmann aus Argentinien nach Jerusalem entführt. Mitte 1961 sollte die Verhandlung beginnen. Die Weltöffentlichkeit nahm sich erneut mit besonderem Interesse der deutschen Vergangenheit an. Nun saß Globke, zur Freude der SED in Ostberlin, gewissermaßen neben Eichmann auf der Anklagebank. Die DDR-Propaganda hatte bisher immer das Ziel verfolgt, ihn als Komplizen Eichmanns bei seinem Vernichtungsfeldzug hinzustellen. In Saloniki übertraf Globke den Kriegsverbrecher offenbar an Grausamkeit.

Die Bonner Staatsanwaltschaft bat das Amtsgericht Tel Aviv, Eichmann zu den Vorwürfen Mertens gegen Globke zu vernehmen. Eichmann verweigerte die Aussage, da er damit die Zuständigkeit des Gerichts anerkannt hätte. Über seinen Anwalt ließ er jedoch mitteilen: Er erinnere sich nicht an ein Gespräch mit Globke. Dieses sei überhaupt undenkbar, da er selbst telefonische Rücksprache nur mit seinem direkten Vorgesetzten Müller gehalten habe. Noch während des Prozesses in Israel wurden die Ermittlungen gegen Globke eingestellt. Ein Imageschaden blieb.

Kurz vor der Bundestagswahl vom 17. September 1961 kam der Opposition die Kontroverse nicht ungelegen. Zur Freude der SPD startete in Holland eine Vereinigung ehemaliger Widerstandskämpfer eine Postkartenaktion gegen den »Kriegsverbrecher« Globke. Der klagte beim Amtsgericht Bonn gegen die niederländische Initiative. Die Karten wurden dem Kanzleramt schließlich nicht zugestellt. Wenig später entdeckte ein saarländischer Kommunalbeamter in alten Standesamtakten ein pikantes Schriftstück, das Globkes Unterschrift trug. Am 15. Juni 1944 wies dieser alle Standesbeamten des Reiches vertraulich an, bei Eheschließungen zwischen Deutschen und Protektoratsangehörigen Folgendes zu beachten: »Die Aufnahmen für die dem Untersuchungsbogen beizufügenden Lichtbilder sind bei Frauen grundsätzlich im Badeanzug zu machen.« Das Bundespresseamt konterte: Globke habe doch nur das Schamgefühl der osteuropäischen Bräute schützen wollen. Denn vor seiner Anweisung seien Aktbilder verlangt worden, um den beamteten Rasseschützern in den Standesämtern ihr erbbiologisches Urteil zu erleichtern. Den prüden Wahlkämpfern im Kanzleramt war der »Bikini-Erlass«, wie ihn der *Spiegel* taufte, dennoch hochnotpeinlich.

Spinne im Netz

Die Vorwürfe gegen Globke mochten immer emotionaler vorgetragen werden. Die Rolle des zurückhaltenden Beamten im System Adenauer, der früher als die Sekretärinnen am Schreibtisch saß und später als der Regierungschef das Kanzleramt verließ, wurde im Laufe der Jahre immer wichtiger.

Am frühen Nachmittag spazierten Adenauer, in Hut und Mantel gepackt, und Globke stets gemeinsam durch den Park des Palais Schaumburg. Der Kanzler hatte gerade seinen Mittagsschlaf beendet, war frisch für die Erörterung der dringendsten Probleme. Seine

Hand unterstrich dann und wann ein Argument mit energischer Bewegung. Einen halben Schritt zurück folgte ruhig und überlegend der kompetente Zuhörer Hans Globke. Den Kopf leicht zur Seite geneigt mahnte er zur Vorsicht oder stimmte zögerlich zu. In der »Stunde des Kanzlers« wurden die »einsamen Entscheidungen« des hochbetagten Regierungschefs vorbereitet. Globke lieferte die nötigen Informationen und sortierte die Gedanken seines Chefs. Und dieser wusste, was er an Globke hatte: » Ich kann nicht sagen, dass ich in der langen Zeit meiner öffentlichen Tätigkeit schon jemals einen Beamten kennen gelernt habe, der mit gleicher Pflichttreue und gleicher Objektivität seines Amtes waltet, wie Herr Globke.« An Fleiß und Loyalität war der Staatssekretär nicht zu übertreffen. »Reden Sie mit dem Herrn Globke …« wurde zur Standardantwort Adenauers, wann immer jemand ein kompliziertes Problem an ihn herantrug.

Pflichttreue und Objektivität machten den Kanzlerberater, der aussah wie »der Direktor eines Lyzeums, der mit Vorliebe in den unteren Klassen lehrt« (*Süddeutsche Zeitung*) zum zweitwichtigsten Mann der Republik. Alle Kabinettsvorlagen wurden von ihm bearbeitet, bevor sie den Kanzler erreichten. Globke stellte die Tagesordnungen für die Kabinettssitzungen auf. Alle Ministerien mussten ihm sämtliche Personalvorschläge unterbreiten. Er besaß die Verfügungsgewalt über den nicht abzurechnenden »Reptilienfonds« der Regierung, beaufsichtigte das Bundespresseamt und war gegenüber den beiden größten Geheimdiensten der Republik weisungsbefugt: gegenüber dem Verfassungsschutz und der Nachrichtenorganisation des Generals a. D. Reinhard Gehlen, aus der später der Bundesnachrichtendienst hervorging.

Kurzum: Globke verwaltete die konzentrierte Macht Adenauers. Er selbst blieb dabei sehr im Hintergrund. Seine leise Art brachte ihm den Spitznamen »Graue Eminenz« ein, die »viel weiß, viel sieht, viel hört – und viel schweigt«, wie es der CDU-Fraktionsvorsitzende Heinrich Krone formulierte. Auch der Bundeskanzler

nährte zuweilen den geheimnisumwitterten Ruf seines Getreuen.
Bei der Abreise aus Paris wies Adenauer einen Bediensteten an, ein
schmales Buch nicht zu vergessen. »Das bringe ich dem Herrn
Globke mit!« Gemeint war Stefan Zweigs Biografie über Napo-
leons intriganten Polizeiminister Fouché, dem angeblich »nichts an
Geschicklichkeit, wenig an Verstand und alles an Tugend« fehlte.
Kurt Schumacher, der Globke geflissentlich nie empfing, nannte ihn
gerne »die Spinne im Netz«.

In der Nische

Mehrfach bot Globke seinen Rücktritt an, wenn die Vorwürfe
wegen seiner Vergangenheit wieder einmal einen vorläufigen Höhepunkt erreichten. Der Kanzler lehnte stets entschieden ab. Zu keinem Zeitpunkt ließ Adenauer Zweifel aufkommen, dass er fest zu
seinem wichtigsten Berater stand. Auch er hatte gewichtige Argumente in der Hand. Globkes Rolle von 1933 bis 1945 war nämlich
auch anders lesbar, als es die Ankläger auf beiden Seiten der Mauer
taten. Im Mai 1951 ergriff Adenauer zum ersten Mal im Bundestag für seinen Mitarbeiter das Wort: »Mir gegenüber haben Deutsche, die ich eventuell mit Namen zu nennen bereit bin, gesagt, dass
Herr Ministerialdirektor Globke sie während der nationalsozialistischen Zeit unter Lebensgefahr vor dem Tode bewahrt hat. Ich
weiß nicht, meine Damen und Herren, ob alle diejenigen, die Herrn
Ministerialdirektor Globke ständig angreifen, das von sich sagen
können.«
Globke war wie Adenauer in einem streng gläubigen Haushalt
im Rheinland aufgewachsen und wie der Kanzler ein praktizieren-
der Katholik. Als Student trat der Sohn eines erfolgreichen Tuch-
großhändlers in die katholische Verbindung »Bavaria Bonn« ein.
Seine politische Heimat fand Globke – wie Adenauer – in der Zentrumspartei der Weimarer Republik, deren Mitglied er bis zur Auf-

lösung der Partei durch die Nazis blieb. Nach dem Jurastudium und der Promotion schlug er die Beamtenlaufbahn ein und wurde zunächst Regierungsassessor und Vertreter des Polizeipräsidenten in Aachen. 1929 gelangte er als Regierungsrat in das Preußische Innenministerium nach Berlin.

Das folgende Kapitel seiner Biografie liest sich aus Globkes Sicht in Kurzfassung so: Nach der Machtergreifung der Nazis und der Eingliederung des Preußischen Ministeriums ins Reichsinnenministerium wurden viele Beamte mit demokratischen Parteibüchern aus den Ämtern gedrängt oder zumindest auf das berufliche Abstellgleis geschoben. Auch Globke entzog man wichtige Kompetenzen. Er überlegte ernsthaft, in die freie Wirtschaft zu wechseln. Als Schwiegersohn eines erfolgreichen Fabrikanten wäre dies bei seinen Qualifikationen ohne Probleme möglich gewesen. Doch Bischöfe der katholischen Kirche, zu denen er bereits in seiner Funktion im Preußischen Innenministerium enge Kontakte pflegte, drängten ihn, im Amt zu bleiben. Ihnen sollte und wollte er fortan aus dem innenpolitischen Zentrum der braunen Machthaber berichten und, wenn möglich, die Dinge zugunsten der Gerechtigkeit und der Kirche beeinflussen. Globke wurde zum V-Mann des Episkopats. Als sein Vorgesetzter Stuckart ihn bat, die Nürnberger Gesetze mit ihm zu kommentieren, stimmte er aus einem einzigen Grund zu. Er wollte dafür sorgen, dass die Gesetze möglichst mild ausgelegt wurden. Es gab für ihn zwei Möglichkeiten: entweder eine wohlwollende juristische Interpretation, mit der viele Menschen gerettet werden konnten, oder die komplette Naziwillkür, die fast allen Betroffenen das Leben kostete. Der Partei trat Globke nie bei. Einen Aufnahmeantrag, zu dem er von Stuckart gedrängt wurde, formulierte er absichtlich so, dass die Partei ihn wegen zu engen Verbindungen zu kirchlichen Kreisen und ehemaligen Größen der Zentrumspartei ablehnte. Bei der Vereidigung im Ministerium trat Globke unbemerkt in eine Nische, um den Sermon auf den Führer nicht mitsprechen zu müssen. 1944 unterstützte er die Männer des

20. Juli. Jede Form des Antisemitismus war ihm fremd. Der Verhaftung durch die Gestapo entging er 1945 in Bayern nur durch die Befreiung der Amerikaner.

Für seine Gegner hörte sich Globkes Version wie die dreist umgedichtete Rechtfertigungsbiografie eines Wendehalses an. Die Zweifler hatten allerdings ein Problem: Globke besaß einen ganzen Aktenordner mit »Persilscheinen« erster Klasse – ausgestellt von Personen, die über jeden moralischen Zweifel erhaben waren. Als die Wogen 1951 das erste Mal hochschlugen, bestellte Adenauer die Chefredakteure der wichtigsten Zeitungen nach Bonn und ließ die Dokumente kursieren. Die Journalisten trauten ihren Augen nicht.

Der Berliner Bischof Graf Preysing bestätigte, dass Globke dem Klerus Pläne der Nazis verraten hatte, Ehen zwischen Christen und Juden zwangsweise scheiden zu lassen. Die Bischöfe intervenierten rechtzeitig. »Eine Zeit hindurch«, schrieb Preysing in seinem Entlastungsgutachten, »mussten wir Herrn Dr. Globke fast täglich in Anspruch nehmen. Stets stand er uns in opferbereiter Weise zur Verfügung.« Otto Lenz, Globkes Vorgänger im Amt des Staatssekretärs, bezeugte: »Als ich nach dem 20. Juli im Gefängnis saß, erklärte sich Globke auf meine Kassiberbitte bereit, mir einen gestempelten Bogen des Reichssicherheitshauptamtes hereinzuschmuggeln, auf dem ich dann mithilfe eines SS-Führers meine Entlassung verfügen wollte. Hans Globke hat im Dritten Reich mehr als einmal Kopf und Kragen riskiert.« Der einflussreiche Tübinger Staatsrechtler Theodor Eschenburg erklärte, er sei Trauzeuge einer Ehe zwischen einem »Arier« und einer »Halbjüdin« gewesen, die nur durch Globkes Hilfe zustande gekommen sei. »Er hat sehr mutig und sehr vielen geholfen.« Presseamtschefin Ruth Müller berichtete: »Dr. Globke hat meinen jüdischen Vater aus dem Arbeitslager Leuna geholt.« Das wichtigste Ehrenbezeugnis stammte von einem amerikanischen Staatsbürger: von Robert Kempner, einem der wichtigsten Ankläger bei den Nürnberger Prozessen.

Kollegengespräch

»Und ich muss dich so wieder finden!« Robert Kempner streckte
Globke die Hand hin. Der Neuamerikaner trug US-Uniform, der
Deutsche steckte in einem abgetragenen Anzug. Am Morgen eines
heißen Septembertags 1945 war Kempner mit dem Jeep von Frankfurt aus nach Hessisch Lichtenau in die Nähe von Kassel gefahren.
Sein Ziel war eine ehemalige Munitionsfabrik, die zum »Ministerial
Collecting Center« umgebaut worden war, zum Sammellager für
die höheren Beamten der nationalsozialistischen Ministerien. Auf
der alliierten Liste der Hauptkriegsverbrecher war Globke unter
der Nummer 101 verzeichnet. Kurz nach der Kapitulation im Mai
versteckte er sich deshalb im Dominikanerkloster Walberberg bei
Köln. Dort stöberten ihn die Amerikaner auf und nahmen ihn
fest.

Robert Kempner und Hans Globke waren alte Bekannte – und
Kollegen. Der deutsche Jude Kempner war vor seiner Emigration
im Preußischen Innenministerium Justiziar gewesen. Sein Büro
hatte auf dem gleichen Flur wie das von Globke gelegen. Beide
kannten sich gut aus vielen Gesprächen in der Kantine. Kempner
hatte Globke als aufrichtigen Demokraten in Erinnerung. Über
seine »Agententätigkeit« für die katholische Kirche war der amerikanische Ankläger informiert. Und er war auf der Suche nach geeig-
neten Zeugen, die bei den Nürnberger Prozessen aus dem Zentrum
der Macht berichten konnten. Kempner sicherte zu, er sei weniger
an dem interessiert, was Globke getan, als an dem, was er erlebt
habe. Ohne Zögern versprach Globke, in Nürnberg offen auszu-
sagen.

Die Amerikaner hatten sich fest vorgenommen, ihre Kronzeugen vor allen innenpolitischen Angriffen zu schützen. Hans Globke
war laut Kempner einer der wichtigsten Helfer der Anklage, nicht
nur im Gerichtssaal. In Nürnberg trat Globke schließlich sowohl als
Zeuge der Anklage als auch der Verteidigung auf. Seinen direkten

Vorgesetzten und Koautor des Kommentars Stuckart entlastete er: »Ja, ich war in vielen Dingen besser unterrichtet als er. Ich war manchmal erstaunt, wie uninformiert Dr. Stuckart war.« Der SS-Obergruppenführer kam übrigens ausgesprochen glimpflich davon. Zwar wurde er zu vier Jahren Gefängnis verurteilt, doch aus gesundheitlichen Gründen direkt auf freien Fuß gesetzt. Die Berliner Spruchkammer stufte ihn als »Mitläufer« ein und verhängte ein Bußgeld von 500 Mark. Dieses wurde gestundet, bis er seine Pension als Staatssekretär erhielt. In der Bundesrepublik machte Stuckart dann Karriere als Zweiter Landesvorsitzender des »Bundes der Heimatvertriebenen und Entrechteten« (BHE) in Hannover und als Geschäftsführer des »Instituts zur Förderung der Niedersächsischen Wirtschaft«.

In anderen Fragen wurde Globke zum wichtigen Aufklärer. Der Insider berichtete zum Beispiel, wie die Nazis die so genannte Euthanasie von Behinderten organisiert hatten. Reichsinnenminister Frick belastete er schwer. Zwei deutsch-jüdische Anwälte im Stab Kempners durchsuchten die Globke-Akten nach Unstimmigkeiten und Widersprüchen zu seinen Aussagen vor Gericht – ohne Erfolg. Als 1950 die Angriffe auf den Ministerialbeamten im Kanzleramt begannen, schrieb Kempner den wichtigsten aller »Persilscheine«: »Lieber Herr Globke, … da wir gerade beim Anpöbeln sind, bin ich offen genug, um Ihnen zu sagen, dass ich die Angriffe auf Sie aufs Tiefste bedaure. Falls Ihnen eine Rückendeckung von mir nützt, da ich nicht nur mit Ihnen, sondern über Sie mit vielen Leuten zwischen 1945 und 1949 gesprochen habe, lassen Sie es mich wissen. Mit besten Grüßen.«

Globke – und mit ihm Adenauer – war gegen die Gespenster der Vergangenheit gewappnet. Im Sommer 1956, auf dem Höhepunkt einer neuen Serie von Vorwürfen, sagte der Staatssekretär im *Spiegel* beiläufig: »Solange der Kanzler bleibt, bleibe ich da.« Kein Minister oder hoher Beamter hätte sich diese Bemerkung erlauben dürfen. Globke sollte Recht behalten.

»... in der Falange«

Die Gegner von Hans Globke griffen in drei Wellen an. Zum ersten Mal 1949/50, nachdem er seinen Posten im Kanzleramt angetreten hatte. Dann 1956, als vielen bewusst wurde, wie groß die Macht war, die der Staatssekretär im Vorzimmer der Republik angehäuft hatte. Und schließlich 1959/60, ausgelöst durch den Eichmann-Prozess.

Angriff und Verteidigung liefen immer nach demselben Muster ab. Die Ankläger trugen ihre Vorwürfe in Parlament und Medien vor und forderten Adenauer auf, Globke zu entlassen. Adenauer lehnte dies kategorisch ab und wiederholte das Kernargument der Verteidigung: Globke war »Sand im Getriebe« der nationalsozialistischen Vernichtungsmaschine. Der Beschuldigte wehrte sich mit einer Klagewelle wegen übler Nachrede. Er bekam so gut wie immer Recht. Das Bonner Landgericht bestätigte: Am Zustandekommen der Rassegesetze, an der Verfolgung von Juden in Griechenland oder gar an Massakern war Globke nicht beteiligt. Die »Graue Eminenz« sorgte dafür, dass Bücher aus dem Handel genommen und Schautafeln von Ausstellungen beschlagnahmt wurden. Auch versuchte er wohl, auf einzelne Journalisten direkten Druck auszuüben. 1961 stellte Adenauer die Einrichtungen des Kanzleramtes Globke zu seiner persönlichen Verteidigung uneingeschränkt zur Verfügung. Die Flut der kritischen Artikel konnte er trotzdem nicht aufhalten.

In den 14 Jahren der Diskussion um Globke änderten sich weniger die Argumente als die Motive der Angreifer. In der ersten Phase, fünf Jahre nach dem Untergang des NS-Regimes, wurde die Kritik im Wesentlichen von Personen getragen, die persönlich Opfer der Nationalsozialisten geworden waren. Dass ihre moralische Entrüstung echt und nicht von strategischen Interessen geleitet war, bezweifelten auch die Verteidiger des Politikers nicht. Doch wie im Fall der Hauptstadtentscheidung fand die Empörung wenig Echo in der Öffentlichkeit. Für das Gros der Deutschen war die Zeit für eine differenzierte Beschäftigung mit der Vergangenheit nicht reif. Die Alliierten hatten in Nürnberg die noch lebenden Spitzenverbrecher abgestraft. Damit sollte es vorerst gut sein. Die Beförderung Globkes vom Ministerialdirektor zum Staatssekretär im Jahr 1953 ging ohne großes Aufsehen über die Bühne.

Wenige Jahre später verschob sich die Intention der Skandalierer. Ende 1955 lag der betagte Adenauer, durch eine Lungenentzündung schwer angeschlagen, mehrere Wochen in Rhöndorf im Krankenbett. Offiziell übernahm Vizekanzler Blücher die Amtsgeschäfte. Faktisch hielt Globke, ständig mit Adenauer in Kontakt, die Zügel fest in der Hand. In Anlehnung an die »Kanzler-Demokratie« machte das Wort von der »Globke-Demokratie« die Runde. Für diese Form der Machtkonzentration am Schreibtisch eines Verwaltungsbeamten fehlte jegliche Legitimation. Adenauer war auf dem Höhepunkt seiner Macht. Außenpolitisch eilte er von Erfolg zu Erfolg. Das Wirtschaftswunder nahm sichtbar seinen Anfang. Für die Opposition war der Kanzler nur schwer angreifbar – sein informeller Stellvertreter indes sehr wohl. Just eine Woche vor der Landtagswahl in Baden-Württemberg vom 3. März 1956 begannen SPD-Abgeordnete im Bundestag, unterstützt von der Parteizeitung *Vorwärts* und der SPD-nahen Presse, Globkes Vergangenheit wieder ins Visier zu nehmen. Das eigentliche Ziel hinter diesen Angriffen war leicht zu erahnen. Adenauer, der sonst wenig Angriffsfläche bot, sollte geschwächt werden.

Der Zeitpunkt schien doppelt günstig. Im Februar waren 16 FDP-Bundestagsabgeordnete, darunter vier Minister, aus ihrer Fraktion ausgetreten. Ihr Anführer, der FDP-Chef Thomas Dehler, hatte sich, kaum einen Tag in der Opposition, vom Verteidiger Globkes zu dessen Kritiker gewandelt und auf einer Pressekonferenz erklärt: »Globke würde sich besser in Franco-Spanien als in einer deutschen Demokratie ausnehmen.« Adenauer sprang seinem treuesten Berater wie immer zur Seite: »Nun soll er auch noch in die

Falange, wo er doch gar kein Spanier ist!« Das Wort des Kanzlers stach nach wie vor, zumal die Angriffe der Sozialdemokraten durch ungefragte Schützenhilfe aus Ostberlin eher behindert als gefördert wurden.

Post aus Potsdam

In der Weihnachtsnacht 1959 wurde die neu erbaute Kölner Synagoge mit Hakenkreuzen beschmiert. Nachahmungstäter schändeten in den kommenden Wochen jüdische Friedhöfe. Der Kanzler reagierte altdeutsch und rief dazu auf, jedem ertappten »Lümmel« unverzüglich eine »Tracht Prügel« zu verabreichen. Nicht alle Menschen im In- und Ausland machten es sich so einfach. Es entwickelte sich eine intensive Debatte über Antisemitismus in der Nachkriegsgesellschaft – und über Wendehälse in Spitzenämtern mit Staatssekretär Globke in der Hauptrolle. Die DDR mühte sich nach Kräften, die Diskussion mit Dokumenten aus Potsdam zu fördern, denn dort lagerten die Akten aus dem Reichsinnenministerium. Für die Sozialdemokraten waren die Beweisstücke aus dem Osten ausgesprochen hinderlich. Wie sollten sie Globke angreifen, ohne sich der Komplizenschaft mit der SED verdächtig zu machen? Globke wurde im Verlauf des Skandals zur doppelten Zielscheibe. Die SPD bemühte den Kommentar der Nürnberger Rassegesetze, um die Regierung Adenauer zu schwächen. Die DDR sagte Globke und meinte die gesamte Bundesrepublik. Die Sozialdemokraten standen vor dem Problem, jede Kritik mit dem Zusatz versehen zu müssen, dass sie sich von der DDR-Propaganda grundsätzlich unterschied. Keine gute Voraussetzung, um einen Skandal innenpolitisch voranzutreiben. Ihr zentrales Argument lautete fortan, dass Adenauer mit dem Festhalten an Globke die Kampagne der DDR überhaupt erst ermöglichte.

Den Vorboten einer radikaleren Aufarbeitung der NS-Vergangenheit, wie sie etwas später von der 68er-Bewegung eingefordert wurde, kamen die Potsdamer Dokumente sehr gelegen. Nachdem der Vertriebenenminister Theodor Oberländer zurückgetreten war, der auf dem barbarischen Ostfeldzug der Nazis eine zwielichtige Rolle gespielt hatte, wurde Globke zum wichtigsten Feindbild der nachwachsenden Studentengeneration. Von der historischen Hypothek der Deutschen sprach Adenauer, wenn überhaupt, wie von den lange zurückliegenden Missetaten resozialisierter Straftäter. Die Kinder der Täter brachen in den Hörsälen langsam das kollektive Schweigen, das unter den Vorzeichen des Antikommunismus im ersten Jahrzehnt der Republik zum politischen Konsens gehört hatte. Globke übernahm zum dritten Mal die Rolle der Zielscheibe: Für die kritischen Studenten im Westen saß er als Stellvertreter ihrer verlogenen Vätergeneration auf der Ostberliner Anklagebank. Die 68er-Studenten überwanden den Anti-Kommunismus unter dem Vorzeichen des Antifaschismus. Im Streit um Globke fand die Studentenrevolte eine ihrer Wurzeln.

Warum konnte Globke sich trotz der fortdauernden Angriffe über 14 Jahre lang halten? Seine Gegner machten von Anfang an einen gehörigen Fehler. Ihre Vorwürfe waren in der Sache oft falsch. Globke war nachweislich eben nicht »Judenreferent«, nie an Massakern beteiligt und eben »nur« der Autor des Kommentars, nicht aber der Verfasser der Nürnberger Rassegesetze. Seinen Ordner mit Persilscheinen unter dem Arm konnte Globke sich als Opfer einer Hetzkampagne präsentieren, die vor Geschichtsklitterung nicht Halt machte. Dass die Ankläger ganz offensichtlich nicht die moralische Hygiene der Republik im Auge hatten, sondern von politischen Interessen geleitet waren, einte den Block der Verteidiger. Hinzu kam: Je älter Adenauer wurde, desto unentbehrlicher wurde ihm Globke zum Erhalt der eigenen Macht.

Und Globke hatte noch ein weiteres Pfund, mit dem er wuchern konnte. Von Anfang an setzte er sich intensiv für den historischen Ausgleich der Bundesrepublik mit Israel ein. Bei den Wiedergutmachungsgesetzen gegenüber Israel war er 1953 die treibende Kraft im

Hintergrund. Hier lag wohl der Grund dafür, warum in Israel nie Kritik an Globkes Vergangenheit laut wurde. Als die DDR im Vorfeld des Eichmann-Prozesses der israelischen Regierung Material über den »Judenmörder« in Bonn anbot, lehnte diese dankend ab. Auch die Juden in Deutschland verhielten sich zurückhaltend. Zwar stellte der Zentralrat 1951 in einer Resolution fest: »Es ist uns nicht bekannt, dass durch irgendwelche Kommentare der Nürnberger Rassegesetze je jüdische Menschenleben gerettet wurden. Dagegen ist wohl bekannt, dass diese Gesetze zum verbrecherischen Mord an sechs Millionen Männern, Frauen und Kindern geführt haben.« Weitere Kritik folgte nicht. Der Herausgeber der *Allgemeinen Wochenzeitung der Juden in Deutschland*, Karl Marx, zählte sogar zum Kreis der Verteidiger: »Wir müssen Globke glauben, dass er den Kommentar nur schrieb, weil ihn sonst jemand an seiner Stelle viel schärfer geschrieben hätte.«

Hans Globke gehörte zu den wenigen Funktionsträgern des Dritten Reiches, über den ein Urteil schwer fällt. Unzweifelhaft hat er mit seinem Kommentar Schuld auf sich geladen. Doch eine gutwillige Interpretation lässt gleichermaßen den Schluss zu: Er schwamm mit dem Strom, um gegen das System zu wirken. Der Journalist Marx wies auf einen bemerkenswerten Anachronismus hin. Globke war noch Hauptziel linker Kritiker, als es an handfesten Nazis in der westdeutschen Führungselite wieder wimmelte. 1956 schrieb Marx resigniert: »Alle Parteien haben doch längst ihre Globkes.«

4
Bedingt abwehrbereit –
Die *Spiegel*-Affäre des Franz Josef Strauß
(1962)

Chefs fahren Mercedes. Das war schon 1962 so, und das wusste auch die Sicherungsgruppe des Bundeskriminalamtes. Vor dem Düsseldorfer Büro des Nachrichtenmagazins *Der Spiegel* war in den vergangenen Tagen mehrfach ein schwarzer Benz mit Hamburger Kennzeichen aufgetaucht. Rudolf Augstein musste in Nordrhein-Westfalen sein. Wen sollte es wundern, Augstein besaß noch eine Wohnadresse in Düsseldorf. Die Beamten nahmen die Verfolgung auf. Es lag ein Haftbefehl vor. Der Verdacht, der auf dem *Spiegel*-Chef lastete, war schwerwiegend: Landesverrat. Freitag, 26. Oktober, 18.15 Uhr. Es war so weit. Der Beschattete kam aus einem Kaufhaus und marschierte schnellen Schrittes auf seinen Mercedes zu. Die Beamten griffen zu: »Herr Augstein, Sie sind verhaftet. Sie haben das Recht, die Aussage zu verweigern.« »Mein Name ist Fischer«, kam als Antwort. Die Polizisten fanden das komisch und zückten ein Gruppenfoto, auf dem Augstein zu sehen war. »Kennen Sie den da?« »Wen?« Alles war ein bisschen zu schnell gegangen. Heftiger Regen prasselte auf die Autodächer. »Ziehen Sie die Sache bei diesem Mistwetter nicht unnötig in die Länge. Geben Sie doch zu, dass Sie nicht Fischer sind.« Der vermeintliche Landesverräter machte auch noch Witze: »Wenn ich ein Geständnis ablege, kriege ich dann weniger?« Mit dieser Tour hatte er schlechte Karten. Der Mann hatte nicht mal einen Ausweis dabei, und das war in der Bundesrepublik eindeutig rechtswidrig.

Auf Revier 9 am Düsseldorfer Hauptbahnhof zeigte sich der Festgenommene immer noch nicht geständig. Steif und fest behauptete er: »Meine Name ist Erich Fischer, ich bin Anzeigenvertreter und nicht Herausgeber des *Spiegel*.« Gegen acht Uhr wollte er seine Frau anrufen, die sich vermutlich Sorgen machte. Einer der Elitebeamten der Sicherungsgruppe wählte die Nummer. Frau Fischer ging ans Telefon. Später räumte einer der Polizisten ein, er habe Augstein nur ein Mal im Fernsehen gesehen und ihn in der Tat anders in Erinnerung gehabt. Die äußeren Kennzeichen hätten ausreichen sollen, eine Verwechslung zu vermeiden. Fischer war 54 Jahre alt, von massiger Statur und hatte ein rundes Gesicht. Augstein, 39, war ein drahtiger Typ mit schmalen Zügen.

Das kleine Missverständnis in Düsseldorf setzte die Bundesanwaltschaft in Karlsruhe unter Druck. Die Katze war aus dem Sack. Fischer, wieder auf freiem Fuß, hätte Augstein warnen können. Kurz nach 21 Uhr betraten acht BKA-Beamte der Sicherungsgruppe Bonn das Hamburger Pressehaus am Speersort, liefen wortlos am Pförtner vorbei und machten sich auf die Suche nach dem Herausgeber. Auch hier hatten die Beamten kein Glück. Augstein hatte das Haus kurz zuvor verlassen. Stattdessen trafen sie auf Claus Jacobi. Die Kriminalen präsentierten dem Chefredakteur die Haftbefehle gegen Augstein und fünf weitere Redakteure. Zudem hielten sie ihm einen Durchsuchungsbefehl für die Redaktionsräume unter die Nase: Jacobi sollte die Büros sofort räumen lassen. Der weigerte sich aber beständig.

Die acht Polizisten waren überrascht, am späten Freitagabend rund sechzig Mitarbeitern des *Spiegel* gegenüberzustehen. Mit Redaktionsabläufen wenig vertraut, hatte die Bundesanwaltschaft offenbar nicht bedacht, dass zu dieser Zeit das Magazin druckfertig gemacht wurde. Schlussredaktion, Andruck und Versand, damit konnten die Beamten vor Ort wenig anfangen. Das Durcheinander war groß. Die Redakteure verließen ihre Schreibtische nicht freiwillig. Die Setzer, traditionell ein unbequemer Berufsstand, begannen, die Polizisten wüst zu beschimpfen. Jacobi wies auf die finanziellen Verluste hin, falls die Ausgabe 44/62 aufgrund der Polizeiaktion nicht erscheinen könne. Die Summe von einer Million Mark stand schnell im Raum. Dafür wollte der einsatzleitende Oberkommissar dann doch keine Verantwortung übernehmen.

Inzwischen waren zur Unterstützung Beamte der Hamburger Schutzpolizei eingetroffen. Man schloss einen Kompromiss: Zehn Redakteure durften weiterarbeiten, um die Montagsausgabe fertig zu stellen. Hinter jedem Journalisten wurde ein Polizist postiert, damit diese keine Akten verschwinden lassen konnten. Telefonieren war verboten. Zimmer für Zimmer durchkämmte die Polizei jetzt das Verlagshaus, versiegelte Tür für Tür, um Beweismaterial zu sichern. Auch die Telefonzentrale legten sie lahm, schließlich war Gefahr im Verzug. Augstein und seine Redakteure, die sich des Landesverrats und der Bestechung verdächtig gemacht hatten, waren noch nicht gefasst. In seinem Privathaus, das inzwischen durchsucht wurde, war der Herausgeber ebenfalls nicht zu finden.

Dennoch drang die Kunde von der Aktion gegen Deutschlands wichtigstes Nachrichtenmagazin schnell nach außen. Der Leiter der Wirtschaftsredaktion, Leo Brawand, saß im siebten Stock des Hauses gerade bei der Endkorrektur seiner Seiten, als er über die hausinterne Sprechanlage vom Polizeieinsatz erfuhr. Er nahm seine Jacke vom Stuhl, löschte das Licht und versteckte sich im Kleiderschrank. In einem Interview sagte er später: »Ich mache das gerne mal, wenn ich nachdenken muss.« Die Polizei schaute kurz in das leere Zimmer. Brawand hörte den Hausmeister sagen: »Hier haben sie auch schon dichtgemacht.« Die Zimmertür fiel wieder ins Schloss, und der Raum wurde von außen versiegelt. Der Wirtschaftsjournalist stieg aus seinem Versteck und rief, kurz bevor die Leitung gekappt wurde, seine Frau an. Die benachrichtigte den Anwalt des Verlags und Bruder des Verlegers, Josef Augstein, der sofort von Hannover Richtung Hamburg raste. Auch die Deutsche Presse-Agentur wurde informiert.

Zur gleichen Zeit durchsuchte in Bonn die Sicherungsgruppe Bad Godesberg das Hauptstadtbüro des *Spiegel*. Büroleiter Hans Dieter Jaene wurde vorläufig festgenommen. Wie in Hamburg beschlagnahmte die Polizei auch in Bonn zahlreiche Dokumente aus der Redaktion und den Privatwohnungen der Mitarbeiter. Im Haus von Chefredakteur Jacobi durchsuchten die Beamten sogar die Betten der Kinder und den Ponystall nach verdächtigen Papieren. Die Aktion blieb nicht auf Deutschland begrenzt. In Malaga klopften mitten in der Nacht zwei uniformierte Beamte an die Tür des Hotelzimmers von Conrad Ahlers, ehemaliger Fallschirmspringer und Militärexperte beim *Spiegel*. Der Urlauber öffnete im Pyjama. Spanisch sprach er nicht, die Zeichensprache der Polizisten war aber international verständlich: Mitkommen! Der Redakteur und seine Frau, die mit der Sache nun wirklich überhaupt nichts zu tun hatte, wurden in eine verdreckte Ausnüchterungszelle gesteckt. Die ganze Nacht über rätselten sie, was es mit der Verhaftung auf sich haben könnte, kamen aber zu keinem schlüssigen Ergebnis. Am nächsten Morgen erklärte Ahlers sich »freiwillig« bereit, nach Deutschland zurückzukehren und wurde am Frankfurter Flughafen umgehend verhaftet. Die Umstände von Ahlers Festnahme in Spanien sollten später von entscheidender Bedeutung für den Verlauf des Skandals werden.

Rudolf Augstein saß in seiner Zweitwohnung im Hamburger Leinpfad und trank mit Verlagsdirektor Hans Detlev Becker einen Mosel, Jahrgang 1959, als ihn die Nachricht von der Besetzung der Redaktion erreichte. Dass er von seiner Frau getrennt lebte, hätte der Polizei durchaus bekannt sein können. Sein Bruder Josef und sein Freund John Jahr, der einige Zeit zuvor seine Verlagsanteile verkauft hatte, stießen zu ihnen. Bis in die frühen Morgenstunden berieten sie die Lage. Am nächsten Mittag stellte Augstein sich im Hamburger Polizeipräsidium dem Leitenden Staatsanwalt Siegfried Buback.

Die Bonner Bundesanwaltschaft gab daraufhin folgende Presseerklärung heraus: »Aufgrund von Veröffentlichungen, die sich mit wichtigen Fragen der Landesverteidigung in einer Art und Weise befassen, die den Bestand der Bundesregierung sowie die Sicherheit und Freiheit des deutschen Volkes gefährden, sind die Geschäftsräume des Nachrichtenmagazins *Der Spiegel* in Hamburg und Bonn durchsucht worden. Mehrere Mitarbeiter des *Spiegel* sind wegen des Verdachts des Landesverrats, der landesverräterischen Fälschung und der aktiven Bestechung vorläufig festgenommen worden. Die umfangreichen Ermittlungen erstrecken sich auch auf Offiziere, Beamte und Angestellte der Bundeswehr, die verdächtig sind, dem *Spiegel* gegen Entgelt Staatsgeheimnisse verraten zu haben.«

Die folgenden 103 Tage verbrachte Augstein in Untersuchungshaft. Die Blechmarke an seiner Koblenzer Zellentür wies ihn als »Normalverpfleger, Dissident, nicht suizidgefährdet« aus. Der Bonn-Korrespondent Hans Schmelz, der ebenfalls auf der Fahn-

»**Der *Spiegel* ist tot, die Freiheit ist tot.**« 103 Tage sitzt der Herausgeber Rudolf Augstein in Haft.

dungsliste stand, war zum Zeitpunkt der Aktion gerade auf einer Recherchereise in Ungarn. Die dortige Regierung bot ihm umgehend politisches Asyl an. Er lehnte dankend ab und gab telefonisch durch: »Heizt man schon die Zelle.« Am 30. Oktober meldete er sich bei der Sicherungsgruppe in Bad Godesberg. Insgesamt acht *Spiegel*-Vertreter wanderten zeitweilig ins Gefängnis. Die Redaktion blieb für mehrere Wochen von der Polizei besetzt, doch durch die Hilfe anderer Hamburger Verlage konnte das Magazin weiter erscheinen.

»Bedingt abwehrbereit«

Die *Spiegel*-Affäre veränderte die politische Kultur der Bundesrepublik. Zum ersten Mal in der jungen Geschichte des Staates regte sich massiver öffentlicher Protest gegen die Regierung. »Der *Spiegel* ist tot – die Freiheit ist tot!« war plötzlich auf Pappschildern im ganzen Land zu lesen. Überrascht stellte das Ausland fest: Die westdeutsche Öffentlichkeit hatte in Sachen Demokratie Fortschritte gemacht. Sie war bereit, für die Pressefreiheit auf die Straße zu gehen. Die Nacht-und-Nebel-Aktion der Bundesanwaltschaft provozierte die schwerste Regierungskrise, die Adenauer in seiner insgesamt 14-jährigen Amtszeit zu meistern hatte. Das Ende einer Ära nahm seinen Anfang, wenngleich sich der Regierungschef noch ein knappes Jahr halten konnte. Zurücktreten musste nur der Mann, den die Konservativen für ihr größtes politisches Talent im Kabinett hielten und den die Linken von Anfang an im Verdacht hatten, der Drahtzieher der Aktion gegen den *Spiegel* zu sein: Verteidigungsminister Franz Josef Strauß.

Das alles war in der Nacht vom 26. auf den 27. Oktober 1962 noch nicht abzusehen. Das weltpolitische Klima hätte dramatischer nicht sein können. Vier Tage zuvor hatte der amerikanische Präsident John F. Kennedy die militärische Blockade Kubas verhängt.

Sowjetische Atomraketen waren auf Militärfrachtern auf dem Weg zu der Karibikinsel. Die Amerikaner hatten sich bereits bei den Franzosen und Briten rückversichert, dass ihre engsten Verbündeten zur Not einen Atomkrieg mittragen würden. Robert Kennedy erklärte: »Wir sehen das Weiße im Auge des Gegners.« In den Kirchen betete man für den Weltfrieden. Die Bundeswehr war wie alle NATO-Streitkräfte in höchste Alarmbereitschaft versetzt. Der Vorwurf des Landesverrats wog schwer auf den Schultern Augsteins und seiner Kollegen: Würden sie schuldig gesprochen, hatten sie mit bis zu zehn Jahren Gefängnis zu rechnen.

Worauf gründete der Verdacht? Zwei Wochen zuvor, im *Spiegel* vom 10. Oktober, war ein Artikel mit der Überschrift »Bedingt abwehrbereit« erschienen. Verteidigungsexperte Conrad Ahlers berichtete ausführlich über das NATO-Stabsmanöver »Fallex 62«. Im September hatte das westliche Verteidigungsbündnis erstmals einen sowjetischen Großangriff mit Nuklearwaffen simuliert. Das Urteil des Journalisten über den militärischen Stand der Bundeswehr sieben Jahre nach der Wiederbewaffnung und sechs Jahre, nachdem Franz Josef Strauß das Verteidigungsministerium übernommen hatte, war vernichtend. Die Bundeswehr erhielt »noch immer die niedrigste NATO-Note: zur Abwehr nur bedingt geeignet«. Einen konventionellen Angriff des Warschauer Paktes könnte vom Westen nur mit taktischen Atomwaffen pariert werden, so lautete das Fazit. Der Artikel unterstützte nachdrücklich die neue Politik von Präsident Kennedy, konventionell aufzurüsten, um nicht direkt auf einen Nuklearwaffeneinsatz angewiesen zu sein. Im Gegenzug kritisierte der Autor scharf die strategischen Vorstellungen von Strauß.

Diese Kritik saß. Zum Hintergrund: Wie viele seiner Generäle setzte der Verteidigungsminister voll auf die nukleare Karte und beabsichtigte, die Bundeswehr mit amerikanischen Atomwaffen für einen massiven »vorbeugenden« Erstschlag auszurüsten. Adenauer galt in Militärfragen als nicht sonderlich bewandert. Atomraketen hielt er nach Einschätzung Augsteins »für eine Art erweiterte Artillerie«. Für den Ernstfall hatte sich der betagte Kanzler eine einfache Strategie zurecht gelegt: »Wenn der Russe kommt, vergifte ich mich.« Der ungestüme Strauß hatte sich in den letzten Jahren ein großes Maß an Unabhängigkeit in seinem Ressort erkämpft. Im Bundestag bestach er durch seine Rhetorik, und in seiner Falkenrolle spaltete er die Republik. Die Konservativen bejubelten Sätze wie: »Ich nenne jeden einen potenziellen Kriegsverbrecher, der durch Schwächung der westlichen Abwehrkraft dem kommunistischen Osten strategische Vorteile schafft.« Der Altliberale Reinhold Maier prägte den Satz: »Wer so spricht wie der Herr Verteidigungsminister, der schießt auch.«

Conrad Ahlers war mit seinem Bericht »Bedingt abwehrbereit« selbst nicht sonderlich zufrieden: »Schwer lesbar, nur für wirklich interessierte Leser geeignet.« Der Artikel strotzte vor militärischen Fakten. Kaum war das Heft erschienen, kam im Verteidigungsministerium der Verdacht auf, dem Verfasser müssten streng geheime Dokumente vorgelegen haben. Hier setzten die Ankläger an. Ein Gutachten im Auftrag der Bundesanwaltschaft kam zu dem Ergebnis, dass der *Spiegel* 41 zum Teil äußerst wichtige militärische Geheimnisse veröffentlicht hatte. BND-Chef Reinhard Gehlen legte nach. Angeblich gab er Strauß zwei heiße Tipps: Augstein stapele in seinem Safe geheime NATO-Papiere, und in der *Spiegel*-Redaktion befände sich eine kommunistische Spionagezelle. Vor dem Hintergrund der Kuba-Krise braute sich das düstere Bild einer Großverschwörung zusammen.

Auf Leben und Tod

Musste sich der Rechtsstaat tatsächlich schützen? Oder wurde der Versuch unternommen, ein kritisches Blatt mundtot zu machen? Strauß beteuerte in einem Zeitungsinterview umgehend seine Unschuld: »Nein, es ist kein Racheakt meinerseits. Ich habe mit der

Sache nichts, im wahrsten Sinne des Wortes nichts zu tun!« Die Demonstranten, die in allen großen Städten gegen die *Spiegel*-Besetzung protestierten, wollten das nicht glauben. Erst recht nicht, als bekannt wurde, dass ein adliger Parteifreund von Strauß den Stein ins Rollen gebracht hatte. Friedrich August Freiherr von der Heydte wartete schon lange auf seine Beförderung zum Brigadegeneral der Reserve. Direkt nach dem Erscheinen des *Spiegel*-Artikels erstattete er Anzeige wegen Landesverrats. Am 22. Oktober erhielt der Freiherr seinen zusätzlichen Stern, einen Tag später wurden die Haftbefehle gegen die Redakteure des Magazins erlassen.

»Augstein raus, Strauß rein!«, skandierten die Studenten vor dem Koblenzer Gefängnis. Der Skandal hatte sich zur Fortsetzung eines Zweikampfes entwickelt, der bereits seit fünf Jahren tobte. Es war ein »Krieg auf Leben und Tod, obwohl die Kriegführenden beide überlebten«, sagte Augstein rückblickend. Die Fehde begann exakt am 10. März 1957. Damals lud der *Spiegel*-Chef Strauß und einige wichtige Redakteure seines Blatts auf einen Abend zu sich nach Hause ein. Man wollte sich persönlich besser kennen lernen. Bis dahin war der *Spiegel* eher respektvoll mit dem »intelligenten Aufsteiger« aus München umgegangen. Bei Häppchen und reichlich Bier ging es an diesem Abend hoch her. Strauß verglich die Sowjets mit Sittlichlichkeitsverbrechern, die man ja auch nicht frei herumlaufen ließe. Hans Schmelz bemerkte: »Dann schlagen Sie sie doch zusammen!« Strauß polterte zurück: »Wenn's so mit mir reden wollt, dann holt's euch doch lieber einen Zuhälter oder Ganoven und kein Mitglied der Bundesregierung.« Je später der Abend, desto lauter der Gast. Wie im Bierzelt tönte er gegen die Montanunion, mit der die Franzosen ja doch nur an »unsere« Ruhrkohle wollten. Er schimpfte auf die Westbindung und die hohen Stationierungskosten der Alliierten. In seiner herrischen Art verwies Strauß mehrfach am Abend einige *Spiegel*-Redakteure des Raumes. Augstein, um Ausgleich bemüht, brachte sie wieder zurück an den Tisch, begleitet vom jovialen Beifall des Ministers. Schließlich verlangte

Strauß, man solle doch den »Großen Zapfenstreich« auflegen. Der Bitte wurde entsprochen. Die Sause endete schließlich um 3.30 Uhr in der Frühe.

Das Urteil der *Spiegel*-Redaktion fiel eindeutig aus: Dieser Mann durfte niemals Kanzler werden. Joachim Schöps fasste zusammen: »Der Abend blieb unvergessen und auch die Erinnerung an die Brausköpfigkeit und das Wortgeprassel des Gastes – ein Barockpotentat, aber einer, der mit Atomwaffen zu tun hatte. Ob die CDU oder die SPD künftig Wahlen gewinnen wird, ist nicht mehr so sehr von Belang. Wichtig erscheint allein, ob Franz Josef Strauß ein Stück weiter auf jenes Amt zumarschieren kann, das er ohne Krieg und Umsturz schwerlich wieder verlassen müsste.«

»Der nicht!«

Fortan galt für alle *Spiegel*-Artikel Augsteins Parole: »Der nicht!« Und Strauß machte es den Journalisten einfach. Er leistete sich einen Fauxpas nach dem anderen. Seine Skandalserie begann relativ harmlos mit der so genannten Hahlbohm-Affäre. Auf einer Kreuzung in der Nähe des Palais Schaumburg gab der Bonner Verkehrspolizist Siegfried Hahlbohm dem Wagen des Verteidigungsministers nicht sofort freie Fahrt. Strauß wies seinen Fahrer an, das Haltezeichen zu ignorieren. Auf dem Rückweg ließ er stoppen und schnauzte Hahlbohm an: »Geben Sie mir Ihren Namen. Ich werde dafür sorgen, dass Sie von dieser Kreuzung verschwinden.« Beim nordrhein-westfälischen Innenminister reichte Strauß gegen den Schutzmann, der nur ordnungsgemäß den Verkehr geregelt hatte, eine Dienstaufsichtsbeschwerde ein. Er verlangte eine »scharfe Untersuchung und ein strenges Eingreifen«. So kannten sie ihn! Für den *Spiegel* war die Geschichte ein gefundenes Fressen, über die ausgiebig berichtet wurde. Letztlich musste der Strauß-Fahrer 100 Mark Geldstrafe zahlen.

In den kommenden Jahren kam immer wieder der Verdacht auf, dass es bei der Vergabe von Rüstungsaufträgen nicht mit rechten Dingen zuging. Schon bei der Beschaffung der umstrittenen Starfighter sollte Strauß es mit den Ausschreibungsrichtlinien nicht allzu genau genommen haben. Ein Nachweis war aber schwer zu erbringen. 1960 wurde bekannt, dass ein Nennonkel von Frau Strauß quasi über Nacht vom völlig verarmten Geschäftsmann zum erfolgreichen Vermittler von Rüstungsgeschäften aufgestiegen war. Dr. Aloys Brandenstein war von Strauß dem wichtigsten Beschaffungsoffizier der Bundeswehr empfohlen worden, kurz darauf wurde er Generalbevollmächtigter der Panzerkettenfabrik Erwin Backhaus AG. Von einer kleinen Mietwohnung in Frankfurt zog Brandenstein in eine Dienstvilla in Remscheid. Auch seine Schulden konnte er rasch tilgen: Als Monatsgehalt bezog er stattliche 7 500 Mark. Kurz darauf stieg er zum provisionsberechtigen Verbindungsmann einer belgischen Waffenschmiede auf. »Onkel Aloys« war für immer saniert. Sein Name wurde zum Synonym für die korrupte Beschaffungswirtschaft in der Bundeswehr.

Auch in der »Fibag-Affäre« ging es wenig später um viel Geld: um 300 Millionen Mark. Diese Summe plante der Architekt und windige Geschäftsmann Lothar Schloß ein, um rund 5 000 Wohnungen für in der Bundesrepublik stationierte Angehörige der US-Armee zu bauen. Mitverdienen an diesem Deal wollte der Passauer Verleger Johann Evangelist Kapfinger. Er verfügte über hilfreiche Verbindungen zum CSU-Generalsekretär Friedrich Zimmermann – und zum Verteidigungsminister. Als das Geschäft mit den Amerikanern nicht so recht voranschritt, schrieb Strauß einen Empfehlungsbrief an seinen Amtskollegen in Washington. Der Briefschreiber attestierte der Finanzbau AG (Fibag), dass er die Finanzierungspläne überprüft habe. Hartnäckig hielten sich Gerüchte, Strauß würde vom Bau der Soldatenwohnungen ebenfalls finanziell profitieren. Der *Spiegel* berichtete ausgiebig – und das Geschäft platzte. Dafür setzte der Bundestag einen Untersuchungsausschuss ein, der

Strauß am 25. Oktober 1962, also einen Tag vor der Polizeiaktion gegen das Magazin, korrektes Verhalten bescheinigte. Dennoch: Wieder blieb an Strauß der Ruch der Korruption hängen. Die Mehrheit der Bevölkerung dachte wohl wie die *Frankfurter Allgemeine Zeitung*: »Ein Minister, der einen solchen Brief aus seinem Haus hinausgehen lässt, scheint den wesentlichen Unterschied zwischen Deutschland und dem Balkan aus dem Auge verloren zu haben.«

Die Wut des Ministers auf den *Spiegel* wuchs von Artikel zu Artikel. Strauß fühlte sich als Opfer einer Hetzkampagne. In seinen Memoiren erinnerte er sich in gewohnt polemischer Weise: »Ich wurde damals behandelt wie ein Jude, der es gewagt hätte, auf dem Reichsparteitag der NSDAP aufzutreten.« Auf einem Empfang beim Bundespräsidenten am 24. Oktober drohte er vor Mitarbeitern: »Jede Minute, die die mich mit Fibag beschäftigt haben, werde ich denen (den *Spiegel*-Journalisten) heimzahlen.« Eine Ankündigung der Besetzung? Strauß bestritt dies später vehement. Er habe sich »in einem Zustand der Übermüdung und allgemeinen physischen Belastung« befunden. Augenzeugen hatten eher den Eindruck, er war betrunken.

Verschwörung der Staatssekretäre?

Studenten, Künstler und Gewerkschafter mochten gegen Augsteins Verhaftung protestieren und fast alle Zeitungen der Republik in bissigen Kommentaren über eine Einschränkung der Pressefreiheit klagen. In Bonn schlug die *Spiegel*-Affäre zunächst keine hohen Wellen. Der Parteivorsitz der CDU kommentierte knapp: »Es ist dies keine Affäre der deutschen Presse, sondern eine Affäre des *Spiegel*.« Auch die Sozialdemokraten stimmten zunächst nicht in den Chor der Kritiker ein, sondern hielten die »Ermittlungen und die eventuelle Verfolgung wegen Landesverrats für notwendig«.

Es blieb der FDP überlassen, den Streit um die Polizeiaktion zu eröffnen.

Besonders aufgebracht war der liberale Justizminister Wolfgang Stammberger. Dieser hatte von der Razzia in der Redaktion nämlich erst am folgenden Tag aus der Zeitung erfahren, obwohl der Vorgang eindeutig in sein Ressort fiel. Auch sein Parteifreund und Innenminister von Nordrhein-Westfalen Willi Weyer war über die Durchsuchung des Bonner *Spiegel*-Büros nicht informiert worden. Für die FDP stand fest: Man hatte sie bewusst außen vor gelassen. Die Gründe dafür schienen auf der Hand zu liegen. Schließlich war Augstein Mitglied bei den Liberalen. Gehlen verbreitete in Bonn das Gerücht, der *Spiegel* besitze belastendes Material über Stammberger aus dessen Kriegsjahren. Er sei deshalb erpressbar. Schnell kam der Verdacht auf, das Verteidigungsministerium habe dafür gesorgt, dass Stammberger nicht informiert wurde. Das Verhältnis zwischen dem Justizminister und Strauß galt zu diesem Zeitpunkt als stark gespannt. Wenige Tage zuvor hatte dieser im Fibag-Untersuchungsausschuss als einziges Kabinettsmitglied gegen eine Entlastung des CSU-Vorsitzenden gestimmt. In einem Fall von solcher Wichtigkeit übergangen zu werden, konnte der Justizminister sich nicht bieten lassen. Am 31. Oktober reichte er seinen Rücktritt ein.

Am selben Abend noch trat das FDP-Präsidium zusammen, um über die Desavouierung zu beraten. Das politische Kapital stand auf dem Spiel, schließlich war die Partei im Wahlkampf des Vorjahres gegen den autoritären Führungsstil von Adenauer angetreten. Eigentlich wollte sie mit dem Kanzler kein Bündnis mehr eingehen, war dann aber im Angesicht einer drohenden Großen Koalition umgefallen. Wenigstens in Fragen der Rechtsstaatlichkeit beabsichtigte man jedoch, konsequent Farbe zu bekennen. Zur Überraschung des Präsidiums tauchte auf der Sitzung plötzlich der Staatssekretär im Verteidigungsministerium Waldemar Hopf auf. Freimütig übernahm er die volle Verantwortung. Er habe den Staatssekretär im Justizministerium Walter Strauß, CDU-Mitglied und mit dem Verteidigungsminister nicht verwandt, angewiesen, Stammberger über die geplante Aktion nicht zu informieren.

Eine Verschwörung der Staatssekretäre? Das wäre für die Liberalen ein Ausweg ohne Gesichtsverlust. Sie forderten Adenauer auf, die beiden Beamten zu entlassen. Als politisches Faustpfand unterschrieben auch die vier verbliebenen liberalen Minister Rücktrittserklärungen und schlossen sie im Safe der Partei ein. Der Kanzler hielt die Forderung zwar für überzogen, lenkte aber – eine handfeste Regierungskrise vor Augen – am 5. November schließlich ein. Hopf wurde beurlaubt, Walter Strauß von seinem Amt entbunden. Justizminister Stammberger zog seine Rücktrittserklärung zurück. Der Fall schien erledigt. Adenauer erlaubte seinem Vertrauten Hans Globke, zum Erholungsurlaub in die Schweiz zu fahren.

»Abgrund von Landesverrat im Lande«

Die Sympathisanten des *Spiegel* stellte die Entlassung der Staatssekretäre nicht zufrieden. Zu sehr drängte sich der Eindruck auf: Hier waren zwei Bauernopfer geboten worden. Sowohl Waldemar Hopf als auch Walter Strauß galten als korrekte und loyale Beamte preußischer Schule. Ein eigenmächtiges Handeln ohne Weisung von oben erschien bei beiden Politikern nicht sehr wahrscheinlich, auch wenn Franz Josef Strauß nochmals versicherte, er habe den Vorwurf eines Racheaktes vorhergesehen und deshalb Hopf »die gesamte *Spiegel*-Angelegenheit« überlassen. Dem Nürnberger *8-Uhr-Blatt* sagte er: »Wenn Sie so wollen, dann ist in dieser Zuständigkeit Herr Hopf augenblicklich der Chef meines Ministeriums.« So recht glauben wollten das wohl nur seine Anhänger. Denn die zentrale Frage war immer noch nicht geklärt: Wer hatte die ganze Aktion überhaupt initiiert?

Die SPD entschloss sich nach anfänglichem Zögern nun doch, die Rolle des Aufklärers zu übernehmen. Im Bundestag beantragte die Fraktion eine Fragestunde. Aus einer Stunde wurden schließlich drei Tage, da immer mehr Ungereimtheiten auftauchten. Die hitzige Debatte schrieb Parlamentsgeschichte. Die Innen-, Außen- und Verteidigungsminister verschanzten sich entweder hinter dem Argument, für die Aufklärung der Abläufe sei noch nicht genug Zeit gewesen, oder sie schoben sich gegenseitig die Verantwortung zu. Nachdem erste Rechtsbrüche aufgedeckt waren, merkte Innenminister Hermann Höcherl an, seine Beamten könnten ja »nicht den ganzen Tag mit dem Grundgesetz unter dem Arm herumlaufen«. Für die protestierenden Studenten wurde dieser Satz später zum geflügelten Wort. Auch Adenauer musste sich mit seinem Beitrag zur Debatte später oft zitieren lassen: »Wir haben einen Abgrund von Landesverrat im Lande.« Eine klare Vorverurteilung, die dem Kanzler in dem schwebenden Verfahren nicht zustand. Den inhaftierten *Spiegel*-Herausgeber attackierte er persönlich: »Ach Gott, was ist mir schließlich Augstein, der hat Geld verdient auf seine Weise.« Mehrmals musste der Bundestagspräsident die Sozialdemokraten zur Ruhe rufen. Selten hatte das Parlament bis dato die Abgeordneten so aufgebracht erlebt.

In den Mittelpunkt des Interesses rückte inzwischen die Frage, wie es zu der Verhaftung von Conrad Ahlers in Spanien gekommen war. Die dortigen Behörden teilten mit, dass das Bundeskriminalamt seine Finger im Spiel gehabt hatte. Von der zuständigen Bonner Sicherungsgruppe wollte aber in der Nacht der Festnahme niemand mit Spanien telefoniert haben. Lediglich die Übersetzung eines deutschen Haftbefehls tauchte auf, die vom BKA aber nachweislich erst am folgenden Tag nach Madrid geschickt worden war. Es wurde immer deutlicher: Für die Festnahme des *Spiegel*-Redakteurs hatte es keine rechtliche Grundlage gegeben. Interpol war nicht eingeschaltet worden, und bei einem politischen Verbrechen wie Landesverrat hätten die Spanier ohnehin nicht einfach zugreifen dürfen. Höcherl kam zu dem Ergebnis, dass es sich um »einen kurzgeschlossenen Verkehr zwischen zwei Kriminalpolizeien« handelte und fügte an: »Das ist, ich möchte einmal sagen, etwas außerhalb der Legalität.« Auch dieser Satz wurde später viel zitiert. Die Zeitungen drehten ihn um und schrieben, die Regierung habe etwas »innerhalb der Illegalität« gehandelt.

Der einzige deutsche Offizielle, der seine Beteiligung an der nächtlichen Verhaftung des Ehepaars Ahlers zugab, war der Militärattaché an der deutschen Botschaft in Madrid, Achim Oster. Der wiederum unterstand direkt dem Verteidigungsminister. Nach langem Hin und Her gestand Strauß schließlich ein, mit Oster in der fraglichen Nacht telefoniert zu haben. Dass er die Verhaftung angewiesen habe, bestritt der Verteidigungsminister jedoch wortreich. Er habe lediglich »die Lage bestätigt«, da der Attaché verlangte, mit seinem Minister persönlich zu sprechen. Die Ausflüchte nutzten Strauß nichts mehr. Fast drei Wochen lang hatte er behauptet, mit der Sache nicht das Geringste zu tun zu haben. Jetzt war seine Glaubwürdigkeit endgültig erschüttert. »Das entscheidende Telefongespräch mit Madrid ist aufgeklärt – Strauß bekennt: Ich war es!«, titelte noch am selben Tag das *Hamburger Abendblatt*. Verfassungsrechtler Theodor Eschenburg kommentierte, der Verteidigungsminister »hat keine, falsche, höchst unvollständige oder schuldhaft verspätete Antworten« gegeben und damit in schwerer Form »gegen die parlamentarische Ordnung« verstoßen.

Das war noch sehr zurückhaltend formuliert. Jahre später packte ein hochrangiger Mitarbeiter der Madrider Botschaft aus, der an dem Abend gemeinsam mit dem Militärattaché den Fall regelte. Demnach hatte Strauß am Telefon wörtlich gesagt: »Herr Oberst Oster! Ich komme soeben vom Bundeskanzler, und dies ist ein dienstlicher Befehl zugleich im Namen des Bundeskanzlers. Augstein ist in Kuba, und deshalb kann der Generalbundesanwalt nur durch Herrn Ahlers erfahren, wo das Loch im Verteidigungsministerium ist. Es ist von entscheidender Bedeutung, dass Ahlers so schnell wie möglich festgesetzt wird. Der Haftbefehl ist auf dem Interpolweg unterwegs.« Kein Wort davon war wahr. Die Botschaftsangehörigen mussten gleichwohl im Zeichen der Kuba-Krise den Eindruck haben, dass die Sicherheit der gesamten freien Welt in ihren Händen lag. Die Verhaftung ohne Haftbefehl in Spanien zu organisieren, fiel Militärattaché Oster nicht schwer, schließlich regierte dort immer noch General Franco.

»Wenn mir Fehler unterlaufen sind, so bedauere ich sie«

»Ein Mann, der das Bundesjustizministerium, die Bundesanwaltschaft, das Bundeskriminalamt, Interpol und eine fremde Regierung in ein Zwielicht drängt und das Parlament der Bundesrepublik und die deutsche Öffentlichkeit tagelang hinters Licht führt, kann nicht Minister bleiben«, schrieb die *Frankfurter Rundschau* nach den Bundestagsdebatten. Kaum eine Zeitung in Deutschland sah das anders. Nachdem Außenminister Gerhard Schröder auch noch herausfand und mitteilte, dass nicht Oberst Oster Strauß am Telefon verlangt hatte, sondern umgekehrt der Minister seinen Attaché, wandte sich sogar die Springer-Presse von ihm ab.

Nun sahen die Taktiker in der SPD-Fraktion ihre Stunde gekommen. Sie brachten im Bundestag einen Antrag ein, Strauß zu entlassen und setzten die FPD damit unter Zugzwang. Die Liberalen hatten die Wahl, erneut umzufallen oder wieder eine Regierungskrise auszulösen. Adenauer war gerade auf Dienstreise in Washington und hatte sich von seinen Ministern bis zu seiner Rückkehr Burgfrieden erbeten. Am 17. November kehrte er vorzeitig nach Bonn zurück. Er war nicht bereit, Strauß zu entlassen. Am 25. November standen in Bayern schließlich Landtagswahlen an. Die FDP begab sich auf die Flucht nach vorn. Ihre Minister holten die Rücktrittsgesuche aus dem Panzerschrank, verließen den Kabinettstisch und forderten Adenauer auf, die Regierung neu zu bilden – ohne Strauß. Die Union zog daraufhin ebenfalls ihre Minister zurück, um Adenauer freie Hand zu lassen. In Bayern gingen derweil die Wähler in

»**Ein Abgrund von Landesverrat im Lande.**« Die *Spiegel*-Affäre führt zur schwersten Regierungkrise der Ära Adenauer. Am Ende muss Verteidigungsminister Strauß zurücktreten.

die Wahlkabinen. Heraus kam ein furioser Wahlsieg des Verteidigungsministers. Zum ersten Mal in der Geschichte des Landes errang die CSU die absolute Mehrheit. Strauß kam gestärkt nach Bonn zurück.

Doch jetzt überspannte er den Bogen. Auf einer Fraktionssitzung der Union – bei der gleichzeitigen Kabinettssitzung unter Adenauers Leitung hatte er sich krank gemeldet – schob Strauß dem Kanzler die Hauptverantwortung für die *Spiegel*-Affäre zu. Adenauer selbst habe entschieden, die Polizeiaktion vor Justizminister Stammberger geheim zu halten. Das ging nun auch dem Kanzler zu weit. Auf seine Weisung erklärte die Fraktion: »Der Bundeskanzler hat im Einzelfall keine Weisung erteilt. Dies gilt auch für die Frage der Nichtunterrichtung des Justizministers.« In der CDU hatte Strauß damit sämtlichen Rückhalt verloren. Auch die CSU-Fraktion war nicht mehr gewillt, den Konflikt mit der Schwesterpartei zu suchen. Am 30. November erklärte sich der Verteidigungsminister bereit, einem neuen Kabinett nicht mehr anzugehören. *Bild* kommentierte: »Die Entscheidung ist gut für die CDU/CSU, sie ist gut für Strauß – sie ist gut für uns alle.« Der Bayer entschuldigte sich auf seine Weise: »Wenn mir Fehler unterlaufen sind, so bedaure ich sie.« Anhänger von Strauß sind bis heute der Meinung, Adenauer hätte seinen Minister in dieser Sache gelinkt.

Die FDP war nun unter einer Bedingung bereit, die Koalition fortzusetzen: Der Kanzler sollte sich auf ein präzises Datum für seinen für den kommenden Herbst geplanten Rücktritt festlegen. Doch wie immer hatte Adenauer vorgesorgt und erteilte den Liberalen eine weitere Lektion in Sachen Machtpolitik. Heimlich ließ er Wohnungsbauminister Paul Lücke (CDU) mit dem SPD-Fraktionsvorsitzenden Herbert Wehner über eine Große Koalition verhandeln. Adenauer und Wehner verband eine tiefe Antipathie gegen die FDP. Entsprechend gut kamen die Gespräche voran. Die Verhandlungsführer verteilten die Ressorts und verständigten sich darauf, ein Mehrheitswahlrecht nach angelsächsischem Vorbild einzuführen. Damit hätten die großen Parteien sich der FDP endgültig entledigt.

Die SPD-Bundestagsfraktion erhob jedoch Einspruch. Sie wollte Wehner nicht auf seinem Kurs in die Regierungsverantwortung unter einem Kanzler namens Adenauer folgen. Als dies bekannt wurde, ging der Taktiker Adenauer wieder auf die Liberalen zu. Das Mehrheitswahlrecht vor Augen, kamen auch sie dem Kanzler ausgesprochen rasch entgegen. Dieser sicherte zu, nach der parlamentarischen Sommerpause 1963 seinen Posten zu räumen. Der Fortsetzung der schwarz-gelben Koalition stand nichts mehr im Wege. Am 11. Dezember nahm die neue Regierung die Amtsgeschäfte auf. Politisch war die Krise, die der *Spiegel*-Affäre folgte, damit endgültig bewältigt – juristisch und gesellschaftlich allerdings noch nicht.

Nachwehen

Die Gerichte beschäftigte der Fall weiter. Parallel zur Debatte im Bundestag gab die Bundesanwaltschaft bekannt, im Safe von Augstein ein Exposé des Artikels von Ahlers gefunden zu haben. Dieses enthalte »Staatsgeheimnisse von hohem Rang auf dem Gebiet der Landesverteidigung«. Aktenvermerke lenkten den Verdacht auf zwei Oberste der Bundeswehr: Armin Wicht und Alfred Martin. Beide galten als Kritiker der militärstrategischen Vorstellungen von Strauß. Sie sollten der Redaktion die geheimen Informationen zugespielt haben. Das BKA ließ die beiden Offiziere festnehmen.

Anfang Dezember saßen neben Wicht und Martin noch Augstein, Schmelz und Ahlers in Untersuchungshaft. Die Verteidigungslinie des *Spiegel* baute auf einem Umstand auf, die dem journalistischen Ruf des Blattes nicht gerade dienlich war. Ahlers hatte in seinem Artikel »Bedingt abwehrbereit« durchaus keine neuen Informationen geliefert. Fast alle militärischen Details, die angeblich den Tatbestand des Landesverrats ausmachten, hatten andere Zeitungen schon vorher gedruckt. Ahlers hatte sie lediglich zusammengestellt. Auch das Exposé aus dem Panzerschrank erwies sich als stumpfe Waffe der Ankläger: Die brisanten Punkte waren nämlich nicht in den Bericht übernommen worden. Der *Spiegel* konnte außerdem nachweisen, dass er vor dem Abdruck des Artikels wichtige Passagen dem Bundesnachrichtendienst zur Prüfung vorgelegt hatte. Auch der Sicherheitsexperte der SPD und Innensenator von Hamburg, Helmut Schmidt, hatte den Text gegengelesen. Anmerkungen waren berücksichtigt worden. Schließlich widerlegte der ehemals ranghöchste deutsche NATO-Offizier das Gutachten des Verteidigungsministeriums, das zu den Haftbefehlen geführt hatte. Von den 41 Fällen des Geheimnisverrats blieb für ihn kein einziger übrig. Damit brach die Anklage in sich zusammen.

Anfang Februar wurde Rudolf Augstein nach über drei Monaten als Letzter der Untersuchungshäftlinge entlassen. Im Mai lehnte der Bundesgerichtshof es ab, das Hauptverfahren gegen ihn und Ahlers zu eröffnen. Die Ermittlungen gegen die Bundeswehroffiziere und anderen *Spiegel*-Mitarbeiter wurden ebenfalls eingestellt. Im Januar 1966 zog der *Spiegel* vor das Bundesverfassungsgericht, um feststellen zu lassen, dass die Bundesregierung verfassungswidrig gegen die Pressefreiheit verstoßen hatte. Vier der acht Richter gaben dem Nachrichtenmagazin Recht, die anderen folgten der Verteidigung. Mit dem Unentschieden war die Klage abgewiesen.

Oberflächlich betrachtet zog die *Spiegel*-Affäre keine schwerwiegenden Folgen nach sich. Adenauer musste sich nie für sein böses Wort vom »Abgrund von Landesverrat« entschuldigen. Die beiden Staatsekretäre Waldemar Hopf und Walter Strauß machten weiter Karriere. Der eine wurde Präsident des Bundesrechnungshofes, der andere Richter am Europäischen Gerichtshof. Franz Josef Strauß wurde mit allen militärischen Ehren nach München verabschiedet. Dieses Mal kam der »Große Zapfenstreich« nicht von der Schallplatte. Und Adenauer sprach tröstliche Worte: »Sie werden in Zukunft im politischen Leben des deutschen Volkes noch eine große und bedeutende Rolle spielen.« Drei Jahre später war Strauß zurück in Bonn, als Finanzminister der Großen Koalition. Sprecher der Regierung Kiesingers wurde niemand anderes als Conrad Ahlers. Auch Adenauer und Augstein versöhnten sich. Der Altkanzler gewährte dem Herausgeber das letzte Interview vor seinem Tod. Bei der Verabschiedung soll es zu einer Umarmung gekommen sein. Der *Spiegel* hatte kurzfristige finanzielle Einbußen in Höhe von zwei Millionen Mark, doch sein Ruf als Wächter der Demokratie war auf lange Zeit gefestigt. Das Blatt steigerte seine Auflage fortan kontinuierlich, und Augstein verzichtete auf eine Schadensersatzklage.

Viel bedeutender war die Wirkung der *Spiegel*-Affäre für die bundesdeutsche Gesellschaft. Der konservative Literaturpapst der

F. A. Z., Friedrich Sieburg, fasste zusammen: »Eine Freiheitsregung
hat sich in unserem öffentlichen Leben bemerkbar gemacht. Sie
ist bisher fast immer ausgeblieben, wenn man glaubte, auf sie hoffen zu dürfen. Aber nun ist sie zu spüren. Wird sie dauern? Das
wäre das glückliche Ergebnis einer unglücklichen Sache.« Sie sollte
dauern, wenn auch nicht ganz im Sinne Sieburgs. Die *Spiegel*-
Affäre wurde zur Geburtsstunde der Außerparlamentarischen
Opposition. Darauf konnte die Generation der 68er aufbauen.
Zum ersten Mal in der deutschen Geschichte hatte sich die Öffent-
lichkeit ernsthaft mit der Staatsmacht angelegt – und sie war als
Sieger aus dem Konflikt hervorgegangen. Das stickige Klima der
Ära Adenauer erfuhr ein erstes reinigendes Gewitter. Und die
Linke fand ihr Feindbild, das die unterschiedlichsten Gruppierun-
gen in den kommenden 25 Jahren immer wieder einte: Franz Josef
Strauß.

Der Skandal in den Zeiten des ideologischen Stacheldrahts

Der Skandal war ein steter Begleiter im politischen Leben von
Strauß. Die Liste seiner Verfehlungen wurde von Jahr zu Jahr länger: Ämterpatronage, Amtsanmaßung, Umgehung von Gesetzen,
Beeinflussung von öffentlichen Entscheidungen, Nepotismus,
Beleidigung. Wirklich geschadet haben Franz Josef Strauß seine
Affären nie. Im Gegenteil: Er gehörte zu den wenigen Politikern,
die es schafften, aus Skandalen politisches Kapital zu schlagen. Der
verkniffene Karrierist Uwe Barschel brach kläglich zusammen, als
er in der Waterkant-Affäre die Lawine an Vorwürfen auf sich zurol-
len sah. Wurde Strauß von allen Seiten angegriffen, präsentierte er
sich in Bestform.
 Franz Josef Strauß war ein Überzeugungstäter. Ihm war klar, er
hatte eine historische Mission zu erfüllen. Der Antikommunismus
wies ihm den Weg, Irrtümer waren ausgeschlossen. Da musste im

Dienste des großen Ganzen gelegentlich der Zweck die Mittel heiligen. Seine Anhänger folgten Strauß bedingungslos. Sie entstammten demselben Milieu wie ihr politisches Idol. Er war der Sohn eines Metzgers. Das bayrische Kleinbürgertum war seine Hausmacht: Handwerker und Kaufleute, die Angst hatten, als Modernisierungsverlierer sozial abzurutschen. Ihre Feinde waren auch seine: die organisierte Arbeiterklasse und das Bildungsbürgertum, der rote Gewerkschaftsfunktionär und der liberale Intellektuelle. Griffen sie an, konnte Strauß, der Polarisierer, sich der Unterstützung seiner Anhängerschaft sicherer sein denn je. Auf dem Höhepunkt der *Spiegel*-Affäre bescherten ihm die Bayern das bis dahin beste Wahlergebnis in der Geschichte der CSU.

Angriffe von links gerieten für Strauß zur Rückversicherung, nach dem Motto: Sie schießen auf mich, weil ich der Einzige bin, der ihnen die Stirn bietet. Für den Gegenangriff munitionierte er sich mit brachialer Rhetorik. 1963, auf Dienstreise in Israel, nannte er den *Spiegel* »die Gestapo unserer Tage«. Das Magazin könne mit Akten aus der NS-Zeit fast jeden Deutschen erpressen. Dagegen habe er einschreiten müssen. Den restaurativen Kräften im Land machte Strauß immer ein Fass auf, wenn sich die Gelegenheit bot.

Strauß war der Gegenentwurf zum Typ des kompromissbereiten Berufspolitikers, wie ihn die Bonner Demokratie zunehmend hervorbrachte. Seine Gefolgsleute erwarteten von ihm, dass er undiplomatisch und unberechenbar agierte. Dafür repräsentierte er den Willen zur Entscheidung, die Fähigkeit, die Dinge voranzubringen. Seine Skandale kreisten stets um die Archetypen der politischen Moderne: Macht und Geld. Da durfte auch der Sex nicht fehlen, und 1971 war es dann so weit: In der Nähe seines New Yorker Hotels am Central Park klauten zwei schwarze Prostituierte das Portemonnaie des Bayern auf Dienstreise. Die Spekulationen schossen ins Kraut. Wie waren die Damen überhaupt in Kontakt mit ihm gekommen?

»Strauß spaltet die Nation in Ekstatische und in Erbitterte«, formulierte die *Zeit*. Respekt zollten ihm oft genug auch die, die auf der anderen Seite seines ideologischen Stacheldrahts standen – zuletzt sogar der Erzfeind aus dem Hamburger Pressehaus. In seinem Nachruf schrieb Rudolf Augstein im Herbst 1988: »Die Zeit, da Männer noch wussten, wo es langgeht, und da sie noch Geschichte machten, sie ist für uns auf immer vorbei. Gott mit dir, Franz Josef Strauß.«

5
Ein Schuss in viele Köpfe –
Der Tod von Benno Ohnesorg
(1967)

Endlich erreichte der Krankenwagen das städtische Hospital in Berlin-Moabit. Sanitäter eilten mit einer Tragbahre herbei. Der Patient blutete aus Mund, Nase und Ohren. Am rechten Hinterkopf klaffte eine große Wunde. In der Notaufnahme versuchte ein Arzt, die Blutungen zu stillen. Vergeblich. Der Herzschlag war sehr schwach und unregelmäßig. Die Unfallchirurgen übernahmen den Verletzten. Während der Operation entfernten sie ein sechs mal sieben Zentimeter großes Knochenstück aus der Schädeldecke. Der Herzschlag kam zum Erliegen. Am 2. Juni 1967, kurz nach 21 Uhr, starb Benno Ohnesorg im Alter von 26 Jahren. Tod durch Schädelbasisbruch lautete die vorläufige Diagnose. Am nächsten Tag ergab die Obduktion, dass ein Schuss in den Kopf Ohnesorg getötet hatte.

Der Schuss veränderte die Bundesrepublik. Ohnesorg war auf einer Demonstration vor der Deutschen Oper in Berlin das Opfer eines Polizeieinsatzes von großer Brutalität geworden. Sein Tod löste eine Kettenreaktion aus. Der Protest von linken Studentengruppen, die sich bis dahin relativ isoliert in Westberlin gegen den Vietnamkrieg und für ihre sozialistischen Ideale verkämpft hatten, sprang auf eine ganze Generation über. Die Mehrheit derjenigen, die ab dem folgenden Jahr »68er« genannt wurden, trat ihren langen Marsch durch die Institutionen an. Für einige wenige legitimierte der 2. Juni 1967 ihren bewaffneten Kampf gegen den verhassten Staat.

Benno Ohnesorg wurde zum Märtyrer, und er eignete sich hervorragend dazu. Der Student der Germanistik und Romanistik war kein aufsässiger Rebell, schon gar kein Rädelsführer und Anstifter zur Gewalt gegen Polizisten. In seinem Freundeskreis galt er als zurückhaltend und besonnen. Die evangelische Studentengemeinde schätzte ihn als engagiertes Mitglied. Auf dem zweiten Bildungsweg war Ohnesorg an die Freie Universität (FU) in Berlin gelangt. Er wollte möglichst schnell sein Examen machen und Lehrer für Deutsch und Französisch werden. Kurz vor seinem Tod hatte er geheiratet, ein Kind war unterwegs. Am 2. Juni nahm Ohnesorg zum ersten Mal überhaupt an einer Demonstration teil. Er wollte sich davon überzeugen, ob die Berliner Polizei wirklich so brutal gegen Kommilitonen vorging, wie der Sozialistische Studentenbund Deutschland (SDS) es behauptete. Während der Auseinandersetzungen zwischen Polizei und Studenten versuchte er, mäßigend einzuschreiten. Einen Unschuldigeren hätte die Staatsgewalt kaum treffen können.

Die Todesnachricht erhitzte die Gemüter in Westberlin wie kein anderes Ereignis seit dem Mauerbau. Der Allgemeine Studentenausschuss (AStA) der FU erklärte: »Wir stehen fassungslos vor der Lüge der Polizei, die den Mord als Notwehr bezeichnet.« Der Regierende Bürgermeister von Westberlin, Heinrich Albertz, schob den Demonstranten die Verantwortung für die Eskalation zu. Er nannte Ohnesorg das Opfer »einer extremistischen Minderheit« und ergänzte: »Ich sage es ausdrücklich und mit Nachdruck, dass ich das Verhalten der Polizei billige und dass ich mich durch eigenen Augenschein davon überzeugt habe, dass sich die Polizei bis an die Grenze des Zumutbaren zurückgehalten hat.« Worte des Bedauerns über den Tod eines Studenten fand Albertz nicht. Stattdessen kündigte er an, Schnellgerichte für »Randalierer« einzuführen. Der Unterstützung der Springer-Presse konnte sich der SPD-Mann sicher sein. Die *BZ* titelte am Tag nach Ohnesorgs Tod: »Wer Terror produziert, muss Härte in Kauf nehmen!«

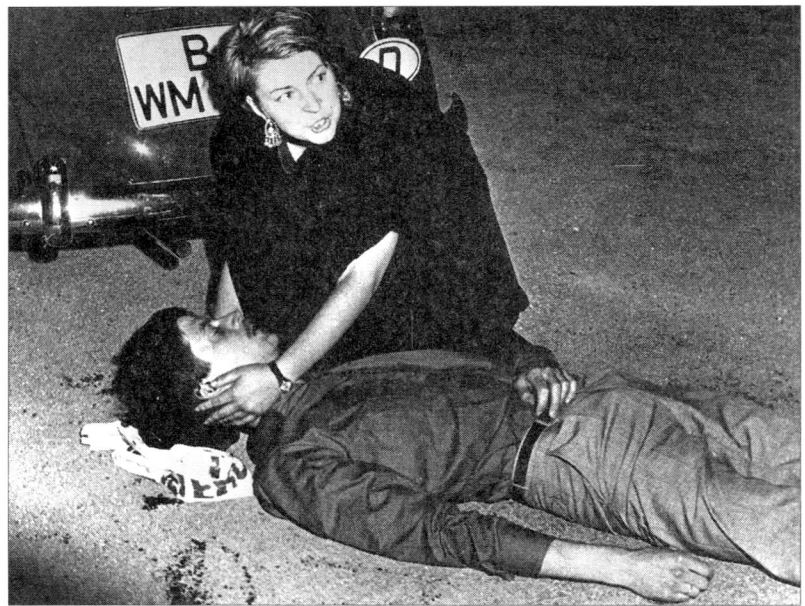

Am 2. Juni 1967 stirbt der Student Benno Ohnesorg durch eine Polizeikugel.
Für die 68er wird der Schuss zum Synomym staatlicher Repression.

»Meine Damen und Herren, morgen beim Schah-Besuch geht es um Vietnam«

1967 war ein Jahr der Zuspitzungen. Die USA eskalierten unter Präsident Johnson den Vietnamkrieg. Cassius Clay verweigerte den Kriegsdienst, sein Titel als Boxweltmeister wurde ihm aberkannt. In Athen putschte das Militär. Kurz vor Ohnesorgs Tod blockierten die arabischen Staaten den Golf von Akaba für israelische Schiffe. Am 5. Juni begann der Sechs-Tage-Krieg, in dem Israel die Halbinsel Sinai, den Gazastreifen, das Westjordanland und Teile Syriens besetzte. In Berlin gewann der sozialistische Studentenführer Rudi Dutschke an Einfluss. Mehrfach kam es bei Demonstrationen zu kleineren Zusammenstößen zwischen Studenten und Polizei. Doch bis zum 2. Juni hatten die Demonstranten hauptsächlich mit faulen Tomaten geworfen, nicht mit Pflastersteinen. Die sollten nun folgen.

Ende Mai 1967 erwartete die Bundesrepublik hohen Besuch aus Persien. Schah Mohammed Reza Pahlewi und Kaiserin Farah Diba kamen für neun Tage nach Deutschland. Die Klatschpresse hoffte mit Sonderseiten auf Sondergewinne. Auch die Bundesregierung hatte an dem Besuch ein wirtschaftliches Interesse. Reza Pahlewi war gerade dabei, sein Land in einer Tour de force zu industrialisieren und kulturell in Richtung Westen zu öffnen. Deutschland gehörte mit seinen traditionell guten Beziehungen zu Persien zu den wichtigsten Investoren. Beim Aufbau einer modernen Infrastruktur winkten dicke Profite für deutsche Unternehmen. Am 26. Mai wurde auf dem Flughafen Köln-Bonn der rote Teppich ausgerollt. Bundespräsident Heinrich Lübke empfing die Gäste mit militärischen Ehren.

Bei den Studenten in Berlin war der Schah weniger beliebt als bei den deutschen Wirtschaftskapitänen. Sie warfen ihm vor, systematisch die Menschenrechte zu verletzen. Wer im Iran öffentlich gegen Reza Pahlewi Stellung bezog, konnte nicht auf Gnade hoffen. Tausende politische Gefangene, darunter viele Studenten, saßen in Teheraner Gefängnissen. Folter war an der Tagesordnung. Nach Angaben von Menschenrechtsorganisationen wurden zahlreiche Oppositionelle ermordet. Die Hamburger Journalistin Ulrike Meinhof prangerte in einem offenen Brief an die Kaisergattin »Hunger, Folter und Mord« an. Der iranische Geheimdienst Savak warnte die deutschen Behörden, Emigranten könnten in Deutschland einen Anschlag auf den Schah und seine Frau planen. Die Sicherheitsvorkehrungen waren entsprechend hoch. Überall wo das Kaiserpaar auftauchte, gab es ein Mammutaufgebot an Schutz- und Kriminalpolizei. Ganze Autobahnen wurden gesperrt. In München sollten 107 iranische Studenten auf eigene Kosten Oberbayern verlassen, solange der Schah die Region besuchte.

Das Programm für den Gast war umfassend: eine Thyssen-Hütte in Duisburg, deutsche Romantik in Rothenburg ob der Tauber, Hochkultur in München, zahlreiche Gespräche mit deutschen Geschäftsleuten. Der Kaiserin wurde ein SOS-Kinderdorf gezeigt. Am vorletzten Tag ihrer Reise besuchten Reza Pahlewi und Farah Berlin. Hier sah das Protokoll drei Programmpunkte vor. Gegen Mittag empfing der Senat im Rathaus Schöneberg, dann der Bundespräsident zur Teestunde im Schloss Bellevue. Am Abend wollte der »Operettenkaiser« in der Deutschen Oper Mozarts »Zauberflöte« sehen.

Die Tage vor dem Besuch in Berlin nutzten linke Studentengruppen, um sich für den Protest zu rüsten. In der Nacht zum 31. Mai hatten Mitglieder der »Conföderation Iranischer Studenten« (CIS) und des SDS in ganz Westberlin Plakate mit einem Steckbrief des Schahs geklebt. »Mörder!« So stand es in großen Lettern über dem Foto des Staatsgastes. Am Vorabend des Besuchs kamen 2 000 Studenten ins Auditorium Maximum der Universität, wo ein iranischer Intellektueller über die Menschenrechtsverletzungen in seiner Heimat berichtete. Eine Sprecherin des AStA forderte den Rektor auf, keine Universitätsfahnen zu Ehren des Schahs zu hissen. Alle Studenten sollten »von den demokratischen Mitteln des Protestes Gebrauch machen«. SDS-Führer Rudi Dutschke peitschte ein: »Die unterdrückten Völker haben ihren Kampf begonnen. Meine Damen und Herren, morgen beim Schah-Besuch geht es um Vietnam!«

Auch die Gegenseite wappnete sich. Die Springer-Presse heizte die Stimmung mit der Behauptung an, vor der Oper sei ein Attentat auf den Schah geplant. Die »taktische Einweisung« der Bereitschaftspolizei lautete: »Die Studenten wollen keinen gemütlichen Spaziergang, die suchen den Reibungspunkt. Meine Damen und Herren, wir sollten die Taktik der Hauptstörer unterlaufen und denen nicht auf den Leim kriechen.« 5 000 Sicherheitsbeamte wurden für den 2. Juni mobilisiert.

Die Rache der »Jubelperser«

»**G**lanz und Jubel« wünschte sich die *Bild*-Zeitung für den Auftritt des Kaiserpaars. Das Protokoll des Senats veröffentlichte die Fahrtroute von Schah und Schahbuna in der Hoffnung, dass möglichst viele Berliner ihren Weg säumten. Die kurz zuvor gegründete »Deutsch-Iranische Gesellschaft«, angeführt vom Vorsitzenden der Berliner CDU, verteilte grün-weiß-rote Papierfähnchen. Gegen Mittag hatten sich rund 3 000 Schaulustige vor dem Rathaus Schöneberg eingefunden – hauptsächlich ältere Damen, die kaiserlichen Glanz und Jubel sehen wollten. Aber auch rund 800 Anti-Schah-Demonstranten waren zum Sitz des Regierenden Bürgermeisters gekommen. »Welcome to Berlin, Mr. Dictator«, »Freiheit für Persien« und »Mörder« war auf ihren Transparenten zu lesen. Einige hatten sich Papptüten mit aufgezeichneten Karikaturen des Schahs über den Kopf gezogen, um unerkannt zu bleiben. Als um 12.17 Uhr der Schah und seine Gattin im Mercedes 600 vorfuhren, skandierten sie in Sprechchören: »Schah, Schah, Scharlatan!« Es flogen einige Eier und Rauchkerzen. Die kaisertreuen Damen hielten mit »Farah! Farah!«-Rufen dagegen. Unterstützt wurden sie von einer knapp hundert Mann starken Truppe von Persern in schwarzen Anzügen, die man als Claqueure extra nach Berlin eingeflogen und direkt am Eingang des Rathauses postiert hatte – noch vor den Absperrgittern der Demonstranten, um dem Schah ein wenig den Blick auf die unfreundlichen Plakate zu verstellen.

Das fotogene Kaiserpaar winkte nur kurz seinen Fans und der Boulevardpresse zu. Kaum hatte es den Weg ins Rathaus gefunden, um Bürgermeister Heinrich Albertz einen Teppich im Wert von 80 000 Mark zu überreichen, entpuppten sich die »Jubelperser« als brutale Schlägertruppe. Später wurde bekannt, dass sich viele Mitarbeiter des iranischen Geheimdienstes unter ihnen befanden. Mit lautem Geschrei stürzten sie auf die Absperrgitter zu. Mit Eisenruten, Holzlatten und Totschlägern droschen sie auf die Demonstranten ein, um ihnen Respekt vor dem geschätzten Herrscher einzubläuen. Die Berliner Sicherheitskräfte ließen die völlig überdrehten Schläger minutenlang gewähren, bevor der Kommandeur der Schutzpolizei, Hans-Ulrich Werner, seiner Reiterstaffel den Befehl gab: »Reitet da mal ein bisschen rein!« Die Perser in den schwarzen Anzügen ließen sich nicht bremsen, und die Demonstranten fingen an, sich zu wehren. Schließlich setzte auch die Polizei Schlagstöcke gegen die Schah-Gegner ein. Mehrere von ihnen wurden wegen »Störung der öffentlichen Sicherheit und Ordnung« oder »Verdacht auf Widerstand gegen die Staatsgewalt« festgenommen. Um die iranischen Aggressoren kümmerte sich die Polizei nicht weiter. Von ihnen wurden nicht einmal die Personalien aufgenommen. Verbittert zogen die Demonstranten ab, doch für die meisten Protestler stand fest: Am Abend vor der Oper würden sie wieder mit von der Partie sein.

Nach den Vorfällen vor dem Schöneberger Rathaus regte der Protokollchef des Senats an, die Bismarckstraße vor der Deutschen Oper für Schaulustige zu sperren. Polizeipräsident Duensing lehnte ab: Seine 5 000 Männer waren selbstverständlich in der Lage, Sicherheit und öffentliche Ordnung zu gewährleisten! Und so trafen sich am Abend alle Akteure wieder vor dem Opernhaus.

»Knüppel frei!«

Wie am Mittag durfte sich das Claqueur-Kommando vor den Absperrungen aufstellen, die Demonstranten mit ihren Schildern standen dahinter. Die Polizei begab sich zwischen die Fronten. Die Sprechchöre der Schah-Gegner gewannen an Schärfe: »SA, SS, Schah« war zu hören. Aus dem »Schah, Schah, Scharlatan« wurde »Schah, Schah, Schaschlik!« Wieder reagierten die Anhänger des persischen Herrschers aggressiv. Dieses Mal ernteten sie Eier und Milchbeutel. Die Polizei zog erste Demonstranten aus der Menge

und führte sie ab. Das Bombardement hielt an, bis die Ehrengäste
vorfuhren. Die Gattin des Bundespräsidenten, Wilhelmine Lübke,
wurde fast von einer Tomate getroffen, kurze Zeit später flogen
auch einige Steine Richtung Polizei. Insgesamt jedoch hielt sich die
Randale in Grenzen. Der Innensenator der Stadt Berlin urteilte später: »Ich fand das nicht so schlimm, was da passierte. Tomaten sind
schließlich auch ein Mittel der bürgerlichen Theaterkritik.« Der
Regierende Bürgermeister sah das anders. Er dachte, die Bismarckstraße sei gesperrt worden. Seinen Polizeichef raunzte er an: »Diese
Szenen möchte ich bei der Abfahrt nicht mehr sehen.« Duensing
verstand das als Befehl.

Im Opernhaus war die iranische Nationalhymne verklungen, die
»Zauberflöte« konnte beginnen. Draußen beruhigte sich die Lage.
Die ersten Demonstranten begannen abzuwandern, und die Orga-
nisatoren gaben die Parole aus: »Um zehn Uhr wieder hier.« Zur
Überraschung vieler älterer Polizisten kam von der Einsatzleitung
nun aber das Kommando: »Knüppel frei! Räumen!« Ohne die
zwingend vorgeschriebene Vorwarnung stürmten 800 Beamte in die
Menge. Am folgenden Montag auf einer Pressekonferenz würde
Duensing dieses Vorgehen »Leberwursttaktik« nennen: »Die Menge
in der Mitte anstechen und nach beiden Seiten ausdrücken.« Wahl-
los schlugen die Polizisten auf Demonstranten und Schaulustige,
Männer und Frauen ein. Die meisten Schah-Gegner versuchten zu
fliehen, doch die Absperrgitter machten die Gehwege zu engen
Schläuchen. Die Menschen fielen übereinander. Die Polizisten
knüppelten weiter auf die Leute ein, die wehrlos am Boden lagen.
Das beobachteten auch Augenzeugen, die der Parteilichkeit nicht
verdächtig waren. Einige Demonstranten versuchten, über einen
Bauzaun zu klettern, doch Kriminalbeamte in Zivil hielten sie mit
Totschlägern davon ab. Die Brutalität nahm unbekannte Ausmaße
an. Der SPD-Abgeordnete im Senat Gerd Löffler wurde Zeuge der
Übergriffe, rannte ins Foyer der Oper und verlangte: »Holen Sie
den Innensenator, der soll sehen, was seine Polizei anrichtet.« »Der

ist nicht aufzufinden«, lautete die Antwort eines Polizisten. Kurz
darauf hielten auf dem Mittelstreifen der Bismarckstraße mehrere
Krankenwagen, um die ersten Verletzten abzutransportieren.

Inzwischen hatten Studenten begonnen, den Knüppeleinsatz mit
Steinen zu erwidern. Die Polizei reagierte immer aggressiver, beschimpfte die Demonstranten als »dreckige Kommunistenschweine«,
bevor sie immer wieder zuschlug. Viele Demonstranten flohen in
die Krumme Straße. Die Polizeiführung hatte mittlerweile das
Kommando »Füchsejagen« ausgegeben. Ein so genannter »Greif-
trupp« jagte einen vermeintlichen Rädelsführer in den Garagenhof
der Häuser Krumme Straße 66/67. Rund 30 Demonstranten eilten
zur Hilfe. Plötzlich waren die Polizisten in der Minderheit. In dieser Minute kam auch Benno Ohnesorg an dem Hof vorbei. Er war
mit seiner schwangeren Frau Christa bereits auf dem Heimweg,
wollte aber kurz nachschauen, ob er vielleicht helfen könne. Nun
stürmten weitere Polizisten in den Hof, denn ein Journalist hatte sie
darauf aufmerksam gemacht, dass ihre Kollegen in Bedrängnis
waren. Die Demonstranten versuchten zu fliehen. Benno Ohnesorg
war nicht schnell genug und wurde von mehreren Polizisten niedergeknüppelt. Ein oder zwei Schüsse fielen, abgefeuert aus der
Dienstpistole von Polizeiobermeister Karl-Heinz Kurras. In heller
Hose, rotem Hemd und Sandalen lag Ohnesorg blutend im Hof.
Die Studentin Friederike Hausmann schob ihm ihre Handtasche
unter den Kopf und schrie die Polizisten an: »Holt lieber einen
Krankenwagen, anstatt mich auch noch zu schlagen!« Die Polizis-
ten sagten den Sanitätern nicht, dass der Verletzte eine Kugel im
Kopf hatte. Gegen 22 Uhr fuhr ein Lautsprecherwagen über den
Kurfürstendamm und verkündete: »Achtung, Achtung! Hier spricht
die Berliner Polizei. Wir wenden uns an die gutwillige Berliner
Bevölkerung! Machen Sie sich nicht mit diesen Subjekten gemein!
Es hat bereits ein Todesopfer gegeben: Ein Polizist ist von De-
monstranten erstochen worden!« Eine taktische Lüge, um weitere
Ausschreitungen zu verhindern.

Um 24 Uhr zogen die Behörden die erste Bilanz: ein Toter, 24 verletzte Demonstranten und 20 verletzte Polizisten. Die Mehrzahl der Studenten hatte schwere Blessuren davongetragen – von den Beamten konnten alle bis auf einen nach ambulanter Behandlung aus den Krankenhäusern entlassen werden. Davon, dass Benno Ohnesorg durch eine Polizeikugel getötet wurde, war zu diesem Zeitpunkt noch keine Rede. Um ein Uhr nachts stellte der Regierende Bürgermeister sich erstmals hinter den Polizeieinsatz: »Die Geduld der Stadt hat ein Ende!« Zur gleichen Zeit berieten aufgebrachte Studenten im SDS-Zentrum am Kurfürstendamm. Wie sollten sie reagieren? Einige fürchteten, »die physische Liquidierung der Außerparlamentarischen Opposition durch die Polizei« stehe unmittelbar bevor. Eine junge Frau erklärte erregt: »Gewalt kann nur mit Gegengewalt beantwortet werden. Dies ist die Generation von Auschwitz – mit denen kann man nicht argumentieren.« Ihr Name war Gudrun Ensslin. Von ihr kam auch der Vorschlag, Polizeikasernen zu stürmen und sich zu bewaffnen. Nach vierstündiger Diskussion stellte der SDS mehrheitlich fest, dass »putschistisches Verhalten« nicht mit seiner Politik vereinbar sei. Stattdessen wollte die Mehrheit der Versammlung alles daransetzen, über die Vorgänge aufzuklären und die Studenten der gesamten Bundesrepublik für den »Widerstand gegen die Terrorangriffe der Polizei zu mobilisieren«. Für den nächsten Tag wurde zu einem Demonstrationszug von der Freien Universität zum Rathaus Schöneberg aufgerufen.

Querschläger in Notwehr

Fast alle Berliner Zeitungen stellten sich am Morgen des 3. Juni auf die Seite der Polizei – allen voran die Springer-Presse. *Bild*-Berlin schrieb: »Gestern haben bösartige und dumme Wirrköpfe zum ersten Mal versucht, den Terror in den freien Teil der Stadt zu treiben.« Ohnesorg sei ein Opfer von Krawallen geworden, die politische

Halbstarke inszeniert hätten. Das Fazit lautete: »Sie schwenkten die rote Fahne, und sie meinen die rote Fahne. Hier hören der Spaß und der Kompromiss und die demokratische Toleranz auf. Wir haben etwas gegen SA-Methoden. Die Deutschen wollen keine braune und keine rote SA. Sie wollen keine Schlägerkolonnen, sondern Frieden.«

Auch Bürgermeister Albertz legte nach: »Sicherheit und Ordnung müssen in dieser Stadt gewährleistet bleiben. Aus diesem Grunde hat sich der Senat veranlasst gesehen, bis auf weiteres jede öffentliche Demonstration zu untersagen.« Die SPD verabschiedete noch am gleichen Tag eine Entschließung, die das generelle Demonstrationsverbot nachdrücklich begrüßte. Das Grundrecht auf Meinungsfreiheit werde dadurch nicht eingeschränkt. Juristisch war das eindeutig falsch. Das Grundgesetz schließt grundsätzliche Demonstrationsverbote aus. Der Landesvorstand der CDU erklärte: »Berlin wird sich nicht länger von einigen Hundert radikalen Müßiggängern terrorisieren lassen! Ob sie wollen oder nicht, sie betreiben das Geschäft der Kommunisten.«

Die Fronten waren erstarrt. Die angekündigte Demonstration an der FU und am Rathaus, zu der insgesamt 4000 Studenten kamen, wurde am Nachmittag von der Polizei aufgelöst. Die Demonstranten wirkten unter dem Schock der Nacht wie gelähmt. Zu Ausschreitungen kam es nicht, wohl aber zu einer starken Solidarisierung der gesamten Studentenschaft. Auch die als unpolitisch geltenden Kommilitonen der Technischen Universität reihten sich ein, und ein TU-Sprecher erklärte: »Ich schäme mich, in einem Staat zu leben, in dem die Polizei einen Demonstranten niederschießen konnte.« Selbst der konservative Ring Christlich-Demokratischer Studenten (RCDS) forderte, »dass man in Berlin damit aufhört, mit unverantwortlicher Leichtfertigkeit unangemessene Polizeiaktionen gegen Demonstranten freizugeben«. Eigentlich stand der RCDS mit den linken Demonstranten auf Kriegsfuß.

Die Gerichtsmediziner hatten in der Zwischenzeit den Obduktionsbericht vorgelegt. Bisher lautete die offizielle Lesart, Ohnesorg sei an den Folgen von Knüppelschlägen gestorben. Nun musste die Polizei zugeben: Der Student war durch eine Kugel aus einer Walther PPK des Kalibers 7,65 Millimeter getötet worden. Angeblich wurde dem Schützen Kurras erst jetzt bewusst, dass er mit seinen Schüssen einen Menschen getroffen hatte.

Es folgten vier unterschiedliche Darstellungen des Vorfalls. Ein Polizeisprecher erklärte zunächst nur, ein Kollege habe »in Notwehr« von der Schusswaffe Gebrauch gemacht. Kurz darauf sagte der Sprecher des Senats, der Beamte habe nur einen Warnschuss abgegeben: »Der muss Ohnesorg als Querschläger getroffen haben.« Am Abend lieferte die Polizeiführung die Version Nummer drei. Kurras habe auf dem Boden gelegen und sei von Demonstranten mit Messern bedroht worden. Der Schütze fügte hinzu, er habe nicht nur einen, sondern zwei ungezielte Warnschüsse abgefeuert. Drei Tage später meldete sich Kurras in der *BZ* noch einmal zu Wort. Jetzt behauptete er: Während eines Handgemenges »wurde meine Hand, in der sich die Waffe befand, hin- und hergerissen, und der Schuss löste sich«.

Ohnesorgs Witwe engagierte den damals linken, heute rechtsextremen Anwalt Horst Mahler. Bei ihm meldeten sich zahlreiche Zeugen, Demonstranten und unbeteiligte Passanten, die übereinstimmend allen vier Versionen widersprachen. Von einer Notwehrsituation konnte ihrer Einschätzung nach keine Rede sein, da sich die Beamten zum Zeitpunkt des Schusses im Hinterhof längst wieder in der Überzahl befunden hatten. Einige meinten, die Worte »Bitte, bitte nicht schießen« gehört zu haben.« Der *Spiegel* zitierte einen Zeugen mit den Sätzen: »Ich habe gesehen, wie eine Schar von sechs bis acht Polizisten auf den Studenten eindrang, wie er mit Knüppeln bearbeitet wurde, wie er wehrlos und passiv in dieser Traube von Polizisten hing, und dann habe ich das Mündungsfeuer der Pistole gesehen, das Mündungsfeuer war ungefähr in Kopfhöhe. Im nächsten Moment lag der Student am Boden und rührte sich nicht.« Die Staatsanwaltschaft leitete die Ermittlungen ein. Ende des

Jahres versuchte das Berliner Landgericht, in einem Prozess zu klären, unter welchen Umständen genau der oder die Schüsse gefallen waren. Doch vorher musste die Politik mit der politischen Wirkung des Schusses fertig werden.

»Tolerantes Exempel«

Noch vor dem Abflug des Schahs drückte die Bundesregierung ihr Bedauern darüber aus, dass die Ausschreitungen geeignet seien, »ein völlig falsches Bild von den Gefühlen zu geben, die das deutsche Volk gegenüber dem Iran empfindet. Es sind dies Gefühle der Freundschaft und des Vertrauens.« Den Schah schien die Sache wenig zu belasten. Zu Bürgermeister Albertz sagte er bei der Verabschiedung: »Lassen Sie sich davon nicht beeindrucken. So etwas geschieht im Iran jeden Tag.«

Auf dem Campus der Freien Universität traf derweil prominenter Besuch ein. Günter Grass rief den Studenten zu: »Ihr seid ein kleiner Haufen, isoliert von der Bevölkerung. Ihr müsst raus in die Stadt und mit den Berlinern diskutieren.« Zur Meinungsmache der von Springer beherrschten Großstadtpresse sollte eine »Gegenöffentlichkeit« geschaffen werden. Mit Infoständen auf dem Kurfürstendamm, an U-Bahnhöfen und vor Fabriktoren versuchten die Studenten, ihre Version des Geschehens unter das Volk zu bringen. Allzu erfolgreich verliefen diese Diskussion zumeist nicht. Als mutige Fluchthelfer hatten die Westberliner die Studenten in den Jahren seit dem Mauerbau bewundert und gefeiert. Dass sie jetzt einen Staatsgast anpöbelten und Randale machten, konnte das Kleinbürgertum nicht nachvollziehen.

So blieben die Studenten am 9. Juni auf der akademischen Trauerfeier für Ohnesorg in der FU weitgehend unter sich. Politiker galten laut AStA als »unerwünscht«. Im Anschluss an die Feierlichkeiten wurde der Leichnam in einem langen Autokonvoi nach Hannover gebracht, wo er im Kreise seiner Familie beigesetzt werden sollte. Die DDR nutzte die Gelegenheit für ihre eigenen propagandistischen Zwecke. Mit großer Geste erließ man den Autos des Trauerzugs die üblichen Transitgebühren. In der Nähe von Potsdam und Magdeburg säumten Tausende Mitglieder der Freien Deutschen Jugend (FDJ) die Autobahn und protestierten auf Plakaten gegen den westdeutschen »Polizeiterror«. Im Anschluss an die Beerdigung zogen rund 7000 Studenten aus der ganzen Bundesrepublik schweigend durch die Hannoveraner Innenstadt.

Der Senat machte sich derweil an die politische Aufarbeitung des Falls »Ohnesorg« und setzte einen Parlamentarischen Untersuchungsausschuss ein. Der Bürgermeister blieb stur dabei: Die Schuld für den Toten lag bei den Demonstranten. Die Polizei habe lediglich »nicht weitsichtig genug vorausgeschaut und -geplant«. Doch auch das schien Albertz entschuldbar. Nach der massiven Kritik an den scharfen Sicherheitsvorkehrungen bei den Auftritten des Schahs in Westdeutschland habe die Stadt eben ein »tolerantes Exempel« geben wollen. In den Ohren der Studenten klang das wie Hohn. Sie forderten den Rücktritt des Regierenden Bürgermeisters. Stattdessen bat Polizeipräsident Erich Duensing um Beurlaubung. Seinem Wunsch wurde entsprochen. Duensing hatte die Pensionsgrenze schon fast erreicht und kehrte nicht mehr in sein Amt zurück. Auch Innensenator Wolfgang Büsch bot seinen Rücktritt an. In seinem Fall lehnte Albertz ab. Im Abgeordnetenhaus sah die CDU ihre Stunde gekommen und brachte eine Dringlichkeitsanfrage ein. Sie wollte wissen, ob die Stadtregierung die »bisher geübte Nachgiebigkeit und Unentschlossenheit gegenüber den extremistischen Gruppen aufgeben wird«. Damit hoffte sie, den Flügelkampf innerhalb der SPD weiter zu schüren, der nach Ohnesorgs Tod entbrannt war. Denn auch bei vielen seiner Fraktionsmitglieder stand Albertz durchaus nicht wegen der Härte des Einsatzes in der Kritik. Eine Gruppe von Abgeordneten um den SPD-Landesvorsitzenden Kurt Mattick hielt den bisherigen Kurs gegen die studentischen Krawallmacher für zu nachgiebig.

Den ganzen Sommer schossen rechte Genossen gegen das Stadt-oberhaupt und seine Verbündeten. Mitte Juni forderte Mattick den Rücktritt von vier Senatoren, die als die engsten Vertrauten von Albertz galten, unter ihnen Innensenator Büsch. Gleichzeitig schickte er Emissäre nach Bonn, um beim Staatssekretär im Auswärtigen Amt, dem Ex-Senator Klaus Schütz, auszuloten, ob dieser für das Amt des Regierenden Bürgermeisters bereitstehen würde. Die *Zeit* nannte diese Taktik »Kesseltreiben gegen Albertz«. Die Berliner Bevölkerung stand ebenfalls nicht mehr hinter ihrem »Regieren-den«. Meinungsumfragen ermittelten eine sinkende Popularität von 60 auf 34 Prozent. Auf der Straße wiederholten die Studenten die Rücktrittsforderungen. Mitte September glaubte Albertz, sich mit einem Bauernopfer retten zu können. Er bat den Innensenator zurückzutreten, und der tat ihm sogar den Gefallen. Ein Krisengip-fel scheiterte dennoch eine Woche später. Am 26. September gab Albertz nach nur zehnmonatiger Amtszeit auf, kehrte in seinen alten Beruf zurück und übernahm als evangelischer Pastor eine Westberliner Gemeinde. Im Nachhinein gestand er ein, große Feh-ler begangen zu haben: »Ich war am schwächsten, als ich mich am stärksten fühlte«, erklärte er in einem Interview mit dem *Tagesspie-gel*. Mit Albertz, Büsch und Duensing waren innerhalb von vier Monaten die aus der Sicht der Studenten Hauptverantwortlichen für den Tod von Benno Ohnesorg von der politischen Bühne ver-schwunden. Im Oktober begann das Verfahren gegen den Schützen Karl-Heinz Kurras.

»Ein Unbehagen bleibt zurück«

»Beruf des Vaters?«, fragte Landgerichtsdirektor Geus den Ange-klagten. Karl-Heinz Kurras zupfte sich das dunkelblaue Jackett zurecht. Das tat er immer, wenn er gefragt wurde. Eine Zwangs-handlung. »Dorfgendarm in Ostpreußen«, lautete seine Antwort.

Jenseits von Oder und Neiße war der Mann aufgewachsen, der jetzt im Alter von 39 Jahren wegen fahrlässiger Tötung aufrecht auf der Moabiter Anklagebank saß. Die Frisur hatte er mit Pomade in eine strenge Form gebracht, die Krawatte akkurat gebunden. Kurras beschrieb sich selbst als einen Mann, der die Ordnung liebte und in »geordneten wirtschaftlichen und privaten Verhältnissen« lebte. Das Abziehbild eines Biedermanns.

»Ich bin ein Mensch, der eine humanistische Erziehung genossen hat«, erklärte der Angeklagte dem Richter. Diese wurde 1944 abgebrochen. Nach dem Notabitur meldete sich Kurras mit sechzehn Jahren freiwillig für den Krieg. Das Schicksal meinte es nicht gut mit ihm. Er kam an die Ostfront, wurde zweimal verwundet und geriet in russische Kriegsgefangenschaft. Wegen seiner Jugend kam er jedoch bald wieder auf freien Fuß. Nach Kriegsende verschlug es den Ostpreußen nach Berlin. Zunächst enttrümmerte er Ruinen, dann fand er eine Anstellung beim Bezirksamt. 1946 engagierte er sich als Wahlhelfer. Die Russen bezichtigten den 19-Jährigen der antisowjetischen Propaganda und verurteilten ihn zu 25 Jahren Zuchthaus. Drei Jahre saß Kurras in dem von den Sowjets übernommenen KZ Sachsenhausen. 1949 wurde er begnadigt und krank entlassen. Auf der Suche nach »endlich geordneten Verhältnissen« ging er zur Westberliner Schutzpolizei. Auch privat wollte er für sein Leben einen festen Rahmen finden. Schnell heiratete Kurras, doch die Ehe zerbrach nach zwei Jahren. Kurze Zeit später verlobte er sich mit einer hübschen, lebenslustigen Frau, die allerdings wenig Gefallen daran fand, dass der Polizeibeamte mit dem Finger über ihre Möbel fuhr, um Staub aufzuspüren. Von der Liebe blieben nur eine alte polnische Armeepistole und 1460 Schuss Munition, die Kurras auf dem Dachboden der jungen Frau versteckt hatte. Sie zeigte ihren Ex-Verlobten an. Kurz vor dem Beginn des Ohnesorg-Verfahrens beantragte der Berliner Generalstaatsanwalt eine Geldstrafe von 400 Mark wegen unerlaubten Waffenbesitzes.

Für die Schüsse am 2. Juni forderte die Anklage acht Monate
Haft auf Bewährung. Die Verteidigung plädierte auf Notwehr. Vor
Gericht schilderte Kurras das Geschehen in der Krummen Straße
66/67 wie folgt: Gemäß dem Befehl »Füchsejagen« hatte er sich
einen Steinewerfer »greifen« wollen. Doch ehe er den Randalierer
zu fassen bekam, war er von rund zwanzig Demonstranten umringt.
Ihm blieb nur die Flucht in den Hof. Der Jäger wurde zum Gejag-
ten. Die Meute hinter ihm schrie: »Das ist der Bulle, schlagt ihn tot,
tretet ihn tot!« In der äußersten Ecke des Hofes warfen sie Kurras
zu Boden, zerrten ihn hin und her und misshandelten ihn. Einige
zückten lange feststehende Messer. Als er sich »einbildete, genug
gelitten zu haben«, griff er mit der rechten Hand in sein Holster
unter dem linken Arm. Er wechselte die Waffe in die linke Hand
und entsicherte. Einer rief: »Macht ihn fertig!« Da feuerte Kurras
einen Warnschuss ab. Auf die Randalierer machte das noch keinen

Freispruch! Ein Kollege gratuliert dem Todesschützen Karl-Heinz Kurras.

Eindruck. Sie zerrten weiter an ihm herum. Jetzt löste sich unge-
wollt ein zweiter Schuss – und der war tödlich.

58 Zeugen sollten klären, ob diese Version wahr sein konnte.
Kein Einziger von ihnen hatte bemerkt, dass Kurras zu Boden
geworfen und malträtiert worden war. Auch gezückte Messer hatte
niemand auf dem Hof gesehen. Fest stand: Ohnesorg war von mehreren Beamten niedergeknüppelt worden. Die Autopsie hatte
schwerste Prellungen, »gequetschtes Fettgewebe« und »zertrüm-
merte Zellen« festgestellt. Und waren tatsächlich zwei Schüsse
gefallen? An einen zweiten Knall konnte sich niemand erinnern. Im
Zuge der Gerichtsverhandlung wurden Filmaufnahmen des Süddeutschen Rundfunks gezeigt. Ein Kamerateam des Stuttgarter
Senders war auf dem Hof gewesen. Viel zu sehen war im Dunkeln
nicht – aber zu hören war tatsächlich nur ein Schuss. Die Waffe
taugte nicht als Beweisstück. Kurras hatte das Magazin gewechselt,
bevor er sie am nächsten Tag zur Untersuchung einreichte. Das frag-
liche Magazin gab er nach Aufforderung in beschädigtem Zustand
ab. Seinen blutverschmierten Anzug brachte der Angeklagte in die
Reinigung, obwohl er als Kriminalbeamter wusste, dass er für die
Ermittlungen gebraucht wurde. Und dann war da noch die Sache
mit der Schnittwunde am Mittelfinger. Am Morgen nach dem
Schuss hatte ein Polizeiarzt Kurras untersucht. Dieser konnte sich
weder an eine Schnittverletzung noch an ein Pflaster erinnern. Erst
drei Tage später führte Kurras einem anderen Amtsarzt die Wunde
vor: als Beweis für die Messerstiche der Demonstranten. Der medi-
zinische Gutachter wertete den Schnitt als sehr oberflächlich. Er
könne auch von einem Grashalm stammen. Ernste Prellungen oder
Kopfverletzungen, die auf eine Notwehr hingedeutet hätten, wurden nicht diagnostiziert.

Selbst die Aussagen seiner Kollegen fielen nicht zum Vorteil von
Kurras aus. Manche Polizisten bestätigten die Aussagen der Studenten: Zum Zeitpunkt des Schusses waren die Beamten im Hof wieder
in der Überzahl gewesen und hätten die »Lage unter Kontrolle«

gehabt. Besondere Beachtung fand die Aussage des Beamten Geyer, Mitglied im Gesamtpersonalrat der Westberliner Polizei. Nach dem Knall habe er sich erschrocken umgedreht. Der Schütze stand aufrecht vor ihm, unbedrängt, die Hand mit der Waffe ausgestreckt. »Bist du wahnsinnig, hier zu schießen?«, fuhr er Kurras an. Dieser stotterte geistesabwesend: »Die ist mir losgegangen.« Einen Warnschuss hatte auch Geyer nicht gehört.

Am 21. November verkündete Landgerichtsdirektor Geus das Urteil: »Der Angeklagte wird auf Kosten der Landeskasse Berlin freigesprochen.« Einen Atemzug lang herrschte Stille im Gerichtssaal. Kurras errötete und deutete eine Verbeugung an. Dann brach Jubel im Zuschauerraum aus, in dem ein vorwiegend älteres Publikum saß. Geus goutierte den Applaus nicht. »Ein Unbehagen bleibt zurück«, sagte der Richter. Auch er habe den Eindruck gewonnen, dass der Angeklagte mehr wusste, als er sagte, denn dieser habe sich in zahlreiche Widersprüche verwickelt. Das Gericht müsse dennoch nach dem Grundsatz entscheiden: im Zweifel für den Angeklagten. Niemand der 58 Zeugen hatte tatsächlich genau beobachtet, unter welchen Umständen der Schuss gefallen war. Mit ihren widersprüchlichen Aussagen ließ sich der Vorfall nicht exakt rekonstruieren. Der entscheidende Moment fehlte der Anklageführung. Die meisten Gerichtsreporter – auch diejenigen, die nicht wohlwollend über Kurras berichtet hatten – kommentierten: Bei aller Mühe war die fahrlässige Tötung nicht zweifelsfrei nachzuweisen, der Freispruch die richtige Folge. Gleichzeitig fürchteten sie, das Urteil würde zu weiteren Ausschreitungen führen.

»Mit Bestürzung, aber ohne Erstaunen« nahmen verschiedene studentische Hochschulgruppen, unter ihnen die Studentengewerkschaft, der Sozialdemokratische Hochschulbund, der Liberale Studentenbund und der SDS den Freispruch auf. In einer gemeinsamen Erklärung hieß es: »Der Irrsinn einer im Kalten-Krieg-Denken verankerten Justizmaschinerie ist nun vollends offenkundig geworden: Während der Student Fritz Teufel *(wegen eines Steinwurfs)* noch immer in U-Haft sitzt, ist der Todesschütze Kurras wieder auf freiem Fuß.« Eine Aussage des Prozesses blieb den Studenten lange in Erinnerung. Kurras hatte dem Gericht erklärt, direkt nach dem Schuss als Erstes »seine Waffe in Ordnung gebracht« zu haben. Als Zweites hatte er »seine Kleidung ein wenig geordnet«.

Ein Schuss in viele Köpfe

Mit dem Freispruch war für die linken Studenten aus einem Polizeiskandal ein Justizskandal geworden. Nebenkläger Otto Schily ging in die Revision. Das Urteil wurde bestätigt, und das Vertrauen in den Rechtsstaat des späteren Innenministers »ging ziemlich den Bach hinunter«. Dabei war Richter Geus eigentlich der Parteilichkeit unverdächtig. Er hatte kurz vor dem Prozess gegen Kurras zum ersten Mal in der Geschichte der Bundesrepublik einen NS-Richter des Volksgerichtshofes wegen Rechtsbeugung zu einer langen Haftstrafe verurteilt. Im Ohnesorg-Verfahren machte er deutlich, dass es nicht die Aufgabe des Gerichtes sein konnte, die Ursachen und Hintergründe des 2. Juni zu erforschen. Für seine juristisch korrekte Argumentation waren die Kinder der Revolution jedoch nicht mehr offen. Es zählte auch nicht mehr, dass alle politisch Verantwortlichen auf der Strecke geblieben waren.

Kein Skandal in der Geschichte der Bundesrepublik wurde Ausgangspunkt und Katalysator von so tief greifenden Veränderungen. Dem Tod von Benno Ohnesorg folgten die Rufe, Springer zu enteignen. Seine Zeitungen hatten schließlich »mitgeschossen«. Die Studenten an den westdeutschen Provinzuniversitäten wurden vom Protestvirus erfasst, ebenso die liberalen Journalisten. Sie trugen die Kunde von einer freien und gerechten Welt bis in das letzte Dorf. Es folgten weitere Krawalle und harte Polizeieinsätze. Rudi Dutschke erklärte: »Wir dürfen von vornherein nicht auf eigene Gewalt verzichten, denn das würde nur einen Freibrief für die organisierte

Gewalt des Systems bedeuten.« Nach dem Attentat auf Dutschke durch einen Einzeltäter brannten zunächst Lieferwagen von Springer, bald darauf Kaufhäuser. Aus der Sicht der Studenten bereitete die Hetze des Establishments den Boden für die Ermordung des Studentenführers. Ab 1972 terrorisierte die »Bewegung 2. Juni« den Westteil von Berlin. Sie verübte Anschläge auf amerikanische und britische Einrichtungen, überfiel Banken und entführte 1975 den Berliner CDU-Vorsitzenden Peter Lorenz. Damit gelang es den »Stadtguerillero«, fünf inhaftierte Mitstreiter freizupressen. Die »Bewegung 2. Juni« verstand sich von Beginn an als der bewaffnete Arm der Außerparlamentarischen Opposition (APO). Mit dem Namen wollten ihre Gründer daran erinnern, »wer zuerst geschossen hat«. Die Rote Armee Fraktion (RAF) erklärte sich kurze Zeit später für den Terror in den zehn westdeutschen Bundesländern zuständig. Die friedlichen 68er wurden Lehrer oder Sozialarbeiter, Juristen oder Journalisten. Einige der Steinewerfer sollten als Berufspolitiker Karriere machen. Die Friedens- und Umweltbewegung wurde für viele aus der Generation der Studentenunruhen zu einer neuen politischen Heimat. Ihre Kinder nervten sie fortan als »Vollstrecker des Weltgewissens«. Die Enkel der Revolution feiern heute auf der Love-Parade für das Recht auf Party – manche wurden auch Skinheads.

Skandale stiften Identität. Sie verbinden diejenigen, die sich empören. 65 Prozent der Studenten von 1967 gaben später an, in den Wochen nach dem 2. Juni »politisch geworden zu sein«. Der Schuss eines Polizisten wurde zum blutigen Synonym für staatliche Repression. Er schuf eine Generation, die den Widerstand gegen ein ungerechtes System zu ihrer zentralen Aufgabe machte. Vor dem 2. Juni 1967 hatte die Außerparlamentarische Opposition nur vorgegeben, eine fundamentale Kraft mit Rückhalt in der Studentenschaft zu sein. Nach dem Schuss auf Benno Ohnesorg wurde sie es. Es war ein Schuss in viele Köpfe.

6

Die Stasi im Kanzleramt –
Kundschafter Günter Guillaume wird enttarnt (1974)

Günter Guillaume fiel hundemüde ins Bett. Ohne Pause war er von einem Kurzurlaub an der Côte d'Azur mit seinem Opel Kadett zurück nach Bonn gefahren. Die Beobachter des französischen Geheimdienstes waren ihm bis zur Grenze gefolgt. Auf der Strecke in Deutschland hatte er im Rückspiegel keine Fahrzeuge des Verfassungsschutzes ausmachen können. Dass er observiert wurde, ahnte Guillaume schon seit einigen Monaten. In Südfrankreich, einem Tummelplatz der Agenten des Kalten Krieges, war er bei keinem konspirativen Treffen erwischt worden. Das Versteckspiel konnte weitergehen – glaubte er zumindest. Am 24. April 1974 um 6.32 Uhr in der Frühe hatte Guillaumes Spiel ein Ende. Ein knappes Dutzend Beamte der Sicherungsgruppe Bonn umstellte das kleinbürgerliche Mehrfamilienhaus in Bad Godesberg, in dem Guillaume zusammen mit Frau Christel und Sohn Pierre zur Miete wohnte. Die Klingel riss den untersetzten Topspion aus dem Schlaf. Missmutig streifte er sich den Bademantel über den Pyjama, wankte barfuß zur Tür und öffnete. »Sind Sie Günter Guillaume?«, schallte es ihm entgegen. »Ja, bitte?«, kam die leise Antwort. Die Herren in grauen Anzügen und Pistolen im Holster drängten Guillaume in die Wohnung. »Wir haben einen Haftbefehl des Generalbundesanwalts!« Hinten im Flur ging eine Tür auf. Vom Lärm geweckt, linste der 17-jährige Sohn durch den Spalt und sah zu, wie sein Vater gerade umringt wurde. Guillaume nahm Haltung an: »Ich bitte Sie! Ich bin Bürger der DDR und ihr Offizier. Respektieren Sie das!« Im Moment der

Verhaftung gewann der Agentenstolz die Oberhand über das taktische Kalkül. Der Offizier im besonderen Einsatz der Hauptverwaltung Aufklärung des Staatssicherheitsdienstes der DDR hatte soeben den größten Fehler seiner Laufbahn gemacht. Er hatte ein Geständnis abgelegt. Was Guillaume an diesem Morgen noch nicht wusste: Der Verfassungsschutz hatte trotz einjähriger Beobachtung so gut wie keine Beweise gegen ihn in der Hand.

Bundeskanzler Willy Brandt erfuhr am selben Morgen auf dem Flughafen Köln-Bonn von der Verhaftung. Er kam gerade körperlich angeschlagen von einer Reise aus Ägypten zurück. Dort hatte er sich einen Magen-Darm-Virus eingefangen. Zudem plagten ihn heftige Zahnschmerzen. Die Nachricht machte ihn wütend. In seinem Tagebuch notierte der Friedensnobelpreisträger: »Was sind das für Leute, die das ehrliche Bemühen um den Abbau von Spannungen, auch und gerade zwischen den beiden deutschen Staaten, auf diese Weise honorieren?« Dabei fühlte Brandt sich nicht nur von den Ostberliner »Partnern« des Grundlagenvertrages, sondern auch persönlich hintergangen. Guillaume war sein Referent für alle Angelegenheiten, die mit der Sozialdemokratischen Partei und den Gewerkschaften zu tun hatten. Er hatte sich stets als äußerst fleißig, belastbar und loyal erwiesen. Auf zahlreichen Reisen hatte Guillaume den Kanzler begleitet und für einen reibungslosen Ablauf gesorgt. Dabei war sich der Spion für keine Arbeit zu schade. Zur Not holte er morgens in einer Bäckerei Croissants und stellte Brandt abends die Pantoffeln vor das Abteil seines Sonderzuges. Über den Verdacht gegen seinen Adjutanten und Reisemarschall war Brandt zwar frühzeitig informiert worden, an eine Schuld hatte er aber nicht glauben wollen. Zu oft schon hatten sich Verdächtigungen des Verfassungsschutzes gegen DDR-Flüchtlinge – Guillaume war Mitte der 50er Jahre aus Ostberlin in die Bundesrepublik gegangen – als unbegründet herausgestellt. Resigniert gestand Brandt nun ein: »Das gehört zu meinen neuen deprimierenden Erfahrungen in puncto Menschenkenntnis.«

In Bonn verbreitete sich die Nachricht von der Stasi im Kanzleramt wie ein Lauffeuer. Die *Süddeutsche Zeitung* registrierte allenthalben »Entsetzen und Betroffenheit«. Die Bundesregierung bemühte sich umgehend, den Fall herunterzuspielen und stellte den ertappten Spion als Subalternen der Kanzlerbürokratie dar. Brandt trat vor den Bundestag und erklärte, Guillaume sei nie mit geheimen Akten befasst gewesen. Hier irrte er. Der Fall Guillaume wuchs sich in den kommenden zwei Wochen zur schwersten und folgenreichsten Spionageaffäre in der deutsch-deutschen Geschichte aus. Eigentlich sollten Anfang Mai die ständigen Vertreter der beiden deutschen Staaten in Bonn und in Ostberlin ihren Dienst antreten. Stattdessen teilte Willy Brandt am 6. Mai Bundespräsident Gustav Heinemann handschriftlich mit: »Ich übernehme die politische Verantwortung für die Fahrlässigkeiten im Zusammenhang mit der Agentenaffäre Guillaume und erkläre meinen Rücktritt vom Amt des Bundeskanzlers.«

Der Name Günter Guillaume wurde künftig zum Gradmesser für jeden Spionageerfolg. Markus »Mischa« Wolf, Chef der DDR-Auslandsaufklärung, war es gelungen, einen »Kundschafter« im Herzen der Bonner Schaltzentrale zu platzieren. Aus der Sicht eines Geheimdienstlers war ein solcher Coup an Gerissenheit kaum zu überbieten. Ein Kanzlersturz durch einen Agenten – der Stoff, aus dem Spionagethriller sind. Die politischen Folgen der Affäre waren hingegen kaum im Interesse der DDR. Mit Brandt trat der Architekt der deutsch-deutschen Annäherung zurück. Viel wurde darüber spekuliert, ob nicht noch andere Gründe als »die Laus im Pelz« für den Rückzug Brandts ausschlaggebend waren. In der Bonner Koalition zeigten sich schon seit Monaten Risse. Die Ölkrise hatte die Regierung wirtschaftlich kräftig in Bedrängnis gebracht. Die Gewerkschaften forderten Lohnerhöhungen von über zehn Prozent. Erste Streiks zeichneten sich ebenso ab wie eine Erhöhung der Inflation. Die Konjunktur lahmte, die Arbeitslosigkeit stieg. Zu allem Übel intrigierte auch noch der SPD-Fraktionsvorsitzende

Herbert Wehner offen gegen seinen Kanzler. Auf einer Moskaureise lästerte Herbert Wehner vor Journalisten: »Der Herr badet gerne lau.« Mit anderen Worten: Dem Kanzler fehle es an Führungsstärke. Brandt ließ ihm diese Entgleisung durchgehen und bestätigte damit indirekt die Kritik an seinem laxen Regierungsstil.

Nach der Wende bedauerte Wolf die Auswirkungen der Guillaume-Affäre, standen sie doch »völlig im Widerspruch zu unserer damaligen politischen Orientierung, alles zu tun, was im Interesse der Annäherung und Entspannung liegen könnte«. Dem »linken Sonntagsjungen« Willy Brandt folgte Helmut Schmidt: der Mann, der nach eigener Aussage zum Arzt ging, wenn er Visionen hatte. Guillaume wanderte ins Gefängnis. Auf eine schnelle Begnadigung durfte er bei dem neuen Kanzler nicht hoffen. Erst 1981 wurde er schwer krank in die DDR ausgetauscht.

Ochsentour ins Kanzleramt

Geboren wurde Günter Guillaume 1927 als Sohn eines Stummfilmmusikers und einer Friseurin im Berliner Arbeiterviertel Prenzlauer Berg. Der Vater verlor in den 30er Jahren seine Arbeit, trat als Mitläufer in die NSDAP ein und fand zunächst eine bescheidene Anstellung bei der örtlichen Gauleitung. Später musste er an die Front und geriet in Kriegsgefangenschaft. Sohn Günter begann nach der Volksschule 1941 eine Lehre als Fotograf. 1944 wurde auch er als Flakhelfer zur Wehrmacht eingezogen – und auch er trat der NSDAP bei. Im Berlin der Nachkriegszeit versuchte der junge Mann, sich als Fotograf durchzuschlagen. 1948 kehrte der Vater aus der Gefangenschaft heim, nahm sich aber bald mit einem Sprung aus dem Fenster das Leben, da ein anderer den Platz an der Seite seiner Frau eingenommen hatte. Den Sohn plagten Schuldgefühle: wegen des Vaters, aber auch, weil er sich von den Nazis hatte vereinnahmen lassen. Er demonstrierte mit Künstlergruppen für den Frieden.

Schließlich landete Guillaume als Fotograf und technischer Redakteur beim Ostberliner Verlag Volk und Wissen, einer Tarnfirma des Ministeriums für Staatssicherheit. Hier traf er Paul Laufer, einen Stasi-Mann der ersten Stunde, der bald sein väterlicher Freund und Ratgeber wurde. Von ihm ließ er sich als Agent anwerben. Im Verlag erlernte Guillaume mehrere Jahre lang das Handwerkszeug der Spionage. Man schickte ihn auf erste Reisen in den Westen, um bei bundesdeutschen Verlagen und Druckereien Mitarbeiter für die Stasi anzuwerben. Die Spekulationen, warum Günter Guillaume Spion wurde, waren vielfältig. Es ging das Gerücht, er sei wegen seiner Mitgliedschaft in der NSDAP erpresst worden. 1993 sagte er als Zeuge im Prozess gegen Markus Wolf aus: »Ich war motiviert. Es sollte Wiedergutmachung für meine Teilnahme am Zweiten Weltkrieg sein.«

1951 heiratete Guillaume seine Frau Christel, die ebenfalls auf der Gehaltsliste des Ministeriums für Staatssicherheit stand. Sie war die Tochter eines holländischen Kaufmanns, der sich für jüdische Kollegen eingesetzt hatte und deshalb von den Nazis verfolgt wurde. 1956 begann die Auslandsmission des Agentenpaares. Als Vorhut reiste die Mutter von Christel, Erna Boom, nach Frankfurt am Main. Sie war niederländische Staatsbürgerin, ihre Übersiedlung in den Westen unverdächtig. Günter und Christel Guillaume wurden über den Weg der Familienzusammenführung »nachgeholt«. Der Trick dabei: Die lästigen Routinekontrollen in den Notaufnahmelagern für DDR-Flüchtlinge konnten sie auf diese Weise umgehen. Im Namen der Schwiegermutter eröffnete Guillaume in Frankfurt die Kaffeestube »Boom am Dom« und nahm mehrere Gelegenheitsjobs an. Christel Guillaume suchte sich eine Stelle als Sekretärin. 1957 traten beide auf Weisung der Stasi in die SPD ein. Günter Guillaume begann seine Ochsentour durch die sozialdemokratische Parteibürokratie.

Die Agentenkarriere seiner Frau ließ sich zunächst viel versprechender an. Auf einer der zahlreichen Parteiveranstaltungen, die sie besuchte, lernte Christel Guillaume die hauptamtliche Geschäftsführerin des SPD-Bezirks Hessen-Süd kennen. Diese vermittelte sie als Sekretärin ins Parteibüro des Bezirks, wodurch Frau Guillaume automatisch zur Hilfskraft von Willi Birkelbach avancierte. Birkelbach war Bundestagsabgeordneter, Mitglied des SPD-Bundesvorstandes sowie Vorsitzender der sozialistischen Fraktion des Europarates in Straßburg und zeigte sich mit seiner fleißigen, umsichtigen Mitarbeiterin hoch zufrieden. Als er Chef der hessischen Staatskanzlei in Wiesbaden wurde, nahm er Christel Guillaume in sein Vorzimmer. Hier gingen nicht nur sämtliche Kabinettsprotokolle und Personalentscheidungen der hessischen Landesregierung über ihren Schreibtisch. Die Ostagentin war auch über die Pläne der Landbeschaffung für die amerikanische Armee in Hessen bestens informiert.

Jetzt konnte sie ihren Mann in Position bringen. Christel Guillaume kam oft mit der Pressestelle des SPD-Bezirks in Kontakt. Dort diente sie 1962 ihren Mann als Fotograf für das Parteiorgan *Der Sozialdemokrat* an. Der umtriebige und kontaktfreudige Guillaume gewann bei der Arbeit an der Basis schnell das Vertrauen vieler Genossen und übernahm 1964 sein erstes Parteiamt: als Parteisekretär und Geschäftsführer des SPD-Unterbezirks Frankfurt. Politisch orientierte sich der ostdeutsche Agent am rechten Flügel der Sozialdemokratie. Eindringlich warnte er vor der Anerkennung der DDR und riet seinem direkten Umfeld von Kontakten nach drüben ab. Im traditionell linken Bezirk Hessen-Süd machte er sich damit nicht nur Freunde. Bei den Jusos war er schnell als »Kommunistenfresser« verschrien.

Mit dem Ende der Ära Adenauer wurde immer wahrscheinlicher, dass die Sozialdemokraten bald am Bonner Kabinettstisch sitzen könnten. Bei einem Abstecher nach Ostberlin erhielt Günter Guillaume die Anweisung, sich gezielt bei hessischen Genossen anzudienen, die als Bundesminister infrage kamen. Die Auswahl blieb Guillaume überlassen. Er setzte auf Georg »Schorsch« Leber, den Vorsitzenden der Gewerkschaft Bau, Steine, Erden. Ein Volltreffer. 1966 ging Leber als Verkehrsminister der Großen Koalition nach Bonn. Guillaume musste zunächst noch in Frankfurt bleiben, arbeitete sich aber im Bezirk weiter nach oben. 1968 wurde er Geschäftsführer der Frankfurter SPD-Stadtfraktion und zog als Abgeordneter ins Stadtparlament ein. Zu Leber hielt er weiter engen Kontakt, was sich ein Jahr später auszahlen sollte. 1969 ernannte der Minister den Spion zu seinem persönlichen Wahlkampfbeauftragten in Hessen. Das Organisationstalent Guillaume leistete hervorragende Arbeit und Leber fuhr einen unerwartet hohen Erststimmenanteil ein. Kurz nach dem Antritt der sozial-liberalen Koalition kam die Belohnung. Leber rief aus Bonn an: »Günter, den Druck unter den linken Genossen bist du los. Du kommst nach Bonn! Eine schöne Aufgabe!« »Zu dir ins Ministerium?«, fragte Günter leicht unsicher zurück. Die Antwort übertraf alle Erwartungen: »Du gehst ins Bundeskanzleramt. Da wartet Herbert Ehrenberg auf dich.«

»Alles Tinnef, was die Dienste da behaupten«

»Ich kenne Herrn Guillaume seit längerer Zeit aus der politischen Zusammenarbeit in Frankfurt/Main. Er hat sich dabei stets durch Fleiß und Hingabe in der Erfüllung seiner Aufgabe bewährt und sie mit Geschick, Erfahrung und Intelligenz bewältigt. Das, was ich besonders an ihm geschätzt habe, sind sein verantwortungsbewusstes Geradestehen für die freiheitliche Lebensart und Demokratie.« Am 22. Januar 1970 schrieb Georg Leber diese Zeilen an Kanzleramtschef Horst Ehmke. Sicherheitsbedenken waren vor der Einstellung Guillaumes als Hilfsreferent für Gewerkschaftsfragen aufgetaucht. Zu seinem Lebenslauf hatte der Ostflüchtling widersprüchliche Angaben gemacht. Dem Berliner Amt für Verfassungsschutz lag ein Hinweis des rechtskonservativen »Untersuchungsausschusses freiheitlicher Juristen« vor, der an seine Tätigkeit beim verdächtigen Verlag Volk und Wissen erinnerte. Auch der BND meldete nach Bonn: »Nach einer auf ihren Wahrheitsgehalt nicht mehr überprüfbaren Karteinotierung vom April 1954 soll Günter G., geb. 1. 2. 1927 in Berlin, im Auftrag des Verlages ›Volk und Wissen‹ die BRD mit dem Zweck bereist haben, um Verbindungen zu Verlagen und Personen herzustellen und diese dann östlich zu infiltrieren. Keine weiteren Erkenntnisse.« Dummerweise waren weitere Hinweise auf »Günter G.« im Pullacher Magazin unter der falschen Schreibweise »Guiome« abgelegt worden. Sie fanden bei der Sicherheitsüberprüfung deshalb keine Beachtung. Dennoch kam BND-Chef Gerhard Wessel zu dem Ergebnis: Eine eingehende Hintergrundüberprüfung durch den Verfassungsschutz sei zwingend. Er empfahl, Guillaume gezielt auf den Verdacht anzusprechen.

Ehmke reichte die Akte Guillaume an Egon Bahr weiter, der damals noch Staatssekretär im Kanzleramt war. Bahr sprach sich als Einziger gegen den Mann aus Frankfurt aus und notierte: »Selbst wenn Sie einen positiven Eindruck haben, bleibt ein gewisses Sicherheitsrisiko gerade hier.« Der Kanzleramtschef zeigte weniger Instinkt. Am 7. Januar 1970 lud er Guillaume zum »Vorstellungsgespräch« in sein Büro. Zusammen mit Abteilungsleiter Ehrenberg und dem Sicherheitsbeauftragten des Amtes wollte er den verdächtigen Bewerber in die Mangel nehmen. Auch der BND-Chef sollte an der Befragung teilnehmen, sagte aber wegen Krankheit kurzfristig ab. Guillaume zeigte sich in Bestform. Ohne zu zögern gestand er ein, Mitglied der FDJ und des DDR-Gewerkschaftsbundes FDGB gewesen zu sein. Heftig bestritt er jedoch, jemals für die Stasi gearbeitet zu haben. Auf alle Fragen kamen selbstsichere und schlüssige Antworten. Auch zu einer Gegenüberstellung mit dem Informanten des BND, der ihn belastete, erklärte Guillaume sich bereit. Horst Ehmke, ein nachrichtendienstlicher Laie, gab dem Befragten unbewusst die letzte Sicherheit: Er ließ in dem Gespräch erkennen, dass die Quelle bereits verstorben sei.

Rückblickend erklärte der Spion: »Diese zwei Stunden gehörten zu den schwierigsten in meiner Laufbahn.« Sie gehörten auch zu seinen erfolgreichsten. Am Ende hatte Guillaume alle überzeugt. Ehrenberg, ein knorriger Ostpreuße, kam zu dem Ergebnis: »Alles

Tinnef, was die Dienste da behaupten.« Er hatte den Eindruck gewonnen, dass die Entscheidung aus anderen Gründen verschleppt werden sollte. Denn auch der Personalrat hatte Widerspruch gegen Guillaumes Einstellung eingelegt. Die alteingesessenen Beamten des Kanzleramtes, gewöhnt an zwanzig Jahre CDU-Herrschaft, monierten die mangelnde Qualifikation des Bewerbers. Guillaume hatte nicht einmal das Abitur, geschweige denn Erfahrung im höheren Dienst. Der Argwohn saß tief: Hier sollte einem Genossen ein Posten zugeschoben werden. In der Tat war Ehrenberg angetreten, nach dem Sieg Willy Brandts endlich frischen Wind in die konservative Kanzleramtsbürokratie zu bringen. Als Kontaktmann zu den Gewerkschaften konnte er dabei keinen Akademiker und Laufbahnbeamten gebrauchen. Guillaume, der Kumpeltyp, war genau der richtige Mann. Die Sicherheitsbedenken erschienen als Teil eines parteipolitischen Intrigenspiels. Einem fleißigen Parteigenossen, der sich aus kleinen Verhältnissen hochgearbeitet hatte, sollte durch den Standesdünkel der Bürokraten der Weg verstellt werden! Nicht mit Ehrenberg. Nachdem Georg Leber wiederholt für Guillaume die Hand ins Feuer gelegt hatte, drängte der Abteilungsleiter auf eine schnelle Einstellung. Genervt forderte Ehmke den Anwärter auf, seinen Lebenslauf nochmals schriftlich zu erläutern, und das Kölner Amt für Verfassungsschutz überprüfte die Angaben ein weiteres Mal. Widersprüche konnten die Beamten jetzt keine mehr entdecken. Auch »charakterliche Sicherheitsrisiken« seien nicht aufgetaucht. Am 26. Januar teilte die Geheimschutzabteilung V des Bundesministeriums für Verfassungsschutz mit: »Die umfassende Karteiüberprüfung und die Sicherheitsermittlungen sind abgeschlossen. Sie haben keine Erkenntnisse erbracht, die einer Ermächtigung zum Umgang mit Verschlusssachen bis ›geheim‹ entgegenstehen.« Am 28. Januar setzte Horst Ehmke sich über die Einwände des Personalrates hinweg. Günter Guillaume erhielt rückwirkend zum 1. Januar 1970 seinen Arbeitsvertrag als Hilfsreferent für den Tätigkeitsbereich »Verbindung zu Gewerkschaften und Arbeiterverbänden«.

Willys Schatten

Während Brandt zum Staatsbesuch nach Erfurt fuhr und mit »Willy! Willy!«-Rufen gefeiert wurde, bezog Guillaume sein kleines Büro im Palais Schaumburg. Er fand sich schnell zurecht, und ebenso schnell fand er Anerkennung. Sein vorgesetzter Ministerialdirektor lobte: »Ich habe selten einen Menschen kennen gelernt, der so kontaktfreudig war, der so sehr Vertrauen erwerben konnte nach oben und nach unten.« Wie in Frankfurt erledigte er alle Arbeitsaufträge schnell und gründlich, ohne großes Aufheben darum zu machen. Keine sechs Monate im neuen Amt, ergab sich die nächste Karrierechance. Peter Reuschenbach, der persönliche Referent des Bundeskanzlers für Parteifragen, kandidierte als Abgeordneter für den Bundestag und ließ sich für den Wahlkampf freistellen. Guillaume übernahm seine Aufgaben zunächst kommissarisch, kurze Zeit später vollständig. Damit gelang ihm der endgültige Durchbruch. Der Spion war jetzt einer von drei Referenten des Kanzlers. Nach einer erneuten Routineüberprüfung durch den Verfassungsschutz erhielt er Zugang zu den Akten der Kategorie »streng geheim«. Als Organisator der zahlreichen Informations- und Wahlkampfreisen von Brandt im Jahr 1972 wurde Günter Guillaume zum ständigen Begleiter des Kanzlers. Sogar privat: Man sah sie auf gemeinsamen Sonntagsspaziergängen. Vor öffentlichen Auftritten wachte der Spion darüber, dass beim Regierungschef die Hose zum Jackett und die Krawatte zum Hemd passten. »Willys Schatten!«, lästerten die Kollegen nicht ohne Neid. Die unteren Ränge arbeiteten Guillaume dafür umso fleißiger zu und versorgten ihn mit Akten und Informationen, die er unermüdlich anforderte.

Nach dem zweiten Wahlsieg Brandts war die Stasi dann auch bei der allmorgendlichen »kleinen Lage« dabei, in der Staatssekretär Grabert mit den Abteilungsleitern des Kanzleramtes den Tag plante. In Fraktions- und Vorstandssitzungen war Guillaume ebenso mit von der Partie – ohne dass dies immer notwendig gewesen wäre, aber auch ohne dass es großartig auffiel. Günter Guillaume hielt sich leise im Hintergrund und spitzte die Ohren, wie es sich für einen guten Referenten gehörte. Auffällig war gleichwohl seine Loyalität gegenüber Brandt. Wann immer Kritik am Kanzler laut wurde, verteidigte er ihn ohne Wenn und Aber. Willy Brandt hegte indessen ein eher zwiespältiges Verhältnis zu seinem »in technischer Hinsicht guten Adjutanten«. In seinen biografischen *Erinnerungen* schrieb der Ex-Kanzler: »Die Mischung aus Servilität und Kumpelhaftigkeit ging mir auf die Nerven, doch machte ich daraus kein Aufheben. Dass er vor allem meinen Terminkalender korrekt und zuverlässig überwachte, war wichtiger.« Ein »politischer Gesprächspartner« war Guillaume für Brandt niemals. Dafür hielt der Kanzler den Gewerkschaftsmann schlicht für »zu beschränkt«. Ende Mai 1973 dachte Brandt wohl darüber nach, Guillaume aus seinem direkten Umfeld zu entfernen. Zu Grabert soll er gesagt haben: »Der wird lästig. Sieh doch mal zu, dass du ihn irgendwo unterbringst.« Der Staatssekretär wollte sich nach einer Dienstreise nach Berlin darum kümmern, doch am 29. Mai änderte sich die Lage grundlegend. Innenminister Hans-Dietrich Genscher informierte den Kanzler darüber, dass der Verfassungsschutz auf neue Verdachtsmomente gegen Guillaume gestoßen sei. Kommissar Zufall hatte ganze Arbeit geleistet.

»Ich glaube, ich habe da einen krummen Hund«

Ende Februar 1973 brütete Oberamtsrat Heinrich Schoregge im »Dachsbau« des Kölner Verfassungsschutzamtes über den Akten des Frankfurter Fotografen Gersdorf. Das Bundesamt hatte den Mann als möglichen Ostspion auf der Verdachtsliste. Am Rande tauchte der Name Guillaume auf. Schoregge stutzte. Der seltsame französische Name kam ihm jetzt schon zum dritten Mal unter. Im Jahr 1966 war das Frankfurter Ehepaar Harry und Ingeborg Sieberg als Ostagenten enttarnt worden. Die Akten führten an: Guillaume hatte Frau Sieberg einige Zeit zuvor eine Stelle als Sekretärin beim SPD-Bezirk Hessen-Süd vermittelt. Als das Paar ins Gefängnis wanderte, kümmerte sich Guillaume um deren Sohn. Außerdem hatten Berliner Kripobeamte den Namen des Kanzlerreferenten auf einem Zettel in der Tasche des Stasi-Führungsoffiziers Kuhnert gefunden, der den Fahndern bei einem Treffen mit dem Ostspion und DGB-Funktionär Wilhelm Gronau in Westberlin ins Netz gegangen war.

Zufällig trat in diesem Moment der Regierungsrat Helmut Bergmann zum Kaffeeplausch ins Zimmer. »Ich glaube, ich habe da einen krummen Hund«, grübelte Schoregge so vor sich hin. Der Abwehrkollege Bergmann war ganz Ohr. Er erinnerte sich an dechiffrierte Kurzwellenfunksprüche, die das Stasi-Hauptquartier bereits in den 50er Jahren an einen Agenten mit Decknamen Georg in den Westen geschickt hatte. Die beiden Geheimdienstler legten ihre Akten nebeneinander. Volltreffer. Agent Georg erhielt an einem 1. Februar herzliche Geburtstagsgrüße aus Ostberlin. Günter Guillaume hatte am 1. Februar Geburtstag. Mitte April 1957 gab es einen zweiten Glückwunsch: »zum zweiten Mann«. Am 8. April des Jahres war Guillaumes Sohn Pierre auf die Welt gekommen. Die Verfassungsschützer vermuteten von Anfang an: Die Funksprüche waren an ein Agentenpaar gerichtet, das auf die SPD angesetzt war. Mit der Unterstützung des sozialdemokratischen Parteivorstandes hatten sie schon lange gefahndet. Im Referat IV/A1, zuständig für die Auswertung der Spionageabwehr, war man sich sicher: Endlich fündig!

Gleichwohl ließen sich die Beamten Zeit. Erst am 11. Mai schrieb Bergmann seinen zwanzigseitigen Abschlussbericht. Er umfasste insgesamt dreißig Verdachtsmomente. Dennoch hielt der Fahnder die zusammengetragenen Beweise nicht für ausreichend, Guillaume vor Gericht zweifelsfrei zu überführen. Seine Schlussfolgerung: »Wir dürfen uns nicht darauf verlassen, erst durch Zugriff belastendes Material zu finden. Vorsichtige Observation wird empfohlen.«

Dieser Vorschlag basierte auf einer gravierenden Fehleinschätzung. Die Verfassungsschützer hielten Guillaume immer noch für einen unwichtigen Hilfsreferenten im Kanzleramt. Den Aufstieg des Topspions innerhalb der Kanzleramtsbürokratie hatte die Kölner Behörde nicht mitbekommen.

Kofferspiele in Halmståd

Am Morgen des 29. Mai 1973 bat Verfassungsschutzpräsident Günther Nollau bei Klaus Kinkel, damals Büroleiter des Innenministers, dringend um einen Termin. Um 10.30 Uhr saß Nollau bei Genscher im Büro, den Bericht von Bergmann in der Aktentasche. Wie genau er den Minister über den Verdacht gegen Guillaume in Kenntnis setzte, darüber sollten die beiden später unterschiedliche Angaben machen. Fest steht: Nollau empfahl, Guillaume in seinem Amt zu belassen und zu observieren. Die Sache sollte höchster Geheimhaltung unterliegen. Genscher drängte darauf, zumindest den Bundeskanzler zu informieren, was er dann auch tat. Brandt hatte nichts gegen eine Observierung einzuwenden, hielt aber die Sache nach Genschers Bericht »nicht nur für nicht wahrscheinlich, sondern für ganz abwegig«. Schließlich waren die zahlreichen Überprüfungen zuvor auch schon zugunsten von Guillaume ausgefallen. Gleichwohl wies Brandt seinen Innenminister darauf hin, dass dieser mit dem Kanzlertross in die Sommerferien nach Norwegen reisen würde. Genscher wollte mit Nollau diesbezüglich Rücksprache halten. Im Guillaume-Untersuchungsausschuss bestritt der Präsident des Bundesverfassungsschutzes später, dass dies je geschah. Erst kurz nach dem Reiseantritt seien die Geheimdienstler darüber informiert worden, dass der Spion den Kanzler in den Sommerurlaub begleitete.

Derweil begann der Verfassungsschutz mit der Beschattung von Christel Guillaume. Und wieder erwies sich der Dienst als schlecht informiert. Zunächst wurden Beamte mehrere Tage in Frankfurt vor der alten Wohnung der Agenten postiert. Dabei waren – vom Bundesamt unbemerkt – auch Frau und Sohn längst nach Bonn gezogen. Bei Günter Guillaume wollten die Beobachter ausgesprochen vorsichtig vorgehen. Im Amt selbst war ihnen eine Observierung zu heikel. Sie beschränkten sich auf die Freizeit des Kanzlerreferenten und hofften, ihn bei einem konspirativen Treffen zu ertappen. Nichts dergleichen geschah. Die Guillaumes gingen korrekt ihren Aufgaben nach. Angeblich bemühte sich sogar der Kanzler persönlich, seinen Referenten auf frischer Tat zu überführen. Bevor er sein Büro verließ, positionierte er Akten in einer bestimmten Reihenfolge oder drehte Bleistifte exakt in eine bestimmte Richtung. Nach seiner Rückkehr kontrollierte er, ob sich noch alles genau an seinem Platz befand.

Am 2. Juli begannen für den Kanzler die Ferien in seinem norwegischen Wochenendhaus. Guillaume war als einziger Referent dabei und durfte seine Familie mitnehmen. Auf der Hinreise im Privatwagen legte er einen nächtlichen Zwischenstopp im südschwedischen Städtchen Halmstad ein. Für die Rückfahrt buchte Guillaume dort nochmals ein Quartier – und schickte eine verschlüsselte Postkarte an einen Kontaktmann zu Hause: »Lieber Schatz, deine Gudrun erwartet dich sehnsüchtig am 31. Juli um 21 Uhr im Hallandiahotel in Halmstad. Sie kann es gar nicht erwarten.« Guillaume wusste bereits: Auf dem Weg zurück nach Bonn würde er gewichtige Dokumente im Gepäck haben. Denn es war seine Aufgabe im Urlaubsdomizil, den Kontakt mit Bonn zu halten. Sämtliche Nachrichten an den Kanzler mussten durch seine Hände gehen.

Der BND hatte die Nachrichtenzentrale der Urlaubsresidenz in einer benachbarten Jugendherberge eingerichtet. Hierher kamen alle Fernschreiben aus Bonn. Guillaume holte sie täglich gegen Quittung ab und brachte sie dem Kanzler. Brandt dachte sich nichts weiter dabei. Er glaubte, Guillaume werde weiter observiert und es werde ohnehin alles getan, »das Risiko, das damit verbunden war, den Mann in meiner Nähe zu lassen, so gering wie möglich zu halten«. Hier irrte der Bundeskanzler. Die zahlreichen BKA-Beamten, die mit nach Norwegen gereist waren, sorgten ausschließlich für seine Sicherheit. Vom Verdacht gegen den Referenten wussten sie gar nichts. Dieser sammelte währenddessen weiter fleißig Fernschreiben ein. Unter anderem fiel dem Ostagenten ein streng geheimer Brief von US-Präsident Richard Nixon an Brandt in die Hände, in dem es um die Frage ging, wie Frankreich in die neue Charta der NATO einzubeziehen sei.

Der Verfassungsschutz hatte Guillaume in Brandts Nähe gelassen, um belastendes Material gegen ihn zu sammeln. Nun lieferte der BND in Norwegen der Stasi Geheiminformationen auf dem Sil-

Stets dezent im Hintergrund. Der »Kundschafter des Friedens« Günter Guillaume folgt Bundeskanzler Brandt auf Schritt und Tritt. Die Kollegen witzeln: »Willys Schatten.« 1974 hat das Spiel für den Spion ein Ende – für den Kanzler ebenfalls.

bertablett. Um diese nach Ostberlin zu schaffen, griff der Agent tief in die Klamottenkiste der Spionagetricks. Vorsorglich hatte er zwei identische Aktenkoffer mit nach Skandinavien genommen. In den einen wanderten Nippes und Urlaubssouvenirs, in den anderen die Durchschriften der Geheimpapiere. Den Koffer mit dem Nippes übergab Guillaume am Ende des Urlaubs Brandts Leibwächter Ulrich Bauhaus, der mit dem Flugzeug nach Bonn flog. »Da sind wichtige Papiere drin, die ich nicht im Privatwagen mitnehmen will«, log der Kanzlerreferent. »Gib zu Hause im Büro den Koffer bitte Fräulein Boeselt. Die schließt ihn für mich weg.« Den Koffer mit den Papieren übergab Guillaume im Hotel Hallandia in Südschweden. Ein Kontaktmann war, wie per Postkarte gebeten, dort erschienen. Dieser fotografierte die Dokumente eilig und machte sich mit der geheimen Fracht auf zur Fähre von Trelleborg nach Rostock. »Das Allerheiligste aus den Bonner Sakramenten, das war jetzt in unserem Allerheiligsten in Ostberlin«, schwadronierte Guillaume 1988 in seinen Memoiren. Nach dem Coup in Norwegen habe er sogar erwogen, seine Westmission zu beenden und direkt in die DDR zurückzukehren. Er entschied sich jedoch anders. Im Büro wartete seine Sekretärin, Fräulein Boeselt, die den Koffer mit den Souvenirs aus dem Panzerschrank holte: »Ihre Akten, Herr Guillaume. Schönen Gruß von Herrn Bauhaus.«

In Bonn nahm der Verfassungsschutz wieder die Verfolgung auf, doch verwertbare Ergebnisse ließen auf sich warten. Der Druck auf die Ermittler wuchs. Auch der Kanzler erkundigte sich immer wieder, ob man Fortschritte erzielte. Bei einem Treffen mit einer Freundin in einer Gartenwirtschaft bemerkte Christel Guillaume, dass sie fotografiert wurde. In der Straßenbahn in Köln schüttelte sie ihren Bewacher ab. Handelte es sich dabei nur um eine Routineüberprüfung? Frau Guillaume hatte sich wieder einmal um eine Sekretärinnenstelle bei ihrem alten Förderer Georg Leber beworben, der seit einiger Zeit das Verteidigungsministerium führte. Das Agentenpaar nahm sich vor, noch vorsichtiger zu sein. Auch Günter Guillaume war sich inzwischen sicher, dass er verfolgt wurde. Markus Wolf mokierte sich nach der Wende im ZDF darüber, wie dilettantisch seine westdeutschen Kollegen vorgegangen seien: »Die Frauen sahen (*in der Gartenwirtschaft*) aus einer Aktentasche ein Objektiv herauslugen. In der DDR hatten wir da ganz andere Möglichkeiten für konspirative Aufnahmen. Ich glaube, unser Vorgehen war wesentlich professioneller als das des Bundesnachrichtendienstes.« Vor der Wohnung der Guillaumes postierte der Verfassungsschutz sogar ein Wohnmobil. Die Agenten konnten vom Fenster aus die Schichtwechsel ihrer Bewacher verfolgen.

Bis heute ist unklar, warum Guillaume zu diesem Zeitpunkt nicht die Flucht Richtung Osten antrat. Wolf mutmaßte, über die Jahre habe sich bei ihm »eine gewisse Nachlässigkeit eingeschlichen, weil immer alles gut ging«. Sicher hatte er auch Gefallen an seiner Rolle als Starspion gefunden. In einem Interview mit dem *Focus* bekannte Guillaume 1994: »Wenn man so eine Stelle hat, wirft man doch nicht so schnell die Flinte ins Korn, sondern hält aus bis zum Schluss.« Psychologisch könnte noch ein dritter Faktor eine Rolle gespielt haben. So paradox es klingen mag: Guillaume fühlte sich Brandt verpflichtet. Er bewunderte den Kanzler der Ostpolitik. »Ich habe zwei Männern versucht, in meinem Leben ehrlich zu dienen. Das waren Markus Wolf und Willy Brandt«, betonte der Ostagent immer wieder nach der Wende. Vor seinem Kanzler wollte er nicht als Verräter dastehen, und für seinen Vorgesetzten in der DDR wollte er den perfekten Agenten abgeben. Gegen Ende geriet das Katz-und-Maus-Spiel von Spion und Spionageabwehr zur Groteske. An einem Abend kurz vor der Verhaftung schlief Guillaume sturzbetrunken am Tisch ein. Sein Notizbuch fiel ihm aus der Tasche, ein BND-Beamter steckte es ihm zurück ins Hemd. Der Agent wachte kurz auf und lallte: »Ihr Schweine, mich kriegt ihr doch nicht!« Der Beamte machte über den Vorfall keine Meldung.

»Machte der Kanzler-Spion Porno-Fotos?« –
Von der Spionageaffäre zum Sittenskandal

Am 24. April 1974 kriegten sie ihn doch. Zunächst ging niemand
davon aus, dass die Regierung wegen der Affäre in eine ernsthafte
Krise geraten würde. Am 26. April beantragte die CDU/CSU eine
Aktuelle Stunde im Bundestag. Die Kritik am Kanzler hielt sich in
Grenzen. Zwar warnte der Oppositionsführer davor, »die Stellung
des Herrn Guillaume als unbedeutend oder harmlos hinzustellen«.
Auch forderte die Union eine genaue Liste der geheimen Akten, die
der Spion hatte einsehen können. Das war es dann aber auch. Brandt
betonte damals, Guillaume sei niemals mit Geheimvorgängen befasst gewesen. Später im Untersuchungsausschuss bedauerte er diese
Aussage: Die Norwegenreise habe er dabei nicht im Kopf gehabt,
sondern nur die alltägliche Arbeit im Kanzleramt. Innenminister
Hans-Dietrich Genscher lobte in der Parlamentsdebatte den Verfassungsschutz und den Bundesnachrichtendienst für ihre erfolgreiche Arbeit. Wieder geriet der Skandal zur Rückversicherung.
Schließlich hatte das System doch funktioniert, der Spion war
gefasst. Insgesamt überwog in den ersten drei Tagen nach der Verhaftung die außenpolitische Empörung über das durchtriebene Verhalten der DDR. Selbst die regierungskritische *Frankfurter Allgemeine Zeitung* schrieb mitleidig: »Das hat die Regierung, hat der
Kanzler nicht verdient.«

Wenige Tage später kippte die Stimmung. In sechs Wochen stand
die Landtagswahl in Niedersachsen an, und die Affäre wurde zum
Spielball der Parteitaktik. Mit seiner Entspannungspolitik war
Brandt von Erfolg zu Erfolg geeilt. Jetzt urteilte Helmut Kohl über
den Fall Guillaume: »Hierbei handelt es sich um einen Rückfall in
den Kalten Krieg.« Zum Schaden der Regierung wurden nach und
nach die Details bekannt, wie Guillaume trotz wiederholter Sicherheitsbedenken seinen Weg an die Spitze fortsetzte. Erste Rücktrittsforderungen zielten auf Horst Ehmke, der mittlerweile als Techno-

logieminister dem Kabinett angehörte: Er hatte den Spion damals eilfertig eingestellt. Im Gespräch mit Brandt räumte Ehmke Fehler ein. Er erinnerte sich an das Gespräch mit Guillaume, bei dem er dem Spionageverdacht nachgegangen war: »Richtig wäre natürlich gewesen, ich hätte gesagt: Ich bin in der Situation wie ein Laie, der sich vom Amtsarzt bescheinigen lassen muss, ob der Mitarbeiter Tuberkulose hat.« Ehmke bot seinen Rücktritt an. Der Kanzler lehnte ab. Er begann, sich selbst die Schuld zu geben: »Ich Rindvieh hätte mich nicht auf den Rat eines anderen Rindviehs verlassen dürfen. Ich hätte Genscher und Nollau bitten sollen, das Erforderliche zu veranlassen.«

Derweil schwieg Guillaume eisern bei den Verhören durch das Bundeskriminalamt. Bis auf das spontane Geständnis bei der Verhaftung hatten die Behörden nach wie vor wenig in der Hand. Die Ermittler durchforsteten nun den Terminkalender Brandts, um zu rekonstruieren, wann der Spion was hatte aufschnappen können. Doch auch dieses Verfahren erwies sich als zäh. Erst ein Fund in Guillaumes Privatwohnung gab dem Skandal die entscheidende Wendung. Briefe von zwei Bonner Sekretärinnen tauchten auf und ließen erkennen, dass die graue Maus Guillaume ein überraschend aktives Liebesleben führte – und zwar ausgerechnet mit den Vorzimmerdamen von Günter Gaus, dem Chefunterhändler der Bundesregierung in DDR-Angelegenheiten, und von Ost-Unterhändler Egon Bahr. Im Zuge der Ermittlungen wurden auch die Sicherheitsbeamten befragt, die Brandt und Guillaume ständig begleitet hatten. Sie mussten ja Dinge beobachtet haben. Ulrich Bauhaus, der Mann, der den Nippes-Koffer von Norwegen nach Bonn brachte, plauderte dabei nicht nur über die Amouren des Spions. Er erzählte seinen Vorgesetzten ebenso von nächtlichen Damenbesuchen, die Brandt in Hotels und im Sonderzug des Kanzlers empfangen hatte. Zu ihnen sollte auch die Journalistin Wibke Bruhns gehören, die angeblich ein Kollier am Bett des Kanzlers vergaß. Damit erhielt der Fall Guillaume eine völlig neue Dimension: Wenn der Kanzlerreferent von den Seitensprüngen seines Chefs wusste, waren Brandt, die Regierung und die SPD von der Stasi erpressbar. Immer wieder kursierten Gerüchte, dass es der Kanzler mit der ehelichen Treue nicht zu genau nahm. Jetzt gewannen diese sicherheitspolitische Relevanz.

Justizminister Gerhard Jahn informierte Brandt am 30. April erstmals über die pikanten Verdachtsmomente. Der Kanzler reagierte etwas gereizt: »Die waren nicht in der Lage, einen Spion zu entlarven, aber sie waren in der Lage, mein Privatleben auszuspähen und auszuschmücken.« Dennoch ging er nicht gegen die Ermittlungen vor. Als man ihm die Liste seiner angeblichen Liebhaberinnen vorlegte, war er noch zu Scherzen aufgelegt: Seine sexuelle Potenz werde wohl allgemein überschätzt. Schließlich sei er über sechzig. Wibke Bruhns sagte aus, sie hätte nie ein Kollier besessen. Am 1. Mai brach Brandt zu einem Besuch nach Helgoland auf. Erstmals machte sich ganz praktisch bemerkbar, dass Guillaume fehlte. Die Reise war schlecht organisiert, der geplante Rundgang über die Insel verspätete sich. Als der Kanzler endlich zur Wahlwerbung unters Inselvolk treten wollte, waren die Tagesgäste bereits wieder in Richtung Festland abgereist, während die Einheimischen zu Hause saßen und dem Fußballländerspiel zuschauten. Einige Journalisten wollten bemerkt haben, dass Hemd und Krawatte des Kanzlers an jenem Tag nicht zusammengepasst hätten. Am Abend zechte der Kanzler mit altverdienten Genossen des Helgoländer Ortsvereins. In fröhlicher Runde sang er: »O du schöner Westerwald!« Doch den Ärger in Bonn konnte er nicht beiseite schieben. Wibke Bruhns saß neben dem Kanzler am Tisch. Unvermittelt flüsterte er ihr zu: »Und ich habe den immer für dümmlich gehalten.«

Auf der Heimfahrt im Zug nach Bonn informierte Kanzleramtschef Horst Grabert Brandt über eine Sitzung des Vertrauensmännergremiums des Bundestags. Nicht nachzuweisen, aber sehr wahrscheinlich ist, dass der BND die Unionsabgeordneten über die »Erkenntnisse« in Sachen Damenbesuche ins Bild setzte. Noch im Zug notierte der Kanzler in sein Tagebuch: »Es sieht nicht so aus, als könnte es dort (*im Vertrauensmännergremium*) zu der gebotenen sachlichen Behandlung kommen.« Auch die Boulevardpresse hielt sich nicht an eine »gebotene sachliche Behandlung«. Von den Ermittlungen gegen das Liebesleben des Kanzlers hatte sie zwar noch keinen Wind bekommen, wohl aber von den Affären Guillaumes. »Machte der Kanzler-Spion Porno-Fotos?«, fragte die *Bild*. Auf Seite 2 waren zehn Nacktfotos abgedruckt, die angeblich aus dem Fotoalbum des Agenten stammten. Direkt über dem Kasten mit den Fotos war die Überschrift montiert: »Brandt: Ich war auch schon besser als im letzten Jahr … Na ja, ich bin über 6o!« Die Überschrift gehörte zu einem Artikel über die Erfolge der Regierung. Die *Bild*-Layouter waren freilich absichtlich zu einem neuen Test angetreten, wie tief das Niveau einer Zeitung sinken kann. Der Regierungssprecher musste nun offiziell bestätigen, dass Guillaume mit zwei wichtigen Vorzimmerdamen ein Verhältnis gehabt hatte. Die Ausgabe gab Brandt einen Vorgeschmack auf das, was ihn erwartete, wenn die Ermittlungen gegen seine Person durchsickerten. Erstmals deutete er Finanzminister Helmut Schmidt an: »Du musst damit rechnen, dass eine rasche Kanzlerschaft auf dich zukommt.«

Dass sie tatsächlich so rasch auf Schmidt zukam, dafür sorgte in letzter Konsequenz Herbert Wehner. Am 3. Mai setzte Verfassungsschutzpräsident Nollau, von Wehner einst in sein Amt gehievt, den Fraktionsvorsitzenden über Details aus Brandts Privatleben in Kenntnis. Nollau warnte nochmals: Die DDR könnte die Bundesregierung damit »bis auf die Knochen blamieren«. Laut Tagebuch des Verfassungsschützers sank sein Gegenüber förmlich in sich zusammen und seufzte: »Das bricht uns das Rückgrat.« Seit seinen bösartigen Attacken in Moskau war es ein offenes Geheimnis, dass Wehner den Kanzlerwechsel von Brandt zu Schmidt wollte. Am nächsten Tag trafen sich der Fraktionsvorsitzende und der Kanzler am Rande einer Tagung mit Gewerkschaftern in Münstereifel zu einem langen Gespräch hinter verschlossenen Türen. Beide lieferten später unterschiedliche Versionen des Gesprächsverlaufs. Wehner berichtete von Nollaus Ausführungen und warnte: »Du bist erpressbar!« Auch erwähnte er wohl das Kollier von Wibke Bruhns. Drei Möglichkeiten blieben Brandt: Erstens könne er Regierungs- und Parteichef bleiben. Zweitens könne er nur die SPD weiter führen, als Kanzler aber zurücktreten. Drittens könne er beide Ämter niederlegen. Nach eigener Aussage fügte Wehner an: »Wie immer du dich entscheidest, ich stehe hinter dir. Aber es wird hart werden.« Zum Abschluss stellte er wahrscheinlich noch ein Ultimatum: Binnen 24 Stunden solle Brandt sich entscheiden. Wortlos verließ Wehner den Raum. Brandt blieb zurück, am Boden zerstört.

In seinen Memoiren schrieb der Kanzler: »In der psychischen und physischen Verfassung späterer Jahre wäre ich nicht zurückgetreten, sondern hätte da aufgeräumt, wo aufzuräumen war.« An jenem Abend saß er lange mit seinen Vertrauten Karl Ravens und Holger Börner zusammen und trank Rotwein. Ihnen teilte er als Erste mit, dass er als Kanzler zurücktreten werde. Auch von Selbstmord soll die Rede gewesen sein. Am nächsten Tag versuchte Helmut Schmidt, Brandt mit den Worten umzustimmen: »Wenn mir irgendjemand eine Wanze in die Aktentasche tut, was kann ich dafür.« Wegen so einer Lappalie trete man nicht zurück. Kanzler wollte Schmidt zwar gerne werden, auf keinen Fall wollte er aber in den Ruch des Königsmörders geraten. Auch der Koalitionspartner Walter Scheel riet Brandt vom Rücktritt ab: »An Ihrer Stelle würde ich mir sagen, dass sich das auf einer Arschbacke absitzen lässt.«

Die Öffentlichkeit ahnte an diesem Samstagabend nichts davon, dass die Entscheidung schon gefallen war. Rudolf Augstein tippte für die Montagsausgabe des *Spiegel* die Überschrift: »Muss einer vom Schlitten?« Ehmke, Nollau und Genscher wurden von den Bonner Journalisten als heißeste Rücktrittskandidaten gehandelt. Sie irrten. Am Sonntagnachmittag teilte Brandt der engeren Parteiführung mit, sein Entschluss sei endgültig. Am Abend entwarf er sein Rücktrittsschreiben und schickte es zum Bundespräsidenten nach Hamburg. Gegen Mitternacht platzte die Bombe. NDR und

Südwestfunk meldeten: »Willy Brandt ist als Kanzler der Bundesrepublik Deutschland zurückgetreten.« Spontan versammelten sich
Anhänger Brandts vor seinem Bonner Privathaus und sangen: »Brü-
der, zur Sonne, zur Freiheit.« Willy Brandt blieb im Haus. Am
kommenden Tag trat er vor die SPD-Fraktion. Herbert Wehner
überreichte ihm einen Strauß roter Rosen und erklärte mit sich
überschlagender Stimme: »Wir fühlen Schmerz über das Ereignis,
Respekt vor der Entscheidung und Liebe zur Persönlichkeit und
zur Politik Willy Brandts miteinander.« Wehner wurde den Verdacht des Königsmordes nicht mehr los.

»Es ist und bleibt grotesk, einen deutschen Bundeskanzler für erpressbar zu halten«

Am 8. Mai 1974 stellte sich Willy Brandt den Fernsehkameras. Er
nannte drei Gründe für seinen Rücktritt, von denen zwei nicht
überraschend kamen. In Norwegen hätte er nicht zulassen dürfen,
dass Guillaume Zugang zu geheimen Akten erhielt. Außerdem sei
durch die Spionageaffäre sein Verhältnis zur DDR und zum Warschauer Pakt »nicht mehr unbefangen«. Das alles war bekannt und
in den Kommentaren der großen Zeitungen bereits verhandelt worden. Der dritte Grund jedoch sorgte für Aufregung bei den Journalisten. Brandt erklärte: »Es gab Anhaltspunkte, dass mein Privatleben in Spekulationen in den Spionagefall gezerrt werden sollte.
Was immer noch darüber geschrieben werden mag. Es ist und bleibt
grotesk, einen deutschen Bundeskanzler für erpressbar zu halten.
Ich bin es jedenfalls nicht.« Von den Ermittlungen des BKA hatte
die deutsche Öffentlichkeit bis zu diesem Zeitpunkt noch nichts
erfahren. Brandt selbst stieß das Tor zu diesem Thema auf und nahm
damit der Boulevardpresse den Wind aus den Segeln. Der Kanzler
beendete mit seinem Rücktritt den Skandal, bevor dieser richtig
begonnen hatte. Ähnlich sollte einige Jahre danach Lothar Späth

in seiner »Traumschiffaffäre« verfahren. Der Ministerpräsident von Baden-Württemberg trat 1991 zurück, nachdem Vorwürfe laut geworden waren, er hätte sich zahlreiche Privatreisen von Industrieunternehmen bezahlen lassen. Viele Nachahmer fand Brandt in der deutschen Skandalgeschichte allerdings nicht. Der Kampf um den Machterhalt um jeden Preis, wie ihn Franz Josef Strauß im Skandalfall stets führte, blieb die übliche Vorgehensweise. Insofern bedeutete Brandts Rücktritt eine moralische Zäsur. Entsprechend beeilte sich die CDU zu versichern, dass sich die angekündigten Enthüllungen auf keinen Fall auf das Privatleben des Kanzlers bezogen hätten. Alle seriösen Zeitungen, auch die konservativen, enthielten sich vollständig der Häme und kommentierten die Demission mit einer Mischung aus Überraschung und Respekt. Nur auf die schwindende Popularität des Kanzlers wiesen die meisten Kommentatoren trotz aller Zurückhaltung hin. Binnen anderthalb Jahren war die Zustimmung zur Brandt-Politik von 72 auf 33 Prozent gesunken.

Dort – in den innenpolitischen Schwierigkeiten – den Hauptgrund für Brandts Entscheidung zu sehen, greift jedoch zu kurz. Er wusste, was auf ihn zuzukommen drohte. Wie Strauß spaltete auch Willy Brandt die Nation in Ekstatische und Erbitterte. Doch kein anderer deutscher Politiker war seit Kriegsende so systematisch diffamiert worden wie der SPD-Mann. Das Exil während der Zeit des Nationalsozialismus, zuerst in Norwegen und dann in Schweden, war ihm immer wieder als Vaterlandsverrat ausgelegt worden. Anspielungen, seine Mutter habe seinen Vater nicht gekannt, begleiteten seinen Aufstieg. Einen Tag nach seiner Fernseherklärung bestätigte *Bild* die Befürchtungen des Kanzlers schon in der Schlagzeile: »Wilde Gerüchte um Brandt. Was stimmt daran?« Eine der Liebschaften sei »Schwedin, blond und Zigarettenraucherin«. Brandt hatte nie vorgegeben, ein »Säulenheiliger« zu sein. Einen Schmuddelkrieg wollte er sich jedoch unter keinen Umständen mehr antun. Mit seinem raschen Abtritt verlor er zwar sein Amt, nicht aber seinen Ruf als politisch-moralische Instanz. Seine Abschiedserklärung endete mit dem Satz: »Ich bleibe Vorsitzender meiner Partei und werde weiter mit aller Kraft für eine Politik arbeiten, die den Menschen und dem Frieden dient.« Im In- und Ausland blieb Willy Brandt einer der angesehensten deutschen Politiker überhaupt.

Was blieb von der spektakulärsten Spionageaffäre in der deutsch-deutschen Geschichte? Die Bundesregierung richtete unter Leitung von Theodor Eschenburg eine unabhängige Kommission ein, die Lehren aus dem Debakel ziehen sollte. Auf Empfehlung der Kommission wurde das Amt des Geheimdienstkoordinators eingerichtet. Dieser sollte in Zukunft verhindern, dass die verschiedenen Dienste wie im Fall Guillaume nebeneinanderher arbeiteten. Mit dem Geheimdienstkoordinator war auch ein potenzieller Sündenbock für den Fall geschaffen, dass Verfassungsschutz und BND mal wieder versagten.

Am Verhältnis von Bundesrepublik und DDR änderte sich durch die Affäre wenig. Die Phase der vertraglichen Annäherung zwischen den beiden deutschen Staaten war bereits abgeschlossen, und die vereinbarten Erleichterungen im Zusammenleben ihrer Bürger blieben weiterhin bestehen. Die Regierung der DDR bemühte sich von Anfang an um Schadensbegrenzung, obwohl man dort der Meinung war, der amtsmüde Kanzler nutze sie ohnehin nur als Vorwand für seinen Rücktritt. Auf dem Höhepunkt der Affäre teilte Erich Honecker durch den Ost-West-Anwalt Wolfgang Vogel mit: Er habe geglaubt, Guillaume sei als Agent »abgeschaltet« worden, als er ins Kanzleramt wechselte. Brandt »lachte in sich hinein«, als er das hörte.

Günter Guillaume plagten zeitlebens keine Gewissensbisse. Er bestand vielmehr darauf, als »Kundschafter des Friedens« zur Entspannung beigetragen zu haben. Durch seine Erkenntnisse habe die DDR gewusst, dass Brandt es ernst mit der Annäherung meinte. Nur deshalb habe Ostberlin ebenso ernsthaft verhandeln können. Bei seinem Prozess vor dem Düsseldorfer Landgericht machte Guillaume nur Angaben zu seiner Biografie – und lächelte beständig. Die Journalisten im Gerichtssaal wurden sich nicht einig, ob das Lächeln als hintergründig, bösartig oder spöttisch zu werten sei. Der Preis, den die DDR nach acht Jahren Haft für den Austausch des Topspions zu zahlen hatte, war hoch. Am Schlagbaum in Herleshausen musste sie sechs Westagenten in die Freiheit schicken. Nach seiner Rückkehr in die DDR erhielt der Kanzlerspion neben dem vaterländischen Verdienstorden zur Belohnung ein komfortables Haus mit idyllischem Seeblick. Guillaume trennte sich von seiner Frau Christel, die kurz vor ihm in die DDR entlassen worden war, und heiratete erneut. Bis zur Wende hielt er regelmäßig Vorlesungen an der Hochschule des Ministeriums für Staatssicherheit. In SED-Parteikreisen avancierte er zur Kultfigur. Auf dem »Festival des politischen Liedes« vom Februar 1975 feierte die FDJ ihren inhaftierten Genossen mit der Komposition: »Hellali, lali, lali, hellali, lalilu! Wir grüßen Hauptmann G. in Bonn, wir haben noch mehrere davon. Hellali, lali, lali, hellali, lalilu!« Im Westen nahm man den Spott zerknirscht zur Kenntnis. Die *Süddeutsche Zeitung* resümierte: »Wenn es doch wenigstens ein James-Bond-Typ gewesen wäre. Aber dieser kleine Dicke ...«

7

Der furchtbare Jurist –
Marinerichter Hans Karl Filbinger und sein pathologisch gutes Gewissen (1978)

Das Schuljahr hatte im Herbst 2000 gerade begonnen, da orderten eilfertige Deutschlehrer die Erzählung *Eine Liebe in Deutschland* im Klassensatz. Das Buch des Schriftstellers Rolf Hochhuth stand als Pflichtlektüre auf dem Lehrplan für das Abitur an allen beruflichen Gymnasien in Baden-Württemberg. Die zuständige Kommission aus Fachlehrern hatte es sehr bewusst ausgewählt. *Eine Liebe in Deutschland* erzählt die Liebesgeschichte von einer Frau aus Südbaden und einem polnischen Zwangsarbeiter im Dritten Reich. Das Verhältnis wird zum Verhängnis. Die Frau muss für die Beziehung ins Gefängnis, der Pole wird gehängt. Das Buch basiert auf einem historischen Fall, den Hochhuth in Form einer literarischen Collage rekonstruiert hat. Für die Fachlehrerkommission stand fest: In Zeiten, in denen Springerstiefel unter der Schulbank Konjunktur hatten, gehörte ein solches Buch auf den Lehrplan.

Doch unvermittelt kam im Oktober aus dem Stuttgarter Kultusministerium die Anweisung, Hochhuths Erzählung als Pflichtlektüre zu streichen, da es, so die zögerliche Begründung, nicht genug Sekundärliteratur gebe. Irritiert stornierten die Lehrer ihre Bestellungen. An eine ähnliche Entscheidung, zumal so kurzfristig, konnte man sich nicht erinnern. Und bei den Vorbereitungen auf das Schuljahr hatten viele Pädagogen festgestellt, dass sehr wohl ausreichendes Begleitmaterial für das Buch zur Verfügung stand. Schnell geriet die resolute Kultusministerin Annette Schavan in Verdacht, nicht aus sachlichen, sondern aus politischen Gründen das Buch von der Lektüreliste genommen zu haben. *Eine Liebe in Deutschland* war nämlich schon einmal in die Schlagzeilen geraten – genau 22 Jahre zuvor.

In der Erstauflage von 1978 hatte Hochhuth den amtierenden Ministerpräsidenten von Baden-Württemberg, Hans Karl Filbinger, als »Hitlers Marinerichter« bezeichnet und ihn einen »furchtbaren Juristen« genannt. Der Ministerpräsident sei heute nur auf freiem Fuß »dank des Schweigens derer, die ihn kannten«. Filbinger klagte gegen diese Behauptungen vor dem Stuttgarter Landgericht. Ein folgenschwerer Fehler. Das Verfahren gegen Hochhuth entfachte eine heftige Debatte über die Vergangenheit Filbingers in seiner Funktion als Richter der NS-Marine. Am Ende der Debatte stand der Rücktritt des Landesvaters.

Im Jahr 2000 sorgte *Eine Liebe in Deutschland* zum zweiten Mal für eine politische Affäre. Kritische Lehrer sowie der SPD-Landesvorsitzende Ulrich Maurer vermuteten, konservative Kreise in der CDU hätten Schavan bedrängt. Der für die Union unangenehme Fall »Filbinger« sollte durch die gymnasiale Pflichtlektüre nicht wieder in Erinnerung gerufen werden. Hochhuth giftete aus Berlin: »Erwin Teufel will wohl Filbinger zu dessen 90. Geburtstag selig sprechen.« Die Mitglieder der Kommission erklärten kurze Zeit später, sie seien tatsächlich vom Kultusministerium unter Druck gesetzt worden. Auch sie vermuteten »politische Gründe« hinter der Entscheidung und traten geschlossen zurück. Die SPD forderte halbherzig den Rücktritt der Kultusministerin Schavan, doch sie blieb standhaft: Die Erzählung sei für Schüler ungeeignet, und die Sekundärliteratur zumindest schwer zugänglich. Nach einer aktuellen Stunde im Landtag war die Kurzaffäre politisch überstanden.

Im Jahr 1978 lag der Fall komplizierter. Ein neues Kapitel über den Umgang mit der nationalsozialistischen Vergangenheit wurde aufgeschlagen. Filbinger landete stellvertretend für eine ganze Generation auf der Anklagebank. Der promovierte Jurist verteidigte sich ausgesprochen ungeschickt: Er pochte darauf, formal korrekt gehandelt zu haben. Die moralische Dimension, die der Diskurs um seine Zeit als Marinerichter annahm, blendete er konsequent aus. Schließlich versagte auch die eigene Partei Filbinger die Gefolgschaft. Am 7. August 1978 erklärte er tief verbittert: »Dies ist die Folge einer Rufmordkampagne, die in dieser Form bisher in der Bundesrepublik nicht vorhanden war. Es ist mir schweres Unrecht angetan worden. Dies wird sich erweisen, soweit es nicht bereits offenbar geworden ist.« Doch alles der Reihe nach.

Hitlers Marinerichter und der furchtbare Rechercheur

Im Februar 1978 las der frühere Ministerpräsident des Landes Baden-Württemberg und ehemalige Vorsitzende des Bundesverfassungsgerichtes, Gebhard Müller, in der *Zeit* eine vorab gedruckte Leseprobe aus *Eine Liebe in Deutschland*. Die Geschichte interessierte den historisch versierten Juristen. Schließlich reflektierte sie ein dunkles Kapitel der Landesgeschichte. Plötzlich kamen ihm folgende Sätze in den Blick:

»Am wenigsten sind die Behörden des Landes Baden-Württemberg daran interessiert, die in ihrem Bundesland lebenden und dort Pension verzehrenden Mörder dieses und zahlloser anderer Polen, die aus gleichem ›Grund‹ dilettantisch gehängt: das heißt erwürgt wurden, dingfest zu machen. Ist doch der amtierende Ministerpräsident dieses Landes, Dr. Filbinger, selbst als Hitlers Marinerichter, der sogar noch in britischer Gefangenschaft nach Hitlers Tod einen deutschen Matrosen mit Nazi-Gesetzen verfolgte, ein so ›furchtbarer Jurist‹ gewesen, dass man vermuten muss – denn die Marinerichter waren schlauer als die von Heer und Luftwaffe, sie vernichteten bei Kriegsende Akten –, er ist auf freiem Fuß nur dank des Schweigens derer, die ihn kannten.«

Müller schnitt den Artikel aus und schickte ihn in die Stuttgarter Villa Reitzenstein, den Amtssitz von Filbinger. Einen Ratschlag legte er bei: Das dürfe sich der Ministerpräsident nicht bieten lassen. Filbinger folgte dem gut gemeinten Rat und verklagte Hochhuth auf Unterlassung. Dabei ging der Ministerpräsident gegen einen Schriftsteller gerichtlich vor, der durchaus umstritten war. Hochhuth hatte sich bereits mehrfach historischer Stoffe angenommen um aufzuklären und anzuklagen. Sein Leitsatz lautete: »Autoren müssen das schlechte Gewissen ihrer Nation artikulieren, weil die Politiker ein so gutes haben.« In seinem Theaterstück *Der Stellvertreter* warf er Papst Pius XII. vor, die mögliche Rettung vieler Juden verhindert zu haben. In *Soldaten* gab der Schriftsteller Winston Churchill eine Mitschuld am Tod des polnischen Exilministerpräsidenten General Sikorski, der 1943 bei einem Flugzeugabsturz in der Nähe von Gibraltar ums Leben gekommen war. Kritiker hielten Rolf Hochhuth immer wieder vor, schlampig zu recherchieren und mittelmäßig zu schreiben. Vielen galt der Autor mit den historisch brisanten Stoffen als geltungssüchtig und polemisch.

Der Vorwurf gegen Filbinger, er habe als »Hitlers Marinerichter … sogar noch in britischer Gefangenschaft nach Hitlers Tod einen deutschen Matrosen mit Nazi-Gesetzen« verfolgt, bezog sich auf ein Kriegsgerichtsurteil vom 29. Mai 1945, das der *Spiegel* 1972 ausgegraben hatte. In britischer Kriegsgefangenschaft war Filbinger nach der bedingungslosen Kapitulation der Deutschen weiter als Militärrichter tätig gewesen. Um die geschlagenen Truppen in ihren Kriegsgefangenenlagern unter Kontrolle zu halten, ließen die Briten die deutsche Militärgerichtsbarkeit unter ihrer Aufsicht einfach weiterarbeiten. Drei Wochen nach Kriegsende verurteilte Marinestabsrichter Karl Filbinger den Matrosen-Gefreiten Kurt Olaf Petzold zu sechs Monaten Haft wegen »Erregung von Missvergnügen, Gehorsamsverweigerung und Widersetzung«. Der Mann hatte in betrunkenem Zustand ehemalige Vorgesetzte als »Nazihunde« beschimpft und sich das Hakenkreuzzeichen von der Uniform gerissen. Dem *Spiegel* erzählte Petzold, Filbinger habe Ende Mai 1945 noch immer »unseren geliebten Führer« gerühmt. Das Hamburger Nachrichtenmagazin veröffentlichte die Geschichte zwei Wochen vor den Landtagswahlen 1972 in Baden-Württemberg. Filbinger zog vor Gericht – damals erfolgreich. Dem *Spiegel* wurde untersagt, Petzolds Behauptung noch einmal zu drucken. Bei den Landtagswahlen siegte die Union unter Filbingers Führung zum ersten Mal mit absoluter Mehrheit.

Im Verfahren Filbinger gegen Hochhuth sechs Jahre später war die erste mündliche Verhandlung für den 9. Mai angesetzt. Zur Vorbereitung auf den Prozess stöberte der Schriftsteller nach belastendem Material, mit dem er das Wort vom »furchtbaren Juristen« untermauern konnte. Und siehe da, er stieß auf eine Akte, die den Richterspruch gegen Petzold als Kleinigkeit erscheinen ließ: auf den Fall Gröger.

Das pathologisch gute Gewissen

Oslo, 16. März 1945, sieben Wochen vor Kriegsende. Mit verbundenen Augen stand der deutsche Matrose Walter Gröger auf dem Richtplatz der Militärfestung Akerhus. Der Grund: Er hatte sich von seiner Einheit in Oslo abgesetzt, war untergetaucht und hatte die Flucht ins neutrale Schweden geplant. Bei Fahnenflucht kannten die wenigsten Militärrichter der Nazis Gnade. Gröger erhielt wie Tausende andere Deserteure die Höchststrafe: Tod durch Erschießen. Das Protokoll vermerkte: »Der leitende Offizier las dem Verurteilten die Urteilsformel und die Bestätigungsverfügung vor. Der Verurteilte erklärte nichts. Der Geistliche erhielt letztmalig Gelegenheit zum Zuspruch. Das Vollzugskommando von 10 Mann war fünf Schritte vor dem Verurteilten aufgestellt. Das Kommando Feuer erfolgte um 16.02 Uhr. Der Verurteilte starb um 16.04 Uhr.«

Der leitende Offizier an jenem Tag war Dr. Karl Filbinger. In erster Instanz war der Deserteur wegen mildernder Umstände zu acht Jahren Haft verurteilt worden. Der Prozess wurde neu aufgerollt. Die Akten belegten eindeutig: Es war Filbinger, der die Todesstrafe beantragte.

Noch vor Prozessbeginn im Mai 1978 informierte Rolf Hochhuth den *Spiegel* über seinen Aktenfund. Am Himmelfahrtstag, dem 4. Mai, standen drei *Spiegel*-Redakteure bei Filbinger auf der Matte und konfrontierten ihn mit dem Todesurteil. Der Ministerpräsident konnte sich an das Verfahren gegen Gröger zunächst nicht erinnern. Regierungssprecher Gerhard Goll, bei dem Gespräch ebenfalls dabei, wies die Journalisten darauf hin, dass im Zweiten Weltkrieg Fahnenflucht im Felde von allen Ländern mit der Todesstrafe geahndet wurde. Filbinger merkte nach eigener Aussage an dieser Stelle an: Die Redakteure seien im Begriff, im Nachhinein ein nach gültigen Rechtsnormen ergangenes Urteil in Unrecht umzufälschen. Der *Spiegel* zitierte Filbinger mit den Worten: »Was damals Recht war, kann heute nicht Unrecht sein.« Der Ministerpräsident bestritt später heftig, diesen Satz je gesagt zu haben. Seine Kritiker jedoch glaubten den Journalisten. Die Formulierung wurde im Verlauf des Skandals zur oft wiederholten Formel, zum Synonym für Filbingers fehlendes Unrechtsbewusstsein.

Am 5. Mai rief die Landesregierung eilig eine Pressekonferenz ein, um geplanten Artikeln im *Spiegel* und in der *Zeit* zuvorzukommen. »Ich habe kein einziges Todesurteil selbst gefällt«, verkündete Filbinger selbstsicher vor den Fernsehkameras und betonte, im Verfahren Gröger nur der Vertreter der Anklage gewesen zu sein. Die Todesstrafe habe er auf Weisung des Gerichtsherrn beantragen müssen. Die SPD im Land witterte Morgenluft. Bei den letzten Landtagswahlen hatte Landesvater Filbinger unangefochten 57 Prozent der Stimmen eingefahren. In der Tagespolitik konnte die Opposition die Union niemals ernsthaft gefährden. Der SPD-Landesvorsitzende Erhardt Eppler setzte sich an die Spitze der Kritiker seines

Pathologisch gutes Gewissen – pathologisch schlechtes Gedächtnis. Ministerpräsident Hans Filbinger tritt zurück, nachdem mehrere Todesurteile bekannt wurden,
die er als Marinerichter unterschrieben hatte.

politischen Kontrahenten. Kaum einer hätte die Rolle besser spielen
können. Eppler, Entwicklungshilfeminister unter Brandt, galt vielen Menschen als moralische Instanz, nicht zuletzt wegen seines
christlich-pietistischen Hintergrunds. (Herbert Wehner bezeichnete den SPD-Linken einmal als »Pietcong«.) Eppler warf Filbinger
vor, zur Selbstkritik generell unfähig zu sein. Im Fall des Matrosen
Gröger habe er »ein pathologisch gutes Gewissen«. Auch diese Formulierung sollte in die Skandalgeschichte eingehen.

Einstweilige Verfügungen und Persilscheine

Am 9. Mai begann vor der 17. Zivilkammer des Stuttgarter Land-
gerichts der Prozess gegen Rolf Hochhuth. Einer von Filbingers
Anwälten erklärte im Vorfeld: »Der Fall Gröger spielt in diesem

Verfahren gar keine Rolle«, den könne man »hier vergessen«. Doch hierin täuschte sich der Anwalt. Hochhuth zog die Behauptung zurück, Filbinger sei »auf freiem Fuß nur dank des Schweigens derer, die ihn kannten«. Das Todesurteil gegen Gröger baute er zum Hauptargument für seine Formulierung vom »furchtbaren Juristen« auf. Der Anwalt des Autors betonte, Filbinger habe »sehr perfekt und ohne jeden Widerstand« die Weisung ausgeführt und sehr rasch das Urteil vollstreckt. Das Ziel dieser Strategie war offensichtlich. Die Aufmerksamkeit sollte weg von den strafrechtlichen Details auf die Frage nach der moralischen Verantwortung des ehemaligen NS-Richters gelenkt werden.

Filbinger selbst verteidigte sich nicht in der Verhandlung, sondern vor der Presse: »Während des ganzen Dritten Reiches habe ich meine antinazistische Gesinnung nicht nur in mir getragen, sondern auch sichtbar gelebt.« Der Ministerpräsident fühlte sich nicht als Täter, sondern als Opfer: »Es ist bekannt, dass ich deswegen erhebliche Nachteile in meinem Fortkommen seit meiner Studienzeit erfahren habe.« Wenig später entdeckte der *Spiegel* einen Aufsatz aus jenen Jahren, der keineswegs auf eine antinazistische Gesinnung schließen ließ. Als 21-jähriger Jurastudent hatte der spätere Politiker einen Artikel über die Strafrechtsreform von 1934/35 in einer katholischen Studentenzeitschrift veröffentlicht. Darin wimmelte es nur so von Begriffen nationalsozialistischer Diktion. Es war von »Blutsgemeinschaft«, »Schädlingen am Volksganzen« und »rassisch wertvollen Bestandteilen des deutschen Volkes« die Rede.

Der Politiker geriet immer stärker in die Defensive. Bezogen auf das Gröger-Urteil nannte Theo Sommer ihn in der *Zeit* einen »Als-ob-Nazi«: Er habe gehandelt, »als ob er Nazi gewesen wäre«. Sommers Schlussfolgerung: »Der Schein-Heiligenschein, der um Hans Filbingers Haupt liegt, verformt sich allmählich zur Schlinge … Dabei geht es längst nicht mehr um Justiziables, sondern nun doch, und von Tag zu Tag mehr, um die Frage, ob die Würde der Nation das Verbleiben des Ministerpräsidenten im Amt noch länger erträgt.« Auch aus Bonn kamen erste Rücktrittsforderungen. SPD-Präsidiumsmitglied Horst Ehmke, einige Jahre zuvor in der Guillaume-Affäre selbst zum Amtsverzicht aufgefordert, erklärte: »Wenn der Mann nur einen Funken Anstand hat, tritt er zurück.« Der CDU-Bundesvorsitzende Helmut Kohl gestand vor den Parteifreunden im Parteipräsidium ein: »Unangenehm, höchst unangenehm.«

Am 23. Mai erließ das Stuttgarter Landgericht eine einstweilige Verfügung. Hochhuth wurde untersagt zu behaupten, Filbinger »ist auf freiem Fuß nur dank des Schweigens derer, die ihn kannten«. Nach Ansicht der Richter hatte der einstige Marinerichter in den Fällen Paetzold und Gröger »im Rahmen des damals geltenden Rechts« gehandelt. Rechtsbeugung lag demnach nicht vor, und nur diese war in der Bundesrepublik strafrechtlich relevant. Sehr wohl jedoch durfte der Schriftsteller den Politiker weiter »Hitlers Marinerichter« und einen »furchtbaren Juristen« nennen. Diese Vorwürfe stellten nach Ansicht der Stuttgarter Richter keine »Behauptungen« dar, sondern zulässige Werturteile. Die Hauptverhandlung sollte am 13. Juni eröffnet werden, ein endgültiges Urteil wurde für Mitte Juli erwartet.

In der Zwischenzeit bemühten sich beide Seiten nach Kräften, be- beziehungsweise entlastendes Material aus Filbingers Vergangenheit zu finden. Wie einst Hans Globke präsentierte der Ministerpräsident nun Briefe von Leuten, denen er im Dritten Reich geholfen hatte. Die meisten Beweismittel waren die üblichen Persilscheine, die »große Zivilcourage« und eine »saubere Vergangenheit« attestierten. Doch der Ministerpräsident konnte auch mit einer gewichtigen Aussage eines katholischen Militärpfarrers aufwarten. Karl Heinz Möbius war 1944 wegen Wehrkraftzersetzung zum Tode verurteilt worden. Laut Möbius hatte Filbinger geholfen, die Exekution zu verzögern und damit dem Pastor das Leben gerettet. Der *Spiegel* überprüfte die Akten und meldete Zweifel an.

Die CDU stand zu diesem Zeitpunkt noch geschlossen hinter dem Ministerpräsidenten – zumindest in der Öffentlichkeit. Helmut Kohl nannte die Angriffe »eine neue Entnazifizierungskampagne«. CDU-Generalsekretär Heiner Geißler gab nach Rücksprache mit Kohl eine Ehrenerklärung für den südwestdeutschen Parteifreund ab. Seine »antinazistische Gesinnung« stehe außer Zweifel. »Weder rechtlich noch menschlich«, so Geißler, könne Filbinger ein Vorwurf gemacht werden. Die CSU vermutete hinter den Vorwürfen eine durchsichtige Verleumdungskampagne.

Völlig aus der Luft gegriffen erschien dies nicht: Hans Filbinger war für die Linken der 6oer und 7oer Jahre eine nationale Reizfigur. In allen wichtigen Fragen positionierte sich der im konservativen Südwesten erfolgreiche Landespolitiker am rechten Rand der Union. Den Wahlkampf 1976 führte er mit dem Slogan »Freiheit statt Sozialismus«, und bei seinen Auftritten ließ er Heino das Deutschlandlied singen. Filbinger kämpfte gegen den Abtreibungsparagrafen 218, den Grundlagenvertrag mit der DDR und die Abkommen mit Polen. Atomkraftgegnern setzte der Landesvater mit überharten Polizeieinsätzen zu. Der Radikalenerlass, der den Kommunisten den Weg in die Beamtenpositionen verbauen sollte, wurde in Baden-Württemberg besonders radikal praktiziert.

Dass die Schatten der NS-Vergangenheit Filbinger einholten, kam vielen Kritikern gerade recht. Damals »Zucht und Ordnung«, heute »law-and-order«: Das passte zusammen. Und das Puzzle fügte sich. Ein ehemaliger Kommilitone des Ministerpräsidenten berichtete dem *Stern*, Filbinger sei von 1935 bis 1937 in Freiburg als Mitglied des SA-Studentensturms in brauner Uniform aufgetreten. In den Zeitungen kursierte das Gerücht, er habe in der Marine noch an vier weiteren Todesurteilen mitgewirkt. Filbinger bestritt dies vor ZDF-Fernsehkameras vehement: »Null, null, eindeutig null.« Das sei die Aussicht auf weitere Todesurteile aus dem Archiv. Nach wie vor deutete er nicht die geringsten Selbstzweifel an. Vor dem Stuttgarter Landtag erklärte Filbinger, er habe als Marinerichter überall geholfen, »wo irgendeine Aussicht auf Hilfe war«, und dabei Menschen gerettet oder vor harter Strafe bewahrt. Dabei habe er selbst »Leib und Leben« riskiert.

Der Ministerpräsident, ein Held des alltäglichen Widerstands? Bei der Hauptverhandlung am 13. Juni blieben seine Anwälte – unter ihnen Josef Augstein, der Bruder des *Spiegel*-Herausgebers – bei ihrer formalistischen Argumentation. Filbinger habe im Fall Gröger nur weisungsgebunden die Todesstrafe beantragt und keine Möglichkeit gehabt, den Tod zu verhindern. Die Richter blieben bei ihrer vorläufigen Verfügung. Hochhuth durfte nicht behaupten, dass Filbinger hinter Gitter gehöre. Die Formulierungen »Hitlers Marinerichter« und »furchtbarer Jurist« werteten sie allerdings als zulässig. Die Argumente von Anklage und Verteidigung wurden in der Presse noch einmal breit diskutiert, dann flaute das Interesse an der Affäre ab. Filbinger verkündete beharrlich: »Ich werde in zwei Jahren wieder kandidieren.«

Das pathologisch schlechte Gedächtnis

Für den Juli verabschiedete sich der Hobbybergsteiger Filbinger zum Urlaub in das Engadin. Mit Rucksack, Dosenwurst und Wanderstiefeln suchte er Ruhe und Entspannung in der Natur. Am 4. Juli wurde die politische Sommerpause vom Norddeutschen Rundfunk jäh unterbrochen. Das Magazin Panorama berichtete im Fernsehen, dass Hans Filbinger am 17. April 1945 – also drei Wochen vor Kriegsende – als Richter ein Todesurteil gegen einen desertierten Steuermann verhängt hatte. Das Urteil konnte nicht vollstreckt werden, da dem Mann die Flucht nach Schweden gelungen war. Zögerlich bestätigte das Stuttgarter Staatsministerium die Meldung. In den kommenden Tagen wurden noch zwei weitere Todesurteile Filbingers gegen Deserteure bekannt. Auch sie wurden bestätigt, weitere Fälle jedoch ausgeschlossen.

Immer wieder hatte Filbinger seit Mai wiederholt: »Ich habe kein einziges Todesurteil selbst gefällt.« Trotz des Berichts in Panorama war er sich weiterhin keiner Schuld bewusst. In einem telefonischen Interview aus dem Engadin bezeichnete er die Urteile als »Phantomurteile« gegen Leute, die in Schweden bereits in Sicherheit waren: »Das war eine Quittung gewissermaßen für die, die bereits abgereist waren. Das Urteil hatte lediglich formalen Charakter und Abschreckungscharakter.« Wegen ihrer Bedeutungslosigkeit, erklärte Filbinger, habe er diese Dinge schon kurz nach Kriegsende vergessen: »So etwas muss sich nicht im Gedächtnis einprägen, das bleibt oben an.«

Ein Sturm der Empörung brach los. Egon Bahr fragte sich, »wie viele Todesurteile ein Mensch fällen muss, damit er sich an eins nicht mehr erinnert.« Die *Süddeutsche Zeitung* attestierte Filbinger analog zum »pathologisch guten Gewissen« ein »pathologisch schlechtes Gedächtnis«. Das der Münchener Redaktion lautete: »Seine aktenkundigen Lügen haben ihn nicht nur als Person, sondern vor allem als Ministerpräsidenten disqualifiziert. Er soll gehen – möglichst bald und möglichst schweigend.« Die *Zeit* nannte Filbinger jetzt einen »Phantom-Ministerpräsidenten«, und auch die CDU-nahe Presse ging immer mehr auf Distanz. Die *Welt* fürchtete um Wählerstimmen für die Union bei den anstehenden Landtagswahlen in Hessen und prophezeite: »Trotz der Nibelungen-Gymnastik der CDU sind die politischen Tage von Hans Filbinger selbstverständlich gezählt. Wahrscheinlich wird er im parlamentarischen Hochsommer, in der Zeit politischer Vergesslichkeit, in Stuttgart von Bord gehen.« Mit der Nibelungentreue gegenüber Filbinger war es ohnehin nicht mehr allzu weit her. Mitglieder der Jungen Union bekannten öffentlich: »Der Ministerpräsident ist nicht mehr haltbar.«

In den kommenden Tagen spitzten sich die Ereignisse weiter zu. Am 11. Juli gab das Bonner Innenministerium bekannt, bereits im Mai das Stuttgarter Staatsministerium über die beiden Urteile aus dem Panorama-Beitrag informiert zu haben. Somit war klar: Bei den Interviews aus dem Engadin hatte Filbinger seine Überraschung mit

Sicherheit vorgetäuscht, selbst wenn er sich bis zur Mitteilung des Innenministeriums tatsächlich an die Urteile von 1945 nicht mehr hatte erinnern können. Regierungssprecher Goll wies dies zurück. Lediglich eine missverständliche Strafverfahrensliste sei vom Innenministerium vorgelegt worden, in der die Urteile nicht als Todesurteile erkennbar gewesen wären. Am 13. Juli bestätigte das Landgericht endgültig die einstweilige Verfügung: »Furchtbarer Jurist« blieb als Aussage erlaubt, »auf freiem Fuß nur dank des Schweigens derer, die ihn kannten« blieb untersagt. Filbinger gab die Parole aus, die Vorwürfe gegen ihn seien jetzt »vom Tisch«. Anwalt Josef Augstein sah das anders: »Ein furchtbares Urteil von furchtbaren Juristen«, lautete seine Einschätzung. Auch die Presse wertete den Richterspruch durchgängig als Sieg des Schriftstellers. Der Leitartikel der *Frankfurter Allgemeinen Zeitung* trug die Überschrift: »Vor dem Fall.« Nun distanzierten sich auch führende CDU-Mitglieder von Filbinger, unter ihnen Richard von Weizsäcker und Alfred Dregger. 21 Berliner Unionsabgeordnete forderten offen seinen Rücktritt. Helmut Kohl nannte die Kritik an Filbinger plötzlich »verständlich«, da dieser einer möglichen »Mitwirkung als Richter an Todesurteilen nicht intensiver nachgegangen« sei. Dennoch erklärte der Parteivorsitzende sich weiter »solidarisch« und dementierte, dass auch in der CDU-Führung über einen Rücktritt diskutiert werde. In Baden-Württemberg schwor der stellvertretende Parteivorsitzende und Landesinnenminister Lothar Späth die Kreisvorsitzenden und Parteifunktionäre auf die Linie »kritische Solidarität« ein. Hinter den Kulissen handelte man Späth bereits als Nachfolger ...

Ofen aus

Ein weiteres Todesurteil aus dem Jahr 1943 läutete das Schlusskapitel der Affäre ein. Am 3. August teilte das Staatsministerium selbst mit, Filbinger habe bei einem Todesurteil gegen den 19-jährigen

Herbert Günter Krämer die Anklage vertreten. Der Matrose wurde beschuldigt, nach einem Bombenangriff in Kiel eine Drogerie geplündert zu haben. Die Beute bestand laut Gerichtsprotokoll aus »40 Filmpacks, 3 Schachteln Niveacreme, 2 Zahnbürsten, 2 Flaschen Kölnisch-Wasser, 2 Fläschchen Haaröl, einem Karton Gummischutzmittel und 5 Stück Einheitsseife und 5 Lippenstiften«. Diesmal wähnte sich Filbinger jedoch auf der sicheren Seite. Krämer war von dem Gericht begnadigt worden, und die Akten zeigten zweifelsfrei: Filbinger hatte die Umwandlung der Todesstrafe in eine Gefängnisstrafe von zehn Jahren beantragt und die Gründe dafür zusammengetragen. Im Revisionsverfahren erhielt Krämer dann acht Jahre, starb allerdings kurze Zeit später im Gefängnis an einer Lungenentzündung.

Hier war sein Beweis: Filbinger hatte »immer geholfen, wo er konnte«. Umso erstaunter war der Ministerpräsident, als auch dieser Fall zu seinen Ungunsten ausgelegt wurde. Die *Frankfurter Allgemeine Zeitung* beobachtete »Hektik und Konsterniertheit auf allen Ebenen«. Das Urteil gegen Krämer wurde am 17. August 1943 gefällt. Die Öffentlichkeit wähnte Filbinger zu diesem Zeitpunkt aber als Seeoffizier bei Minenräum- und Kleinkampfverbänden an der Polarfront. Bisher hatte Filbinger angegeben, erst im letzten Kriegsjahr »zeitweilig richterliche Funktionen« übernommen zu haben. Nun blieb auch von der kritischen Solidarität der Parteifreunde nicht mehr viel übrig. Lothar Späth bekannte: »Meine Erklärungskraft ist erschöpft.« Erwin Teufel, Fraktionsvorsitzender im Landtag und Filbinger politisch nahe stehend, resümierte: »Jetzt ist der Ofen aus.« In Bonn wurde Heiner Geißler Richtung Stuttgart in Marsch gesetzt, »um Schaden von der Partei abzuwenden«. Zusammen mit Späth, Teufel und dem Obmann der CDU-Landesgruppe im Bundestag, Manfred Wörner, sollte er »den Widerstand des selbst ernannten Widerstandskämpfers« (*Spiegel*) gegen einen Rücktritt brechen. Vorerst scheiterten die Bemühungen. Filbinger verglich sich nun mit Friedrich Ebert und Walter

Rathenau, denn auch er drohe, Opfer »eines Kesseltreibens« zu werden. Für Montag, den 7. August setzte Erwin Teufel eine Fraktionssitzung im Stuttgarter Landtag an.

Als sich um 10.15 Uhr Hans Filbinger mit viertelstündiger Verspätung durch das Heer von Journalisten kämpfte und den Sitzungssaal betrat, klatschten lediglich ein paar Getreue Beifall. Ansonsten herrschte peinliche Stille. Um 11.15 Uhr verließ der Abgeordnete Hermann Opferkuch schimpfend den Saal. »In diese Sitzung gehe ich nicht mehr!« Er galt als eine der letzten Stützen des Ministerpräsidenten. Um 12.30 Uhr tagte das CDU-Präsidium. Parallel berieten sich die baden-württembergischen Bundestagsabgeordneten unter Vorsitz von Manfred Wörner. Gegen 15.30 Uhr zogen sich Späth und Filbinger in ein Sekretariat zurück. Um 16 Uhr traten die beiden gemeinsam mit Wörner vor die Presse. Späth und Wörner sprachen viel von »ungebrochenem Respekt«, »Dank« und »Achtung«. Filbinger sprach von »schwerem Unrecht«, das ihm angetan worden sei – und schied tief verbittert aus seinem Amt.

Nach dem Rücktritt war kurzzeitig der Stuttgarter Oberbürgermeister Manfred Rommel als Nachfolger im Gespräch. Er galt als konservativ, liberal und humorvoll: so wie die Schwaben gerne wären, wenn sie mehr Zeit hätten. Das Rennen machte der wendige Managertyp Lothar Späth, der dreizehn Jahre später ebenfalls über einen Skandal stolperte. Wie Willy Brandt wollte Filbinger zunächst Parteivorsitzender bleiben. Binnen weniger Monate gab er jedoch alle politischen Ämter ab. Enttäuscht musste er einsehen, dass sein Ruf durch seinen zähen Kampf um den Machterhalt auch im eigenen Lager auf der Strecke geblieben war. In der Nähe seiner Heimatstadt Freiburg gründete er das konservative Studienzentrum Weikersheim. Dessen Aufgabe sollte es sein, die geistige und moralische Erneuerung in der Politik voranzubringen. Die Institution wurde oft als »rechte Kaderschmiede« kritisiert. Zeitlebens kämpfte Filbinger um seine politische Rehabilitation. 1987 stellte er sich in seinem Buch *Die geschmähte Generation* nochmals ausführlich als

Opfer einer »gelenkten Rufmordkampagne« dar. Ähnlich wie im Fall Globke habe die »linke Jagdgesellschaft« dabei die Unterstützung der DDR-Staatssicherheit erhalten. Nach der Wende hoffte Filbinger auf Beweise. Tatsächlich erwähnen die beiden ehemaligen Stasi-Offiziere Günter Bohnsack und Herbert Brehmer in ihrem Buch *Auftrag: Irreführung* beiläufig, dass in der Kampagne gegen Filbinger Hinweise auf Todesurteile lanciert wurden. Schon während des Verfahrens hatte Anwalt Josef Augstein vermutet, dass Hochhuth mit Informationen aus Ostberlin versorgt worden war. Es blieb aber ein gravierender Unterschied zum Fall Globke: Sämtliche Akten, die 1978 eine Rolle spielten, waren echt. Das bestritt nicht einmal Filbinger.

Filbingers Fall

»Eine Exekution vergessen, die Einzige angeblich, auf die man selbst angetragen und die man selbst geleitet hat? Stattdessen als wichtigste Entlastung auf Tonband sprechen, dass man die vier Wochen Stubenarrest eines Offizierskameraden in Freispruch umfeilschen konnte? Das hieß von unserer aufs Bequeme programmierten Öffentlichkeit denn doch zu viel verlangt.« So bewertete Rudolf Augstein Filbingers Fall. Unter den politischen Kommentatoren von links bis mitte-rechts bildete sich im Verlauf der sechs Monate währenden Affäre ein Konsens heraus. Filbinger scheiterte nicht an den Todesurteilen, an denen er als junger Marinerichter beteiligt gewesen war. Er scheiterte an seiner Uneinsichtigkeit. Er log und verbog seine normale deutschnationale Existenz zu der eines heimlichen Widerstandkämpfers. Dies führte zu einer kollektiven Allergiereaktion.

Die *Zeit* schrieb in der Woche nach dem Rücktritt: »Filbingers Schicksal bohrte in der Bevölkerung Tiefenschichten an, wie das bislang kein anderer Fall fertig gebracht hat.« Die »geschmähte

Generation« fand in Filbinger ihr biografisches Spiegelbild. Seine Erfahrungen im Dritten Reich deckten sich mit denen von Millionen: Er hatte halb dringesteckt, und das sicher mit schlechtem Gewissen. Später verdrängte er, belog sich selbst und andere. Hätte Filbinger im Frühjahr 1978 zugegeben: Ich habe damals aus Angst versagt, den »linken Hexenjägern« wäre ihr bestes Argument entrissen worden. Der Ministerpräsident erkannte nicht, dass er selbst sein größter Feind war. Eine Schuld gestand er höchstens in einem weit gefassten, theologischen Sinne ein: »Alle sind immer für alles verantwortlich.« Für Hannah Arendt diente die Behauptung von der Kollektivschuld vor allem als Fluchtmöglichkeit für die wirklich Schuldigen. Die 68er verankerten dies im kollektiven Gedächtnis. Globke kam in den 50er und frühen 60er Jahren mit seinem Schlingerkurs persönlicher Vergangenheitsbewältigung durch. Ende der 70er Jahre war das nicht mehr möglich.

In seiner Rücktrittserklärung räumte Filbinger taktische Fehler ein. Vielleicht sei es falsch gewesen, gegen Hochhuths Vorwürfe gerichtlich vorzugehen. Aus der Sicht des Schriftstellers hätte sich der Skandal nicht besser entwickeln können. Mit dem Ministerpräsidenten hatte dieser eine Person im Visier, der es an Feinden nicht mangelte. Für viele war der Name Filbinger ein Synonym für autoritäres Denken und politische Kompromisslosigkeit. Dies sorgte gleich zu Anfang der Affäre für ausreichende Aufmerksamkeit. Wann immer ein wenig Ruhe einzukehren drohte, förderten die Kolonnen von Rechercheuren – wahrscheinlich mit ostdeutscher Unterstützung – ein neues Todesurteil zutage. Hochhuth sonnte sich über Monate hinweg im Mittelpunkt der medialen Aufmerksamkeit und profitierte von der Naivität seines Gegners. Moralischer Empörung war mit juristischen Entlastungsdetails nicht beizukommen, auch wenn sie sich auf Akten stützte. Der Rücktritt von Hans Filbinger wäre wahrscheinlich mit einer einfachen Strategie vermeidbar gewesen. Alle Fakten schnell auf den Tisch, dann dem Ritual der Anklage ein Ritual der Reue entgegensetzen! Damit hätte auch der Gegenangriff eine Chance gehabt, Hochhuth als einen nach Auflage gierenden Moralapostel hinzustellen und den Skandal zur Schmutzkampagne zu degradieren. Zumindest im eigenen Lager wäre Filbinger die Unterstützung dann nicht versagt geblieben. In München stand nämlich Franz Josef Strauß Gewehr bei Fuß. Nach dem Rücktritt beklagte er, die Union habe sich dem Amtskollegen gegenüber nicht solidarisch genug verhalten. Hans Filbinger scheiterte nicht an seiner Vergangenheit, er scheiterte vielmehr daran, wie er mit ihr umging. Norbert Blüm, damals Vorsitzender der CDU-Sozialausschüsse, brachte es auf die Formel: »Die Selbstgerechten kann man nicht verteidigen.«

8

Die gekaufte Republik – Friedrich Karl Flick und die geistig-moralische Wende (1981)

»Jeder Anforderung gewachsen«, »zur Beförderung erheblich über Durchschnitt geeignet«, »seine Fähigkeit zu selbstständigem, vollverantwortlichem Handeln ist hervorzuheben«: An Lob von oben mangelte es Klaus Förster nie. 42 Jahre war der Sohn eines Bonner Richters im Jahr 1975 alt. Seine Beamtenkarriere im höheren Dienst hätte nicht besser verlaufen können: Assessor, Regierungsrat, Oberregierungsrat. Seit gut einem Jahr leitete er im Rang eines Regierungsdirektors die Steuerfahndung St. Augustin bei Bonn. Gesunde Familie, schmuckes Eigenheim, Tennisklub, Volvo und Gehaltsgruppe A15. Treu wählte Klaus Förster die CDU. Seine Welt war in Ordnung. Zumindest bis zum Beginn des Jahres 1975.

Ende Januar nahm ihn ein Skatbruder, von Beruf Staatsanwalt, im Gang des Justizgebäudes von St. Augustin zur Seite. Dem Staatsanwalt war ein Fall untergekommen, der für Förster interessant sein konnte. Ein gewisser Peter Müllenbach, Geschäftsführer der CDU-eigenen Union-Betriebs-GmbH und Träger des Bundesverdienstkreuzes, hatte einen windigen Anlageberater angezeigt. Müllenbach hatte dem Mann 110000 Mark anvertraut. Nun war das Geld einfach weg, und der Investor vermutete, dass sein Berater es nicht angelegt, sondern in die eigene Tasche gesteckt hatte. Der Staatsanwalt wiederum wunderte sich, weshalb ein kleiner Geschäftsführer 110000 Mark für ein riskantes Spekulationsgeschäft übrig hatte. Woher kam das Geld? Die Steuerfahndung sollte sich die Sache doch einmal anschauen. Schließlich konnte es sich um Schwarzgeld handeln.

Wenige Tage später landete die Akte Müllenbach auf Försters Schreibtisch. Der Regierungsdirektor verspürte wenig Lust, sich des Routinefalls ernsthaft anzunehmen. Er verpasste Peter Müllenbach das Aktenzeichen S 1603 B – 66/75 und delegierte den Fall nach unten. Auch die beiden beauftragten Beamten, Steueroberinspektor Dieter Frohn und Steuerrat Heinz Buchholz, zeigten nur begrenztes Interesse an zusätzlicher Arbeit. Sie beschlossen, mal telefonisch bei Müllenbach nachzufragen. Eine schlüssige Ausrede hätte wohl ausgereicht, und der Fall wäre erledigt gewesen. Doch bei dem überraschenden Anruf zeigte sich der Geschäftsführer im Dienste der Christlich Demokratischen Union ausgesprochen nervös. Warum interessierte sich plötzlich die Steuerfahndung für seine verschollenen Tausender? Verwirrt faselte er, das Geld habe gar nicht ihm gehört, sondern einem Verwandten. Nun wurden die Beamten hellhörig. Eine Nachfrage ergab: Der besagte Verwandte wusste nichts von dem Geld. Das alles brauchte freilich seine Zeit. Am 6. Oktober, also gut sieben Monate nach dem ersten Hinweis, besorgten sich die beiden Steuerfahnder eine Durchsuchungserlaubnis für die Wohnung und das Büro von Müllenbach. Weitere sechs Wochen später schlugen sie zu. Dabei fiel ihnen ein unscheinbarer Ordner mit der Aufschrift »EU« in die Hände. Am nächsten Morgen betraten Frohn und Buchholz mit einem stolzen Grinsen das Büro ihres Chefs und überreichten den Fund. Bereits nach oberflächlicher Durchsicht wusste Förster: »Wir haben voll reingefasst.«

Das Kürzel »EU« stand für »Europäische Unternehmensberatungsanstalt«, eine Firma mit Sitz im Steuerparadies Liechtenstein. Im Verwaltungsrat der dubiosen »EU« saßen Prinz Emanuel von und zu Liechtenstein und ein Konsul der Republik El Salvador namens Franz Gstöhl. Peter Müllenbach fungierte im Unternehmen als »Solidarbürge«. Von dieser Berufsbezeichnung hatte Steuerfahnder Förster noch nie etwas gehört, mit dem Inhalt der Akte konnte er schon mehr anfangen. Säuberlich waren Rechnungen der Europäischen Unternehmensberatungsanstalt an 140 deutsche Unternehmen abgeheftet. Diese hatten der Liechtensteiner Firma satte Beträge für obskure Gutachten überwiesen. Allein in den Jahren 1972 bis 1974 hatte die »EU« 1,6 Millionen Mark kassiert und diese zum großen Teil direkt zurück zu Müllenbach nach Bonn geschickt. Je länger Förster im Ordner blätterte, desto stärker verdichtete sich sein Verdacht: Hier wurde im großen Stil Geld gewaschen. Die Kundenliste der Briefkastenfirma in Liechtenstein führte die großen Namen der deutschen Wirtschaft: Daimler-Benz, Mannesmann, Siemens, Volkswagen, Karstadt, Deutsche Babcock, Deutsche Castrol, Deutsche Olivetti. Von Underberg bis Melitta, von Edeka bis zur Dortmunder Actien-Brauerei: Kaum ein wichtiges Unternehmen schien auf die Gutachten der »EU« verzichten zu können. Das Verfahren war so dreist wie simpel. Die Unternehmen setzten fünf- und sechsstellige »Honorare« für ein paar Seiten stümperhaft zusammenkopierter »Gutachten« als Betriebsausgaben von der Steuer ab, die CDU füllte über parteieigene Firmen still ihre Kassen – und beide Seiten brachen das Gesetz. Spenden an Parteien sind in Deutschland grundsätzlich an zwei Bedingungen geknüpft. Die Zuwendungen müssen zum einen aus versteuertem Einkommen stammen, zum anderen müssen Beträge von über 10 000 Euro öffentlich ausgewiesen werden.

Bei einem Fall von solchem Gewicht war es für Klaus Förster selbstverständlich, seine Vorgesetzten zu informieren. Er setzte einen Bericht für die Oberfinanzdirektion in Köln auf. Darin hieß es: »Aus den in dem beschlagnahmten Ordner befindlichen Prüfberichten des Wirtschaftsprüfers Dr. W. Hinzen, Düren, für die Jahre 1972 bis 1974 ergibt sich, dass die vorgenannte liechtensteinische Anstalt … erhebliche Einnahmen aus offensichtlich finanzstarken Kreisen erhalten hat. Dabei handelt es sich zumeist um auf tausend DM abgerundete Beträge, deren höchster sich immerhin auf genau 200 000 DM beläuft.« Die Summen seien für Gutachten kassiert worden, die »auch nicht annähernd den für sie bezahlten Preis wert sind«. Streng genommen war Letzteres bisher nur eine Vermutung, die Schriftstücke selbst hatte Förster schließlich noch nicht gesehen. Doch die Indizien sprachen eine deutliche Sprache. Für gleiche Gutachten hatten verschiedene Firmen völlig unterschiedliche Preise gezahlt. Zudem schien die Kleinstanstalt in den Alpen allwissend: Die Bekleidungsfirma Hettlage in München informierte sie angeblich über die »Wirkung von Farben«, Blendax brachte sie die »Problematik ausländischer Arbeitnehmer in der Bundesrepublik Deutschland« näher. Für den Küchenhersteller Poggenpohl recherchierte die »EU« über die »Absatzmöglichkeiten für die moderne Küche im südeuropäischen Raum«. Eine gewisse Selbstironie konnte man dem deutsch-liechtensteinischen Unternehmen nicht absprechen. Auch ein Gutachten über »Die steuerliche Behandlung von Schmiergeldzahlungen im In- und Ausland nach dem Steuerrecht der Bundesrepublik« hatte sie im Programm. Die wichtigste Entdeckung setzte Förster an den Schluss seines Berichtes. Aus dem beschlagnahmten Ordner gehe hervor, »dass der größte Teil der von der EU vereinnahmten Entgelte an die Organisationen einer großen deutschen Partei weitergeleitet worden sind«. Försters Schlussfolgerung: »Eine Art Parteifinanzierung unter Verletzung zumindest steuerrechtlicher Vorschriften.«

Der Steuerfahnder konnte zu diesem Zeitpunkt noch nicht wissen, wie genau er ins Schwarze getroffen hatte. Mit Müllenbachs »EU«-Ordner entdeckten die Steuerbeamten aus St. Augustin den äußersten Rand eines Spendensumpfes, wie ihn seinerzeit auch studentische Diskussionszirkel der Fachbereiche Soziologie und Politologie wohl nur in Panama oder vielleicht noch in Italien für möglich gehalten hätten. In den kommenden neun Jahren sollten Heere von Staatsanwälten rund 1 800 Ermittlungsverfahren gegen Unternehmer und Politiker eröffnen. Ein Topmanager der deutschen Industrie, ein Wirtschaftsminister, ein Vorstandssprecher und früherer Wirtschaftsminister sowie ein Bundestagspräsident mussten im Verlauf der Affäre ihren Hut nehmen.

Die *Zeit* fasste zusammen: »Es handelt sich um das Beispiel des bislang massivsten Unternehmens zur Korrumpierung von Staats- und Mandatsträgern seit Bestehen der Bundesrepublik.« Aufseiten der Wirtschaft tat sich beim Spiel »Weisung durch Überweisung« der Unternehmer Friedrich Karl Flick besonders hervor. Er wurde zum Namenspaten der Affäre, wenn auch relativ spät. Es dauerte lange, bis der Bonner Spendensumpf weitgehend kartografiert war. Der Hauptgrund für die Verzögerung lag darin, dass die beamteten Ermittler von der Politik systematisch an ihrer Arbeit gehindert wurden. Das erste Opfer politischer Obstruktion wurde derjenige, der die Lawine ins Rollen brachte: Klaus Förster.

Der »O«, § 258a und der Edeka-Stammtisch

Zu seiner großen Überraschung wurde Steuerfahnder Förster vom Präsidenten der Oberfinanzdirektion Köln, Hermann Mersmann, hausintern »der O« genannt, angewiesen, »in dieser Sache vorerst keine Fahndungsmaßnahmen einzuleiten«. Später kam heraus, dass der Fall Müllenbach längst ganz oben gelandet war, und zwar beim nordrhein-westfälischen Finanzminister Friedrich Halstenberg (SPD) und bei CDU-Schatzmeister Walther Leisler Kiep. Auch der sozialdemokratische Ministerpräsident Heinz Kühn war informiert worden. Die Genossen sicherten Kiep zu, sich mit Förster zu einigen, ohne großes Aufsehen zu erregen. Im Herbst 1976 standen Bundestagswahlen an, Helmut Kohl forderte erstmals Bundeskanzler Schmidt heraus. Sollte die Öffentlichkeit von den illegalen Parteispenden Wind bekommen, drohte der Union ein Debakel. Um fünf bis zehn Prozent, so schätzte Kiep, würden die Christdemokraten einbrechen. Warum ausgerechnet die sozialdemokratische Landesregierung in Düsseldorf so viel Verständnis für die vorgetragenen Ängste zeigte, konnten damals nur Insider wissen: Die SPD füllte ihre chronisch leere Parteikasse mit wertlosen Postillen, die sie für gutes Geld an steuersparende Gönner verschacherte. Beim Parteiorgan *Vorwärts* pflegte man eine besonders unaufwändige Methode der Finanzbeschaffung. Das Blatt schrieb Rechnungen für Anzeigen, die nie erschienen.

Mit der Rückendeckung der nordrhein-westfälischen Landesregierung hetzte die CDU ihre besten Winkeladvokaten auf Klaus Förster: den Kölner Steueranwalt und trickreichen Parteilobbyisten Günther Felix, den Wirtschaftsprüfer Horst Weyrauch und den CDU-Generalbevollmächtigten Uwe Lüthje. Mal drohten, mal schmeichelten sie, ihr Ziel behielten die drei aber immer fest im Auge. Zumindest bis zur Bundestagswahl wollten sie weitere Ermittlungen verhindern. Felix unterbreitete der Steuerfahndung in St. Augustin folgendes Angebot: Die Europäische Unternehmensberatungsanstalt würde alle Gewinne nachträglich nach deutschem Recht versteuern. Müllenbach und die Union-Betriebs-GmbH sollten zur Rechenschaft gezogen werden. Im Gegenzug müsste Förster anerkennen, dass die Gutachten ihr Geld wert waren und zusichern, die »Kunden« der »EU« nicht weiter zu verfolgen. Das Vergehen illegaler Parteienfinanzierung sollte so zu einem zweitrangigen Steuerfall degradiert und ad acta gelegt werden. Förster blieb hart. Für ihn war die Rechtslage klar. Die Firmen hatten, angestiftet durch die CDU, Steuern hinterzogen. Gegen die Weisung seines Chefs, die Ermittlungen ruhen zu lassen, legte der Beamte schriftlich Beschwerde ein. Präsident Mersmann sah darin einen Vertrauensbruch und riet Förster, sich umgehend fortzubilden. Unverhohlen drohte »der O« mit Versetzung. Der stete berufliche Aufstieg von Regierungsdirektor Förster war damit jäh gebremst. Die Kollegen munkelten: »Ein Fall für den Edeka-Stammtisch – Ende der Karriere erreicht.« Sie behielten Recht. 1980 wurde Förster strafversetzt. Drei Jahre später quittierte er frustriert den Staatsdienst, wechselte die Fronten und ließ sich als Steueranwalt nieder. Vorher allerdings sorgte er dafür, dass der größte deutsche Korruptionsskandal nicht versandete.

Der gelernte Jurist ging zum Frontalangriff über. Nach Rücksprache mit einem befreundeten Strafverteidiger teilte er seinem Chef mit, dass die Untätigkeit der Behörde laut § 258a des Strafgesetzbuches den Tatbestand der »Strafvereitelung« im Amt erfülle. Nun erkannte Mersmann den Ernst der Lage. Der Querulant aus St. Augustin war zur Selbstanzeige bereit, was umgehend die Ermittlungen der Staatsanwaltschaft zur Folge haben würde. Auf dem kurzen Dienstweg zog Mersmann den Kölner Generalstaatsanwalt Werner Pfromm zurate. Offen erklärte er ihm die Lage und hoffte auf Absolution. Schließlich kam der Druck ja aus dem Düsseldorfer Finanzministerium. Pfromm wehrte den Klüngelversuch ab und forderte bei Förster umgehend die Akten des Falls »EU« an. Nach der Durchsicht beschloss die Kölner Staatsanwaltschaft, ihrerseits die Ermittlungen aufzunehmen. Der Versuch, die Affäre im Keim zu ersticken, war endgültig gescheitert.

Eine Sekretärin packt aus

In den kommenden Jahren leiteten Steuerfahnder und Staatsanwälte in der ganzen Republik Ermittlungen gegen Firmen ein, die auf der »EU«-Liste standen. Viele der Verfahren verliefen im Sande. Hier eine Verurteilung, die wenig Aufsehen erregte, dort ein Fall, der wegen Verjährung eingestellt wurde. Gelegentlich half auch politischer Druck auf die entsprechenden Justizbeamten, die Sache in Vergessenheit geraten zu lassen. Kurzum: Der Skandal zerfaserte, bis er fast unsichtbar war. Die CDU hatte dennoch ein Problem: Sie war als einzige Partei ins Visier der Justiz geraten, obgleich deren Finanzexperten wussten, dass sie nicht als Einzige gesündigt hatten. Die Task Force um Steuerfachmann Günther Felix entschied, in die Offensive zu gehen. SPD und FDP mussten ebenfalls an den Pranger. Schadensbegrenzung durch Schadenserweiterung lautete die Devise. Wieder wurden Kieps Männer fürs Grobe tätig. Von dem

Bonner Waffenhändler Gerhard Georg Mertins erfuhr Felix, dass eine gewisse Gertrud Rech, die langjährige Sekretärin des Schatzmeisters der nordrhein-westfälischen FDP Hans Gattermann, kürzlich von ihrer Partei gefeuert worden war. Nun stand sie mit 300 000 Mark Schulden da und wusste weder ein noch aus. Die Vorzimmerdame hatte viel zu erzählen, wie Felix hörte, denn sie spielte selbst mit im Parteispendenroulette. Waffenhändler Mertins half sie dabei, Exportgenehmigungen für Rüstungslieferungen in den Nahen Osten zu beschaffen. Als Gegenleistung erhielt sie bündelweise Bargeld, das sie auf den Konten ihrer Töchter parkte. Bei einer Steuerprüfung flog Gertrud Rech auf. Mertins wiederum war nach eigener Darstellung von der FDP bei einem Deal »Spenden gegen Exportgenehmigung« geprellt worden und zeigte sich nun bereit alles zu tun, was der Partei schaden könnte. In der Villa des Waffenhändlers setzte man sich in trauter Runde zusammen. Felix schlug der Ex-Sekretärin ein Geschäft vor: Sie sollte einem Notar von den illegalen Transaktionen der FDP berichten. Im Gegenzug würde man über eine eigens gegründete Scheinfirma ihre Steuerschuld begleichen. Rech war einverstanden. Zwei Tage lang erzählte sie einem Bonner Notar im Rahmen einer eidesstattlichen Versicherung, wie die Freidemokraten ihre Parteikasse füllten. CDU-Agent Felix leitete die Aussage der Sekretärin in Form einer Strafanzeige an die Bonner Staatsanwaltschaft weiter.

Vier Jahre lang gingen die Ermittlungen nur mühsam voran, jetzt packte erstmals eine Kronzeugin aus! Die Staatsanwälte besaßen keinen Grund daran zu zweifeln, dass sie die Wahrheit sagte. Rechs Angaben deckten sich mit den Dokumenten, die die Steuerfahnder bei ihr beschlagnahmt hatten. Im Zuge der Ermittlungen gegen die FDP tauchte immer wieder der Name von Gattermanns Vorgänger im Amt des FDP-Schatzmeisters in Nordrhein-Westfalen auf: Otto Graf Lambsdorff, inzwischen Bundeswirtschaftsminister. Nach und nach wurde deutlich, dass der clevere Edelmann ein ganzes System von Geldwaschanlagen geschaffen hatte, dessen Ausläufer bis nach Florida und in die Türkei reichten. Meistens handelte es sich um gemeinnützige (Schein-)Vereine wie die »Vereinigung zur Förderung der freien Marktwirtschaft e. V.« oder die »Deutsche Gruppe der Liberalen Internationalen und der Liberalen Bewegung für ein Vereintes Europa e. V.« Diese durften steuerabzugsfähige Quittungen ausstellen und leiteten ihre Spenden über Auslandskonten in die FDP-Kassen. Und noch ein weiterer Name rückte ins Blickfeld der Staatsanwälte, der in den Zeitungen nun immer häufiger zu lesen war: Eberhard von Brauchitsch, der Generalbevollmächtigte des größten deutschen Privatunternehmers Friedrich Karl Flick. Zur gleichen Zeit geriet der Flick-Konzern mit Hauptsitz in Düsseldorf ins Visier von Klaus Förster in Sankt Augustin.

Aus 10 mach 13 – Rechenspiele im Kloster

Gott schätzt »einen fröhlichen Geber«, heißt es im Brief des Apostels Paulus an die Korinther. In St. Augustin war Anfang 1980 für Spenden noch immer Klaus Förster zuständig, zumindest wenn ein Verdacht auf Steuerhinterziehung bestand. Dass es bei dem ungewöhnlich hohen Spendenaufkommen der Mönche der Steyler Mission St. Augustin nicht ausschließlich mit irdischer Gerechtigkeit zugehen konnte, lag auf der Hand. Viele der Spender waren aus der Kirche ausgetreten. Warum sollten sie ausgerechnet ein katholisches Missionswerk großzügig unterstützen? Auffällig war, dass fast alle Spender den gleichen Steuerberater konsultierten. Förster setzte seine Leute auf die Spender an, um ihre altruistischen Motive zu ergründen. Eine Apothekerin gab ohne Umschweife zu, sie habe für eine Spende von 1 000 Mark eine Spendenquittung in Höhe von 5 000 Mark erhalten, die sie dann von der Steuer absetzte. Damit sparte sie steuerlich weit mehr als 1 000 Mark. Ein klarer Fall von Steuerhinterziehung. Bei einer Dienstbesprechung erklärte Förster: »Da hilft alles nichts, wir müssen ins Kloster.«

Keinen Steinwurf vom Justizgebäude entfernt lag die Steyler Mission in St. Augustin. Bei der Durchsuchung des Ordens hüllte sich Pater Josef Schröder, als Prokurator fürs Weltliche des Klosters verantwortlich, in eisernes Schweigen. Kurze Zeit später setzte er sich zu den Ordensbrüdern in die Schweiz ab. In seinem Büro fanden die Beamten die Telefonnummer von Rudolf Diehl, Flicks Chefbuchhalter. Aus beschlagnahmten Büchern des Ordens ging hervor, dass der Flick-Konzern den Fratres über Jahre hinweg Spenden in Millionenhöhe zukommen ließ. Am 23. Januar 1980 betrat Förster unangemeldet das Düsseldorfer Büro von Diehl. Offenbar vorgewarnt, sortierte dieser gerade Papiere, die das gesamte Spendenvolumen seines Konzerns an die St. Augustiner Missionare dokumentierten. Innerhalb von zehn Jahren hatte Flick zehn Millionen gespendet, pro Jahr eine Million. Förster beschlagnahmte die Papiere und wollte abziehen, da steckte ein Flick-Mitarbeiter den Kopf durch die Tür. Eberhard von Brauchitsch würde sich freuen, sich kurz mit den Herren Finanzbeamten zu unterhalten. Im Plauderton erkundigte sich der Chefmanager, ob er nicht irgendwie helfen könne, obwohl er ja eigentlich mit dem Vorgang »Steyler Mission« nichts zu tun habe. Dieser fiele nämlich noch in die Zeit seines Vorgängers Konrad Kaletsch zurück, der mittlerweile verstorben sei. Bevor die Beamten das Zimmer verließen, wies von Brauchitsch ironisch auf den Panzerschrank: »Wenn noch ein Verdacht vorliegt, tun Sie sich keinen Zwang an.«

Derweil ging Pater Schröder im Schweizer Exil in sich und gab seinem schlechten Gewissen nach. Unter Zusicherung freien Geleits legte er im deutschen Grenzstädtchen Lörrach ein umfassendes Geständnis ab. Von jeder Million, die Flick überwies, transferierte er 800 000 Mark auf ein Schweizer Nummernkonto. Dann schmuggelte der Geistliche das Geld in bar zurück nach Deutschland und übergab es Buchhalter Diehl. Von zehn Millionen Mark erhielt die Flick KG heimlich acht Millionen zurück. Spenden in Höhe von zehn Millionen Mark bedeuteten für den Konzern eine Steuerersparnis von rund fünf Millionen. Abzüglich der zwei Millionen für die Missionare wurden aus 10 Millionen auf diese Weise 13 Millionen. Die Ordensbrüder erfreuten sich still ihres Mammons, und Flick füllte auf Kosten des Fiskus seine schwarzen Kassen. Ein zweiter Besuch in Diehls Büro gab Aufschluss darüber, wofür die Firma so viel Schwarzgeld brauchte.

FKF wg. alle

Während mehrere Steuerermittler am 4. November 1981 Diehls Aktenschränke durchsuchten, klingelte das Telefon. Von Brauchitsch erkundigte sich, wie die Überprüfung verlaufe. Schuldbewusst stotterte Diehl, es habe sich nicht verhindern lassen, dass »die Aktentasche« gefunden wurde. Darin lagerten neben ein paar Heftern und Briefumschlägen drei Schlüsselpaare. Als die Fahnder die zugehörigen Schließfächer in einer Düsseldorfer Filiale der Dresdener Bank öffneten, verstanden sie die Nervosität des Buchhalters. Dieses Mal hatte die Staatsanwaltschaft wirklich »voll reingefasst«: In den Fächern lag die inoffizielle »Gehaltsliste« der Flick-KG. Aus einem Skandal über illegale Parteispenden und Geldwaschanlagen wurde damit die Flick-Affäre. Mit Ausnahme der Grünen fanden sich große Namen aus allen Parteien im Schwarzbuch des Konzerns. Etwas seltsam mutete an, dass Diehl alle Spenden mit dem Kürzel »wg.« für »wegen« zuordnete. Die Überbringer des Geldes waren ebenfalls mit Abkürzungen benannt, zum Beispiel »Ka.« für Kaletsch oder »v. B.« für von Brauchitsch. Auszugsweise las sich die »wg.-Liste« so: »4.2.1975 Ka. wg. Brandt 50000.–, 12.7.76 Dr. FKF wg. F.J.S. 250000.–, 10.5.77 v.B. wg. Kohl 50000.–, 6.12.77 v.B. wg. Graf Lambsdorff 30000.–.« Mit einem Blick wurde der Staatsanwaltschaft klar: Friedrich Karl Flick hatte sie alle großzügig bedacht. Am 11. November statteten die Steuerfahnder der Flick-Zentrale erneut einen unangekündigten Besuch ab. Sie beschlagnahmten 100 Ordner und 150 Spendenhefte. Als das Ausmaß der illegalen Parteispenden langsam sichtbar wurde, rückte die Frage nach dem »Wofür« in den Mittelpunkt des Interesses. Welche Gegenleistung hatte Flick für die Spenden erhalten? Ein Verdacht stand schnell im Raum. Flick waren in den 70er Jahren rund eine Milliarde Mark an Steuern erlassen worden, was bereits damals im Bundestag und in der Öffentlichkeit zu heftigen Kontroversen führte.

Im Januar 1975 wollte der Privatunternehmer seine Anteile an Daimler-Benz abstoßen. Flick hielt zu diesem Zeitpunkt 39 Prozent des Stuttgarter Unternehmens. Deutschlandfreund Schah Reza Pahlewi bot ihm für das Paket rund drei Milliarden Mark. Die Summe lag damit 20 Prozent über dem aktuellen Aktienkurs. Die Deutsche Bank, selbst zu 28,5 Prozent an Daimler beteiligt, wollte den Deal verhindern und wandte sich an Bundeskanzler Helmut Schmidt. 14 Prozent des Daimler-Firmenkapitals gehörten bereits den Kuwaitis, so monierten die Frankfurter Banker. Sollten sich die Ölscheichs verbünden, hätten sie bei Deutschlands feinster Industrieadresse das Sagen. Der Ölpreisschock vom Herbst 1973 saß noch tief. Schmidt sicherte moralische und politische Rückendeckung zu. Schließlich bot die Deutsche Bank für 29 Prozent der Aktien den stolzen Betrag von zwei Milliarden Mark. Flick willigte ein, der Abgesandte des Schahs reiste enttäuscht zurück nach Teheran.

Von dem Verkaufserlös standen dem deutschen Fiskus eigentlich rund 50 Prozent zu, doch Flicks Steuerberater machten ein Schlupfloch aus. Sie beabsichtigten, die Summe zur »Umstrukturierung des Konzerns« zu nutzen. Laut § 6b des Einkommensteuergesetzes und § 4 des Auslandsinvestitionsgesetzes konnten Unternehmergewinne damals von der Steuer befreit werden, wenn sie »volkswirtschaftlich besonders förderungswürdig« investiert wurden. Über die Steuerbefreiung entschied das Wirtschaftsministerium »im Benehmen« mit dem Finanzministerium. Das Problematische dabei: »Volkswirtschaftlich förderungswürdig« ist ein unbestimmter Rechtsbegriff. Die Entscheidung über »würdig« oder »unwürdig«

hängt von zahlreichen subjektiven Einschätzungen ab. Unter den linken Sozialdemokraten regte sich schnell Widerstand. Milliardenschwere Steuergeschenke an den reichsten Mann Deutschlands? Dafür waren sie nicht angetreten! Das Thema hatte Skandalpotenzial, und die linke Presse begann zu trommeln. Der Bundeskanzler erklärte sicherheitshalber, weder an Flick noch an die Deutsche Bank seien steuerliche Zusagen gemacht worden. Flick wurde schnell klar, dass eine Steuerbefreiung nicht ohne weiteres zu haben war. Für Probleme war im Konzern Eberhard von Brauchitsch zuständig. Der wurde umgehend tätig.

Die gepflegte Landschaft

Friedrich Karl Flick besuchte nur selten seine Düsseldorfer Konzernzentrale. Über wichtige Entscheidungen ließ er sich jedoch umgehend informieren, egal ob er gerade in Afrika auf Safari war, in Österreich in seiner Jagdhütte weilte oder am Münchener Hauptwohnsitz den Freuden des großbürgerlichen Luxuslebens nachging. Das operative Geschäft hatte er an seinen Sandkastenfreund Eberhard von Brauchitsch delegiert. Als Generalbevollmächtigter des größten deutschen Privatunternehmens gehörte von Brauchitsch zu den herausragenden Figuren unter Deutschlands Managern. 1,96 Meter groß und zwei Zentner schwer, saß der ehemalige Amateurboxer in zahlreichen Aufsichtsräten wichtiger Unternehmen. Erdrückendes Selbstbewusstsein und lässiger Umgangston vermittelten den Eindruck, dass so wohl ein Mann von Welt beschaffen sein musste. Tischreden kreisten beim Majordomus Flicks gerne um »Pflichtbewusstsein«, »anständige Gesinnung« und »Leistungsfähigkeit der Marktwirtschaft«. Für den basisdemokratischen Zeitgeist der 70er Jahre hatte von Brauchitsch umso weniger übrig: »Ein demokratischer Staat kann nur leben, wenn die paar, die sich für Führungsaufgaben fähig fühlen, sich auch engagieren.« Sein Engagement für die Demokratie war vielfältig. Er beriet den Bundeskanzler und verfügte über hervorragende Kontakte zu FPD und Union. Wirtschaftsminister Hans Friderichs sicherte seinem Duzfreund Eberhard zu, »zu jeder Tages- und Nachtzeit zur Verfügung zu stehen«. Mit Helmut Kohl war er seit Anfang der 70er Jahre in engem Kontakt, als dieser noch Ministerpräsident von Rheinland-Pfalz war. Oft verabredeten sich die beiden nach Dienstschluss in Kohls Büro und »gingen dann in die geschmackvoll bescheidene Weinprobierstube in der Staatskanzlei, wo Kohl immer einen guten Tropfen und eine Brotzeit bereithielt«. Das Verhältnis zu »den Herren in Bonn« war laut von Brauchitsch generell von »wechselseitigem Respekt« geprägt. Dies bringe mit sich, »dass wir uns gegenseitig zuhören, um zu überlegen, wie man aus der Kompetenz des anderen für die eigene Arbeit Nutzen ziehen kann«.

Sein Vorgänger Kaletsch hatte es offenbar ähnlich gehalten. Am 13. Januar 1975 schlossen Flick und die Deutsche Bank ihren Deal über den Verkauf der Daimler-Anteile. Am 4. Februar notierte Chefbuchhalter Diehl in sein schwarzes Kassenbuch: »Ka. *(Kaletsch)* wg. Brandt 100 000.–, Ka. wg. Kohl ü. V. B. 50 000.–, Ka. wg. Dr. Friderichs 50 000.–, Ka. wg. Scheel 100 000.–.« Die Friedrich-Ebert-Stiftung erhielt aus Flicks schwarzer Kasse auf einen Schlag 250 000 Mark. Dies war umso auffälliger, da die SPD-nahe Institution bis dahin mit mageren 10 000 Mark bedacht worden war, und das Mitte der 60er Jahre. Für Strippenzieher von Brauchitsch war klar, dass der größte Widerstand gegen eine Steuerbefreiung des Aktiengewinns vonseiten der Bonner SPD-Fraktion drohte. Zur Beobachtung der linken Störenfriede wie die Abgeordneten Rolf Böhme und Dieter Spöri engagierte er eigens den SPD-nahen Journalisten Günter Markscheffel, der fortan für 3 000 Mark Monatsgehalt der Flick-Zentrale Bericht erstattete. Im Oktober 1975 suchten die Gegner der Steuerbefreiung in der Fraktion nach einer Mehrheit, den Paragrafen 6b des Einkommenssteuergesetzes vollständig abzuschaffen. Nachdem der Versuch der Parteilinken scheiterte, meldete Markscheffel erleichtert: »So, lieber Herr von Brauchitsch. Ich denke, dass die Kuh jetzt vom Eis ist. Fragen Sie aber nicht, wen ich in den letzten Tagen beackern musste.«

Bei der Union bedurfte es offenbar nicht ganz so großer Anstrengung. Am 20. November, just an dem Tag, an dem der St. Augustiner Steuerfahndung der »EU«-Ordner in die Hände fiel, schaute Eberhard von Brauchitsch mal wieder bei seinem Freund Helmut Kohl in Mainz vorbei. In seinem Notizbuch, das später beschlagnahmt wurde, hielt Flicks Statthalter fest: »6b. Kohl schlägt vor, dass er für die Partei und Carstens/Stücklen für die Fraktion sicherstellen, dass nicht von links-CDU/CSU-Seite das 6b-Thema politisch für uns negativ emotionalisiert wird. Im Übrigen schlägt Kohl vor, eine Auswahl interessierter und gefährlicher CDU/CSU-Abgeordneter zu einem parlamentarischen Abend nach Bonn einzuladen und ihnen über Überlegungen des Hauses Flick – im Besonderen in der Angelegenheit 6b – Bericht zu erstatten.« Am gleichen Tag notierte Buchhalter Diehl im Schwarzbuch: »wg. Kohl 50 000.–.«

Der politische Boden war bereitet. In den kommenden Jahren genehmigten die SPD-Finanzminister Hans Apel und Hans Matthöfer auf Empfehlung ihrer FPD-Kollegen im Wirtschaftsministerium Flick die steuerfreie Reinvestition von über zwei Dritteln seiner Daimler-Erlöse. Dabei sparte der Unternehmer rund 840 Millionen Mark. Der erste »Geleitzug«, wie von Brauchitsch die Anträge auf Steuerbefreiung nannte, wurde unter Wirtschaftsminister Hans Friderichs aufs Gleis gesetzt. Friderichs befürwortete nicht nur Investitionen im Wert von 150 Millionen Mark bei den zum Flick-Konzern gehörenden Fabriken von Dynamit Nobel und Buderus. Er hielt auch den Kauf von Aktien beim US-Chemiekonzern Grace im Wert von 250 Millionen Mark für »volkswirtschaftlich besonders förderungswürdig«. Lediglich einen kleineren Antrag auf Aktienzukauf für Dynamit Nobel im Wert von 80 Millionen Mark lehnte der Wirtschaftsminister ab, womit die Steuerberater Flicks aber ohnehin gerechnet hatten. Zeitgleich zum Antragsverfahren nahm von Brauchitsch öfter mit Friderichs Kontakt auf. In einer beschlagnahmten Notiz des Managers hieß es: »Friderichs hat mir erneut bestätigt, dass er alsbald mit mir zusammentreffen wird, um unter vier Augen zu erörtern, welche flankierenden Maßnahmen wir insbesondere beim Bundesfinanzministerium einleiten können.« In Diehls Spendenliste fand Friderichs derweil immer häufiger Erwähnung.

»Flankierend« bat von Brauchitsch den Schatzmeister der SPD, Alfred Nau, ein Gespräch zwischen Friedrich Karl Flick, Bundeskanzler Schmidt und Finanzminister Apel zu vermitteln. Im Juni 1976 trafen sich die drei in Flicks Jagdhütte im Sauerland, und der Industrielle erhielt Gelegenheit, seine Position in Sachen § 6b ausführlich zu schildern. Von Brauchitsch dankte dem SPD-Schatzmeister mit warmen Worten und einer Million Mark für die Friedrich-Ebert-Stiftung, deren Vorsitzender Nau ebenfalls war. Hierbei handelte es sich um die größte Einzelspende im gesamten Skandal.

Als die Genehmigungen dennoch auf sich warten ließen, wurde Flick in München langsam ungeduldig und bemerkte schriftlich nach Düsseldorf: »Die Freundlichkeiten Bonn gegenüber haben mir bislang nicht geholfen.« Manager von Brauchitsch verteidigte sich: »Ich glaube, wir sollten nicht unterschätzen, welche große Bedeutung die besondere Pflege der Bonner Landschaft, aber auch der gutwilligen Leute im Gewerkschaftsbereich hat.« Er sollte Recht behalten. Am 9. September 1976 kam der erste »Geleitzug« an. Die beantragte Steuerbefreiung wurde genehmigt.

Im November 1977 beantragte Flick, eine zweite Investition bei Grace im fernen Amerika. Dieses Mal wollte er gleich 550 Millionen Mark unversteuert in US-Aktien anlegen. Gleichfalls avisierte er eine 200-Millionen-Beteiligung am Kölner Versicherungskonzern Gerling. Im Wirtschaftsministerium, inzwischen hatte dort Otto Graf Lambsdorff das Sagen, gab es keine Einwände. Doch im Finanzministerium regte sich größerer Widerstand. Auslandsinves titionen durften nur dann von der Steuer befreit werden, wenn sie in Deutschland Arbeitsplätze sicherten. Ministerialdirigent Adalbert Uelner machte gegenüber dem neuen Finanzminister Matthöfer seine Bedenken deutlich. Auch Böhme, mittlerweile zum Parlamentarischen Staatssekretär aufgestiegen, erhob wieder seine Stimme gegen die Anträge. Anfang September, Uelner und Böhme waren noch im Sommerurlaub, erteilte das Finanzministerium seine Zustimmung. Der dritte und letzte »Geleitzug« im Wert von 225 Millionen wurde schließlich 1980 ohne größere Schwierigkeiten abgefertigt. Die Staatsanwaltschaft trug hierzu später im Verfahren gegen Flicks Stellvertreter vor: »Im Zusammenhang mit dem Drängen von Brauchitschs auf schnelle Erteilung der Bescheinigungen zu Beginn des Jahres 1980 kann nicht unerwähnt bleiben, dass Diehl in seinen Zusammenstellungen für den 30. 1. 1980 u. a. auch notierte: ›v. B. wg. Graf Lambsdorff 40 000.– Mark‹ und ›v. B. wg. Matthöfer‹ 40 000.– Mark‹.«

Horrorgeschichte über die Abgründe des Kapitalismus

Kurze Zusammenfassung: 1975 entdeckte Steuerfahnder Klaus Förster, dass die CDU über eine Scheinfirma in Liechtenstein Spenden sammelte und zahlreiche deutsche Firmen diese Spenden illegal von der Steuer absetzten. Die Union versuchte, die Affäre im Keim zu ersticken. Als dies nicht gelang, machte ein Steuerberater der CDU die Staatsanwaltschaft auf vergleichbare illegale Spendenpraktiken der FPD aufmerksam. Im Zuge der Ermittlungen geriet der Flick-Konzern in Verdacht, mithilfe eines katholischen Missionswerks seine schwarzen Kassen zu füllen. Bei einer Durchsuchung in der Buchhaltung des Konzerns wurde eine Liste gefunden, aus der hervorging, dass die Flick KG aus ihren schwarzen Kassen Millionenbeträge an CDU/CSU, SPD und FDP geleitet hatte. Zeitgleich beantragte Flick, Unternehmergewinne in Höhe von zwei

Milliarden Mark reinvestieren zu dürfen – und diese nicht versteuern zu müssen. Wirtschaftsministerium (FDP-geführt) und Finanzministerium (SPD-geführt) genehmigten die Steuerbefreiung fast vollständig.

Im Dezember 1981 lüftete sich für die deutsche Öffentlichkeit der Vorhang. Als Erste berichtete die *Neue Rhein-Zeitung* von dem Verdacht, dass der Flick-Konzern Schmiergelder für die umstrittene Steuerbefreiung gezahlt hatte. Etwas später legten *Spiegel* und *Stern* nach und spekulierten über mögliche Strafverfahren. Ferner wurde bekannt, dass die Staatsanwälte weitere Spendenwaschanlagen entdeckt hatten. Dazu zählte die »Staatsbürgerliche Vereinigung von 1954 e. V.«, die im Laufe der Jahrzehnte angeblich 200 Millionen Mark gegen steuerfähige Quittungen angenommen und an die bürgerlichen Parteien weitergeleitet hatte. Doch noch immer brach unter den Leitartiklern kein Sturm der Entrüstung los. Der Parteispendenskandal wurde von einem Gewerkschaftsskandal überdeckt: Die Journalisten und Kommentatoren beschäftigten sich gerade mit der Korruption und Misswirtschaft beim gewerkschaftseigenen Baukonzern »Neue Heimat«.

Die Parteien wollten die Gunst der Stunde nutzen und die kollektive Spendenschuld mit einer Generalamnestie aus der Welt schaffen. Der »sozialen Symmetrie« wegen sollten neben Steuersündern auch Hausbesetzer vom Straferlass profitieren. Ein Gesetzentwurf war bereits bei einer interfraktionellen Arbeitsgruppe in Vorbereitung, um im Schnellverfahren verabschiedet zu werden. Besonders die FDP drängte. Als die Ermittlungsverfahren gegen Graf Lambsdorff und Friderichs offensichtlich nicht mehr zu verhindern waren, drohte Parteichef Hans-Dietrich Genscher sogar mit Koalitionsbruch. Bundeskanzler Helmut Schmidt und SPD-Fraktionschef Herbert Wehner befürworteten – das Ende der Regierung vor Augen – die Amnestie. Das Vorhaben scheiterte letztlich am Widerstand des SPD-Justizministers Jürgen Schmude und den Kritikern in der SPD-Fraktion. Der *Spiegel* hatte die Amnestiepläne publik gemacht und dadurch für öffentlichen Druck gesorgt.

Im Februar 1982 eröffnete die Bonner Staatsanwaltschaft ein Ermittlungsverfahren gegen Manager von Brauchitsch, Minister Graf Lambsdorff und Ex-Minister Friderichs wegen des Verdachts der Vorteilsnahme beziehungsweise der Vorteilsgewährung. Nun weitete auch die Presse ihre Berichterstattung aus. Das Wort von der »gekauften Republik« machte die Runde. Der *Spiegel* sprach von der »geflickten Republik«. Skandalveteran Franz Josef Strauß, von seinem bayrischen Landsmann Flick ausgesprochen großzügig bedacht und ebenfalls im Visier der Journalisten, griff routiniert in die Werkzeugkiste der Skandalabwehr. »Eine systematische Kampagne mit spezifischer politischer Zielrichtung« und »einen Generalangriff gegen die ganze Führungsschicht der Bundesrepublik« nannte

Politische Landschaftspflege. Gewerkschafter protestieren im Januar 1985 gegen den Flickkonzern.

er die Vorwürfe. Als der *Spiegel* im November aus Unterlagen der Staatsanwaltschaft zitierte, ging er zur Vorwärtsverteidigung über: »Welche kriminellen Elemente gibt es im Dunstkreis der Staatsanwaltschaft, die geheime Zeugenvernehmungsprotokolle – entweder gegen Geld, oder aus politischen Motiven – zur Diffamierung des politischen Gegners dem ›Spiegel‹ zuspielen?« Selbst die konservative Presse teilte seine Empörung nicht. Die *Frankfurter Allgemeine Zeitung* schrieb im Januar 1983: »Was da zutage kommt, wirkt mit seinen widerwärtigen Details über schwarze Kassen in Millionenhöhe, Zuwendungen in Kuverts, Durchstechereien und unverhohlenen politischen Ansinnen wie eine Horrorgeschichte über die Abgründe des Kapitalismus. Es zeigen, weil rundum betroffen, alle Parteien nur einen schwachen Impuls, sich mit dem Skandal zu beschäftigen.«

»Bargeld-Porno«

Seit März 1983 waren die »rundum betroffenen« Parteien nicht mehr allein im Bundestag. Die Grünen hatten den Sprung ins Parlament geschafft und forderten einen Parlamentarischen Untersuchungsausschuss, der die Affäre umfassend aufklären sollte. Die SPD brachte wenig später einen Antrag ein, der den Auftrag des Ausschusses erheblich begrenzte. Aufgrund des öffentlichen Drucks stimmten CDU/CSU und FDP schließlich dem SPD-Antrag zu.

Im Juni nahm der Ausschuss seine Arbeit auf. Die beiden Hauptzeugen, Otto Graf Lambsdorff und Hans Friderichs, trugen wenig zur Erhellung bei. Beide beriefen sich immer wieder auf ihr Recht, die Aussage zu verweigern, da gegen sie noch staatsanwaltliche Ermittlungen liefen. Stattdessen verteidigte sich Lambsdorff im Düsseldorfer *Handelsblatt*. Die Diehl-Liste, erklärte er in der Wirtschaftszeitung, sei das einzige Indiz, auf das sich die Ankläger stützten. Und diese sei »löchrig wie ein alter Teppich«. Die Vernehmung der Zeugen von Brauchitsch und Flick hatte zumindest Unterhaltungswert. Eines der Ausschussmitglieder war Gerhard Schröder, damals SPD-Bundestagsabgeordneter aus Hannover. In seinen Memoiren von 1999 mit dem Titel *Der Preis des Schweigens* erinnerte sich von Brauchitsch, dass Schröder »gähnend und hingefläzt, so nach Juso-Manier« der Verhandlung folgte. Wie die Geldübergaben ausgesehen hatten, wollte der künftige Kanzler dennoch genau wissen: »In welcher Form ergab sich die Übergabe des Geldes zum Beispiel an Herrn Dr. Kohl?« Von Brauchitsch antwortete gewohnt knapp: »In bar.« Schröder ließ nicht locker: »In bar, ja. Ich meine: Scheine auf cash, auf die Pfote oder wie?« Der Chefmanager klärte auf: »Nein, sehr vornehm, natürlich mit einem Kuvert.« Das Ausschussmitglied Peter Struck (SPD) nahm Friedrich Karl Flick zur Diehl-Notiz »FKF wg. F.J.S. 250 000,–« in die Mangel: »Diese Beträge haben Sie Herrn Strauß in bar übergeben.« Flick gab zu: »Zwei- oder dreimal, ja.« Struck hakte nach: »Hat er sich bei Ihnen danach erkundigt, ob diese Beträge aus versteuertem Einkommen bezahlt werden?« Flick: »Nein.« Struck: »Hat er nachgezählt, als er diese Beträge erhalten hat?« Flick: »Einmal ist er in den Nebenraum gegangen, und dann hat er gesagt, er schaut sich's an. Dann ist er wiedergekommen und hat sich bedankt. Beim zweiten Mal ist er nicht mehr in den Nebenraum gegangen.« Der Literatur-Nobelpreisträger Heinrich Böll nannte die Affäre fortan einen »Bargeld-Porno«.

Die Linie von Flick und von Brauchitsch war klar: Sie bestätigten freimütig, dass Gelder gezahlt wurden, bestritten aber, dass dies im Zusammenhang mit der Steuerbefreiung geschah. Einmal jedoch wichen sie von dieser Linie ab: im Fall des SPD-Schatzmeisters Alfred Nau, der das Gespräch von Flick mit dem Kanzler und dem Finanzminister vermittelt hatte. Von Brauchitsch: »Ich hatte den Eindruck, dass es für unseren Zweck gut wäre, … Herrn Nau heiter zu stimmen.« Die Rückfrage von Ausschussmitglied Friedrich Bohl (CDU): »War er heiter?« Von Brauchitsch: »Er kam immer wieder, wenn er nicht mehr heiter war.«

»Spurenverwischer, Verdunkler und Vernebler«

Die Öffentlichkeit verfolgte die Vernehmungen mit verwirrter Fassungslosigkeit. Die Vorgänge im Bonner Spendensumpf waren kompliziert gelagert, und es fiel nicht leicht, die Hauptschuldigen auszumachen. Am 26. Juni 1984 forderte die Affäre dennoch ihr erstes prominentes Opfer. Otto Graf Lambsdorff erklärte seinen Rücktritt, nachdem das Landgericht Bonn eine Klage der Staatsanwaltschaft wegen Steuerhinterziehung und Bestechlichkeit zuließ und ein Verfahren eröffnete. Im Herbst ereilte Amtsvorgänger Hans Friderichs, inzwischen Vorstandssprecher der Dresdener Bank, das gleiche Schicksal. Am 5. September räumte auch er seinen Posten. Im Oktober erwischte es schließlich Bundestagspräsident Rainer Barzel (CDU). *Welt am Sonntag* und *Spiegel* berichteten in seltener Eintracht, dass der Flick-Konzern über einen »Beratervertrag« Barzel 1,7 Millionen Mark hatte zukommen lassen. Angeblich war das Geschäft 1973 von Kurt Biedenkopf eingefädelt worden, um zu verhindern, dass Barzel nach seinem Rücktritt als CDU-Vorsitzender zum »Sozialfall« wurde. Als ein ehemaliger Gesellschafter des Konzerns die Zahlungen bestätigte, war Barzel sein Amt als Bundestagspräsident los. Der Skandal erreichte damit seinen Höhepunkt. Kein weiterer Politiker musste persönliche Konsequenzen wegen illegaler Parteispenden ziehen. Und die politische Aufarbeitung geriet nach Einschätzung vieler Kommentatoren zur Farce.

Im Untersuchungsausschuss versuchten die neuen Koalitionspartner CDU/CSU und FDP hauptsächlich, die Spendensünden der Sozialdemokraten aufzudecken. Im Gegenzug lastete die SPD den Bürgerlichen die Hauptschuld am Skandal an. Gleichwohl hegten beide Seiten wenig Interesse, das Geflecht von Wirtschaft und Politik bis in die letzten Verästelungen zu erforschen. Im März 1985 kamen CDU, SPD und FDP überein, die Arbeit der Kommission zu beenden. Union und Freidemokraten stellten in ihrer Bewertung des Abschlussberichts fest: »Die schwerwiegenden Vorwürfe, die von Teilen der veröffentlichen Meinung (z. B. ›Die gekaufte Republik‹) erhoben wurden und die zur Einsetzung des Ausschusses führten, haben sich nicht bestätigt.« Die Erkenntnis aus den Vernehmungen der Konservativen lautete: Union und FDP hatten von Flick schon immer Geld für ihre Parteiarbeit bekommen, weil er ihnen politisch nahe stand. Die SPD-Politiker seien demgegenüber erst zu einem Zeitpunkt öfter auf der »wg.«-Liste aufgetaucht, als die Steuerbefreiung für die Gewinne aus den Daimler-Aktien zur Diskussion stand und sich unter SPD-Linken Widerstand regte. Nur vor diesem Hintergrund sei die »Zunahme der Spenden an die SPD« zu verstehen. Die Union konnte ferner argumentieren, als Oppositionspartei gar keinen Einfluss auf die Entscheidung über die Befreiung gehabt zu haben.

Die Sozialdemokraten des Ausschusses zeigten sich in ihrer abschließenden Einschätzung ähnlich einäugig. Sie betonten die »außerordentliche Nähe des Flick-Konzerns zu CDU und CSU«. Die Spenden an die SPD hingegen seien von Flick »wohl eher unwillig gewährt« worden und hätten »keinen Einfluss auf die Haltung sozialdemokratischer Minister und Politiker gehabt«. Otto Schily, damals noch bei den Grünen und mit Abstand der schärfste Ermittler im Ausschuss, nannte die drei Altparteien ein »Kartell der Spurenverwischer, Verdunkler und Vernebler«.

Am 13. März 1986 diskutierte der Bundestag noch einmal über den Abschlussbericht. Die Parteien blieben bei ihren gegenseitigen Schuldzuweisungen. Auf parlamentarischer Ebene war damit der Skandal beendet. Ein Jahr später sprach das Bonner Landgericht seine Urteile gegen die drei Hauptfiguren des Skandals – und die waren nach Einschätzung vieler Kommentatoren milde. Nach Ansicht der Richter konnten Graf Lambsdorff, Friderichs und von Brauchitsch Bestechlichkeit beziehungsweise Bestechung nicht nachgewiesen werden. Diese hätten sich lediglich der Steuerhinterziehung schuldig gemacht. Lambsdorff musste 180 000 DM

Strafe zahlen, Friderichs 61 500 DM. Der Flick-Manager erhielt neben einer Geldbuße von 550000 DM eine zweijährige Bewährungsstrafe. Für Helmut Kohl hätte die Affäre ebenfalls fast ein juristisches Nachspiel gehabt. Im Untersuchungsausschuss behauptete er, nicht gewusst zu haben, dass die »Staatsbürgerliche Vereinigung« als »Geld- und Spendenbeschaffungsanlage diente«. Dies war nachweislich falsch. Heiner Geißler verteidigte seinen Chef: Kohl müsse einen »Blackout« gehabt haben. Otto Schily stellte Strafanzeige wegen uneidlicher Falschaussage. Der Bundeskanzler entging einem Prozess nur, weil man ihm keinen Vorsatz nachweisen konnte.

Was wurde aus den Protagonisten? Friderichs war zum Zeitpunkt der Verurteilung im Rentenalter. Friedrich Karl Flick versilberte nach der enervierenden Affäre seinen Konzern und konzentrierte sich darauf, sein Vermögen von mindestens 10 Milliarden Mark zu verwalten. 1994 kehrte er den deutschen Finanzämtern endgültig den Rücken und zog, ausgestattet mit einem österreichischen Pass, in die Steiermark. Von Brauchitsch verlor 1982 seinen Job. »In schweren Zeiten kann man nicht nur Leichtmatrosen feuern«, begründete sein Chef Flick die Entlassung. Eigentlich wollte von Brauchitsch Präsident des Bundes der deutschen Industrie werden. Nun verwaltete auch er fortan ein großes Privatvermögen, allerdings ein fremdes: Er wurde persönlicher Finanzberater von Axel Springer. Die Karriere von Otto Graf Lambsdorff erfuhr nur einen kurzzeitigen Knick. Als Nachfolger von Martin Bangemann wählte ihn die FDP 1988 zu ihrem Vorsitzenden. Im Auftrag der Regierung Schröder reaktivierte er Ende der 90er Jahre seine hervorragenden Kontakte zur deutschen Wirtschaft für einen guten Zweck. Geschickt und hartnäckig sammelte er für den Entschädigungsfonds der NS-Zwangsarbeiter. Ohne Lambsdorff wäre die Finanzierung des Fonds wohl gescheitert. Hierfür zollten ihm auch seine einstigen politischen Gegner Anerkennung.

Ein marxistisches Agitprop-Märchen

»Ein unendlich verfilztes, unappetitliches Knäuel, in dem die ganze
politische Klasse des Landes drinhängt«, schrieb Hans Magnus
Enzensberger, als der Umfang der Affäre allmählich sichtbar wurde.
In den Jahren 1969 bis 1980 flossen mindestens 25 Millionen Mark
aus Flicks Kassen in die von CDU/CSU, SPD und FDP. Zur Erinnerung: Nach 1975 wurden ihm rund eine Milliarde Mark an
Steuern erlassen. Otto Schily kam zu dem Schluss, dass Politiker
»sozusagen nach Katalogpreis vom Flick-Konzern eingekauft« wurden. Ein großer Teil der Öffentlichkeit teilte seine Einschätzung.
Die Flick-Affäre brachte dabei ein Novum in der politischen Skandalgeschichte der Bundesrepublik. Bis 1981 gingen alle großen
Skandale auf das Konto einzelner Personen oder kleinerer Gruppen
von Politikern. Dieses Mal hatten Korruption, Steuerhinterziehung
und Doppelmoral das gesamte politische System erfasst. Zwei
Aspekte gaben wenig Hoffnung auf Besserung: der deutlich sicht-
bare Unwille der Parteien, ihre illegalen Machenschaften aufzudecken, sowie der doppelte Versuch, sich durch selbst erlassene
Amnestie aus der Affäre zu stehlen. Als beides nicht funktionierte,
beließen die Parteien es bei gegenseitigen Schuldzuweisungen und
beschleunigten den Verlust an Glaubwürdigkeit. Die Grünen profi-
lierten sich in der Rolle des Aufklärers, auch wenn Heiner Geißler
im Bundestag murrte: »Mir ist es lieber, ich bekomme von einer
deutschen Firma eine Spende als von der DDR.«
　Welche Konsequenzen hatte der Skandal? Die meisten der
»Spendenwaschanlagen« im In- und Ausland wurden aufgelöst.
Dass es nicht alle waren, sollte die zweite große Parteispendenaffäre
Ende der 90er Jahre zeigen. Kohl, Kiep, Lüthje und Weyrauch
tauchten in einer ganz ähnlichen Funktion wieder auf: als Schlüssel-
verwalter der schwarzen Kassen der Union. Auf Vorschlag einer
Expertenkommission, die der Bundespräsident 1983 einsetzte, än-
derte man das Parteiengesetz mit dem Ziel, legale Spenden an die

Parteien zu fördern. Die Parteien wurden gemeinnützigen Vereinen gleichgestellt, und Spenden waren nun bis zu fünf Prozent des Einkommens, bei Firmen bis zu zwei Promille des Umsatzes der Löhne und Gehälter von der Steuer absetzbar. 1988 begrenzte eine neue Änderung des Gesetzes die mögliche Steuerbefreiung auf jährlich 60 000 Mark.

Für die SPD barg die Affäre darüber hinaus einen Vorgang von politischer Einflussnahme, gegenüber dem die Korruption in Steuerfragen wie ein Kavaliersdelikt aussah. Aus beschlagnahmten Notizen des Flick-Büros in Bonn ging hervor, dass man systematisch den wirtschaftsliberalen Flügel der FPD gestärkt hatte – also jene Kräfte in der FDP, die der sozial-liberalen Koalition ein Ende bereiten wollten und ein Bündnis mit der Union anstrebten. Mit anderen Worten: Der Flick-Konzern betrieb den Sturz der Regierung Schmidt-Genscher zugunsten einer Regierung unter der Führung von Helmut Kohl. Das hörte sich an wie ein marxistisches Agitprop-Märchen über den bösen Kapitalismus: Der Großkapitalist kauft sich seine Regierung. Gleichwohl hatten die Verschwörungstheoretiker der Zeit ein gewichtiges Argument auf ihrer Seite: Mit dem konstruktiven Misstrauensvotum gegen Kanzler Helmut Schmidt kam dann 1982 tatsächlich alles so, wie es sich der Düsseldorfer Konzern in seinen Notizen gewünscht hatte.

Als die Steuerfahnder die Flick-Zentrale das erste Mal gründlich filzten, kommentierte ein Mitarbeiter des Unternehmens: »Wir dachten, es ist ein Putsch.« Die »Uns-kann-keiner-was«-Mentalität des Konzerns fußte auf einer langen Firmentradition. Gründer Friedrich Flick, der Vater von Friedrich Karl, bedachte schon die politische Elite der Weimarer Republik mit großzügigen Gaben. Er übernahm private Schulden von Reichskanzler Gustav Stresemann, spendete an Brüning, von Papen und von Schleicher. Die Wiederwahl von Hindenburg zum Reichspräsidenten unterstützte er mit einer Million Reichsmark. Seit Anfang der 30er Jahre durften auch die Nationalsozialisten mit Zuwendungen des machtbewussten

Konzernchefs rechnen. Flick schenkte Göring zum Geburtstag alte Meister, was sich auszahlen sollte. Der Konzern profitierte kräftig von der »Arisierung« jüdischen Eigentums im Dritten Reich und bekam zahlreiche Arbeitssklaven für seine Betriebe. Im Rahmen der Nürnberger Prozesse wurde Friedrich Flick zu sieben Jahren Gefängnis verurteilt, fünf davon musste er absitzen. Nach der Gründung der Bundesrepublik engagierte er sich finanziell vor allem bei der CDU und CSU, zu denen er auch persönlich über beste Verbindungen verfügte. Flicks ehemaliger Privatsekretär war »Bundesminister für besondere Aufgaben« unter Konrad Adenauer.

Eberhard von Brauchitsch berief sich zu seiner Verteidigung auf eben jene lange Tradition der Firma. In *Preis des Schweigens* stellte er sich gleichzeitig als Opfer eines korrupten politischen Systems dar. Nach Ansicht des Managers hätte aus der Wirtschaft niemand »aus freien Stücken einer politischen Partei Geld zukommen lassen«. Für ihn war die Spendenaffäre in Wahrheit eine Schutzgeldaffäre. Die Flick KG habe »Schutzgelder bezahlt, um sich vor Repressionen in Form wirtschaftsfeindlicher Politik zu schützen«. Den »permanenten Bitten sämtlicher Parteien und ihrer Schatzmeister« konnte sich der Konzern demnach einfach »nicht entziehen«.

Ex-Schatzmeister Otto Graf Lambsdorff klopfte Ende der 90er Jahre noch einmal bei Flick junior an – im Rahmen eines Sammelaufrufs als Regierungsbeauftragter »wg.« der Zwangsarbeiter in den Rüstungsschmieden von Flick senior. Dieses Mal konnte Flick sich entziehen. Für die freiwillige Stiftungsinitiative der deutschen Wirtschaft zugunsten der ehemaligen Arbeitssklaven hatte Friedrich Karl Flick kein Geld übrig.

9

Günter von der Bundeswehr –
General Kießling, Manfred Wörner
und die Sittenpolizei
(1983/84)

Es begann mit einer Plauderei im Juli 1983. Werner Karrasch, stellvertretender Personalratsvorsitzender im Verteidigungsministerium, gab einem geschätzten Kollegen Tipps für den beruflichen Aufstieg. Artur Waldmann vom Amt für die Sicherheit der Bundeswehr (ASBw) wollte gerne Abteilungsleiter werden. Nebenbei kamen die Beamten auf den ranghöchsten General der Bundeswehr zu sprechen: Dr. Günter Kießling, stellvertretender Oberbefehlshaber der NATO in Brüssel. Karrasch waren Gerüchte zu Ohren gekommen, dass Kießling homosexuelle Neigungen habe. Homosexualität war 1983 freilich nicht mehr strafbar, galt jedoch nach den Richtlinien der Bundeswehr als »abnormes Verhalten auf sexuellem Gebiet« und wurde damit als Sicherheitsrisiko eingestuft. Getreu der immer noch typischen Moralvorstellung: Wer schwul ist, muss dies geheim halten und ist deshalb erpressbar. Waldmann wurde hellhörig. Schließlich war sein Amt für Sicherheitsrisiken zuständig und Misstrauen bei Homosexualität gewissermaßen Amtspflicht. Nach zehn langen Jahren im Rang eines Regierungsdirektors witterte er die große Karrierechance. Einige Tage nach dem Gespräch setzte er einen Bericht an seinen Vorgesetzten auf:

»Unter Quellenschutz erklärte am 27.7.83 MinRat Karrasch BMVg – HPR – dass Gen. Dr. K. wegen seiner angeblichen homosexuellen Veranlagung von dem NATO-Befehlshaber General Rogers nicht mehr persönlich empfangen werde. Er sei ›händchenhaltend‹ mit einem Obersten gesehen worden. Der Versuch, ihn wegen seiner homosexuellen Veranlagung dienstunfähig zu schreiben, sei an der Weigerung des zuständigen San-Arztes gescheitert.«

Aus einer Plauderei am Rande eines Personalgesprächs wurde ein aktenkundiger Vorgang. Der erste schwer wiegende politische Sittenskandal in der Geschichte der Bundesrepublik konnte beginnen.

... auf jeden Fall irgendwas mit »Ü«

Artur Waldmann beließ es nicht bei seinem Bericht. Er wies den Militärischen Abschirmdienst (MAD) in Bonn an, gegen General Kießling »mit Vorrang in Brüssel« die Ermittlungen aufzunehmen. Doch der Militärgeheimdienst stellte sich quer. Dem MAD-Vize Joachim Krase erschienen Recherchen im NATO-Hauptquartier zu heikel, zumal die Weisung nicht vom Verteidigungsminister persönlich kam. Auch Waldmanns Vorgesetzte beim Amt für die Sicherheit der Bundeswehr waren vom forschen Vorgehen ihres Beamten wenig angetan. Der Regierungsdirektor mit Aufstiegsambitionen musste seinen Auftrag telefonisch zurückziehen. Plan B kam zur Anwendung.

General Kießling hatte acht Jahre lang in Köln gewohnt – im Zentrum schwuler Subkultur in Deutschland. Waldmann rief beim MAD in Düsseldorf den Stabsfeldwebel Jürgen Idel an, da dieser über gute Kontakte zur Kölner Kriminalpolizei verfügte. Im Unterschied zu den Bonner MAD-Offizieren nahm Idel den Auftrag bedenkenlos an. Ohne das offiziell erforderliche Amtshilfersuchen bat er einen leitenden Kollegen von der Kripo Köln, sich in der Schwulenszene ein wenig umzuhören. Kein Problem. Kriminalkommissar Helmut Simon ermittelte sowieso gerade wegen eines Mordes an einem Strichjungen. Am 5. September zog er mit einem Kollegen durch die Kölner Homo-Bars, ein Passbild von Kießling in der Tasche. Viel Bedeutung maß der Kommissar dem Fall nicht zu. Sein Vorgesetzter hatte ihn nicht einmal unterrichtet, um wen es sich auf dem Foto genau handelte. Irgendjemand von der Bundeswehr eben, Vorname Günter, mehr wusste er nicht. Dennoch: Keine 150 Meter vom Polizeipräsidium entfernt, in der Stricherkneipe Café Wüsten, verbuchte Simon seinen ersten Ermittlungserfolg. Er gab vor, bei dem Herrn auf dem Bild handele es sich um »einen Förster aus der Eifel«. Der Wirt war sich sicher, den Mann vor länger als zehn Jahren einmal im Café gesehen zu haben. Die nächste Station der Beamten war die Tom-Tom-Bar. Auch hier kam »der Förster aus der Eifel« dem Wirt bekannt vor, doch sicherheitshalber solle sich Simon an den Büffetier Micha Lindlahr wenden. Lindlahr hatte keine Zweifel: Der Mann käme manchmal zwei oder drei Tage hintereinander ins Lokal, dann wieder längere Zeit nicht. Günter oder Jürgen hieße er, auf jeden Fall irgendetwas mit »Ü«. Er sei kein Förster, sondern Wachmann »von der Bundeswehr«. Ein anderer Gast im Lokal warf ein: »Nein, der ist ein ganz hohes Tier bei der Bundeswehr.« Der Kommissar hatte damit seine Schuldigkeit getan. Seinem Vorgesetzten teilte er mit, der Mann auf dem Foto sei »von der Szene« als »Günter von der Bundeswehr erkannt worden«. Einige Tage später tauchte MAD-Stabsfeldwebel Idel wieder bei der Kölner Kripo auf, holte Foto und Ermittlungsergebnis ab und erklärte: »Den Fall könnt ihr vergessen, wir machen jetzt selber weiter.« Zum Abschied bat er noch darum, die Sache »unter uns Kollegen zu halten«.

Telefonisch meldete Idel seinem Auftraggeber Waldmann den Fahndungserfolg, regte aber an, weitere Ermittlungen einzuleiten. Waldmann hielt dies nicht für notwendig. Stattdessen leistete er Formulierungshilfe für Idels Bericht, in dem es dann hieß, Kießling sei im Café Wüsten (!) »aus einer Serie von Fotos eindeutig als ›Günter von der Bundeswehr‹ identifiziert worden. Im Tom-Tom verkehrte »Günter« laut Bericht »monatlich« und pflegte »Kontakt zu jugendlichen Strichern gegen Bezahlung«. Davon war bislang nie die Rede gewesen. Idel gab seine Halbwahrheiten an den Leiter des

MAD, Helmut Berendt, weiter, der wiederum den Bundesverteidigungsminister Manfred Wörner informierte. Am 15. September beorderte Wörner den Vier-Sterne-General ins Ministerium und konfrontierte ihn mit den Vorwürfen. Kießling bestritt heftig, homosexuell zu sein. Darauf gab er dem Minister sein »Ehrenwort«. Der Begriff – 1983 noch nicht durch die Barschel-Affäre diskreditiert – hatte unter Militärs der alten Schule großes Gewicht. Kießling war sich der historischen Dimension wohl bewusst: Preußische Offiziere griffen zur Pistole, wenn ein »Ehrenwort« nicht standhielt. Wörner versicherte, er persönlich glaube Kießling, könne als Minister jedoch nicht verantworten, dass der General angesichts des Verdachtes im Amt bleibe. Der Minister unterbreitete einen Vorschlag: Kießling, der ja ohnehin vorzeitig ausscheiden wolle, sollte bereits zum 31. Dezember in den Ruhestand gehen. Auf diese Weise könnten Gegenüberstellungen und öffentliches Aufsehen vermieden werden. Kießling erbat sich vier Tage Bedenkzeit. Bei einem zweiten Treffen auf der Hardthöhe wies er noch einmal alle Vorwürfe zurück, erklärte sich aber bereit, zum 31. März 1984 in Pension zu gehen. Bis dahin würde er sich einer längst fälligen medizinischen Behandlung unterziehen. Ferner erwartete der General eine schnelle Klärung der Vorwürfe. Dies sicherte Wörner zu. Man schien sich einig, dass die Affäre möglichst geräuschlos aus der Welt geschafft werden sollte.

... ohne Zapfenstreich ...

Günter Kießling, Jahrgang 1925, wuchs in bescheidenen Verhältnissen in Berlin auf. Militärtradition spielte im Elternhaus eine wichtige Rolle. Der Vater war im Ersten Weltkrieg eingezogen worden, bis Mitte der 20er Jahre blieb er Berufssoldat. Dem Sohn erzählte er oft von »Gemeinschaft« und »Kameradschaft« im Soldatenleben. Günter konnte es kaum erwarten, eine eigene Uniform zu tragen. Im Alter von vierzehn Jahren begann seine militärische Karriere als Unteroffiziersvorschüler der Wehrmacht in Dresden. Im Krieg wurde er wegen Tapferkeit vor dem Feind mit dem Eisernen Kreuz erster Klasse ausgezeichnet. 1945 war Kießling zum Leutnant in einem Infanterieregiment aufgestiegen. Nach der Kapitulation schlug er sich in Berlin als Hilfsarbeiter auf dem Bau durch und holte auf einem Abendgymnasium sein Abitur nach. In Bonn und Hamburg studierte er Wirtschaftswissenschaften und promovierte 1953 zum Dr. rer. pol. Kurz darauf trat er als Leutnant beim Bundesgrenzschutz ein, zwei Jahre später wechselte er zur Bundeswehr und war dort siebzehn Jahre später der jüngste General. Nach Stationen in Köln, London, Sigmaringen und Rendsburg schickte das Verteidigungsministerium Kießling als Stellvertreter des Obersten Alliierten Befehlshabers in Europa, US-General Bernard W. Rogers, nach Brüssel. Die beiden fanden von Anfang an keinen Draht zueinander. Der Südstaaten-Amerikaner galt vielen anderen europäischen Militärs als selbstherrlich und ungehobelt. Kießlings Lebensgewohnheiten waren Rogers offenbar von Anfang an suspekt. Der Deutsche verbrachte seine Freizeit nicht mit Generalskollegen auf dem Golfplatz, sondern nahezu vollständig in der Bibliothek seiner Dienstvilla. Bei gesellschaftlichen Anlässen tauchte der Junggeselle Kießling stets mit seiner Sekretärin auf. Und hatte Kießling seinen Fahrer nicht eigens aus Deutschland mitgebracht? In der kleinen Gemeinschaft der internationalen Edelmilitärs in Brüssel war das ein ausreichender Nährboden für Gerüchte. Rogers bremste Kießling beruflich aus, wann immer er konnte, und das fiel nicht schwer: Ein stellvertretender NATO-Oberbefehlshaber hatte in der Militärhierarchie ohnehin nicht viel zu melden. Frustriert wandte sich Kießling an Verteidigungsminister Wörner, den er aus seiner Zeit als Panzergeneral in Sigmaringen gut kannte. Er schilderte seine schwierige Arbeitssituation und bat um Ablösung. Im Juni 1983 schlug Wörner vor, der Vier-Sterne-General könne zum 31. März 1984 in den einstweiligen Ruhestand treten. Doch dann kamen die Verdächtigungen.

Nach dem Gespräch auf der Hardthöhe im September zog sich Kießling zu einer lange aufgeschobenen Operation nach München zurück. Im Krankenhaus hoffte der General »Tag für Tag auf Entlastung«. Beim MAD in Bonn war unterdessen in der Tat eine Überprüfung der Akte »Kießling« in Auftrag gegeben worden. Auf die Suche nach Entlastungszeugen machten sich die Militärgeheimdienstler allerdings nicht. Anfang Dezember legte MAD-Chef Berendt einen zweiten Bericht vor. Auf knapp zwei Seiten wurden im Wesentlichen die schlampig recherchierten Verdachtsmomente aus der Kölner Szene und die von Karrasch aufgeschnappten Gerüchte wiederholt. Beigefügt war ein Schreiben des Militärarztes Albert Richarz, der berichtete, wie Kießling vor Jahren in seinem Behandlungszimmer einmal »an sich selbst herumgespielt« habe. Als erschwerend werteten die MAD-Fahnder, dass er seine »eindeutigen« Kontakte zur Kölner Schwulenszene hartnäckig bestreite, was ihn erst recht erpressbar mache. Volljurist Wörner fragte nach, ob der MAD Verwechslungen und Irrtümer ausschließen könne. Berendt gab sich selbstbewusst: Die Erkenntnisse habe nicht nur der MAD, sondern auch das nordrhein-westfälische Landeskriminalamt (LKA) geliefert. Dies war eindeutig falsch. Amtshilfe war doch offiziell gar nicht beantragt worden, man hatte die Kripo Köln bloß um einen kleinen Gefallen gebeten. Später wollte sich niemand erinnern, weshalb das LKA in der Akte plötzlich auftauchte. Berendt versicherte zudem: Kießling könne notfalls durch eine Gegenüberstellung überführt werden. Der Verteidigungsminister schloss sich dieser Verurteilung an. Für ihn stand nun fest: Kießling war homosexuell. Der stellvertretende Generalinspekteur der Bundeswehr Walter Windisch hielt es nach Durchsicht des neuen Berichts für »zwingend geboten«, dem Vier-Sterne-General den Zugang zu Geheimakten sofort zu entziehen. »Einen Ermessensspielraum« habe der Minister nicht. Der Entzug der »Sicherheitsermächtigung« lief darauf hinaus, Kießling im Amt kaltzustellen. Wörner entschied sich am 8. Dezember für die radikalere Variante: Entlassung nach § 50 des

Soldatengesetzes zum 31. Dezember 1983. Kießling sollte nicht einmal mehr in der Sache angehört werden. Eine Verabschiedung mit
dem Großen Zapfenstreich und offiziellem Empfang würde es nicht
geben. Gründe brauchte der Minister laut Soldatengesetz nicht zu
nennen.

Am 13. Dezember wurde Kießling von dem Beschluss in Kenntnis gesetzt. Einen Tag vor Heiligabend solle er »in Zivil« auf der
Hardthöhe erscheinen und seine Entlassungsurkunde aus den Händen von Verteidigungsstaatssekretär Joachim Hiehle entgegenneh-
men. Der Minister hatte sich bereits in den Weihnachtsurlaub
entschuldigt. Die Verabschiedung geriet zum entwürdigenden
Zeremoniell. In der Teeküche nebenan klapperten zwei Sekretärinnen mit Sektgläsern. Hiehle wies Kießling an, Aufstellung zu nehmen, und verlas die Dankesformel: »Für die dem deutschen Volk
geleisteten treuen Dienste spreche ich ihm Dank und Anerkennung
aus.« Kießling verabschiedete sich, bevor die Sekretärinnen Gelegenheit hatten, die Sektgläser ins Zimmer zu tragen. Vorher überreichte er dem Staatssekretär noch einen Brief für den Minister. In
diesem beantragte der General ein Disziplinarverfahren gegen sich
selbst. Damit war klar: Kießling ging in die Offensive.

»Jeder Irrtum ausgeschlossen«

In der Zeit zwischen den Jahren räumte General Kießling seine
Dienstvilla in Brüssel. Rund fünfzig Personen wussten bis dahin
von seiner Entlassung. Kießlings Anwalt glaubte, es würde keine
drei Tage mehr dauern, bis die Presse von dem Fall Wind bekäme.
Am 5. Januar war es so weit. »Wörner entlässt General Kießling«,
titelte die *Süddeutsche Zeitung*. In einem Kommentar spekulierte
das Münchener Blatt, ob das gespannte Verhältnis zu US-General
Rogers der Grund für die vorzeitige Pensionierung sein könne. Am
Abend war in der Tagesschau vom »Verdacht auf Sicherheitsrisiko«

die Rede. Am nächsten Morgen verkündete die *Bild*-Zeitung: »Homosexualität? – Hoher deutscher General gestürzt.« Nun ging Kießling öffentlich zum Gegenangriff über. In mehreren Interviews bestätigte er, dass er wegen des Vorwurfs der Homosexualität entlassen worden war. Zugleich gab er jetzt auch vor Journalisten sein »Ehrenwort«, diese Neigung nie gehabt zu haben. Im Gegenzug konstatierte Verteidigungsminister Wörner im ZDF: »Jeder Irrtum ausgeschlossen.« Seine Selbstsicherheit sollte bald schwinden.

Nach und nach kam ans Licht, wie die »eindeutigen Beweise« des MAD gesammelt worden waren. Der Innenminister von Nordrhein-Westfalen gab bekannt, sein Landeskriminalamt habe an den Ermittlungen nicht mitgewirkt. Dem *Spiegel* kam zu Ohren, dass MAD-Stabsfeldwebel Idel sich bei der Kölner Kripo als Oberstleutnant ausgegeben hatte, um seiner Bitte um den kleinen Kollegengefallen ein wenig Nachdruck zu verleihen. Ein Reporter des *Kölner Express* tat schließlich den Kronzeugen Micha Lindlahr im Tom-Tom auf, und der war sich seiner Sache plötzlich gar nicht mehr so sicher. Keinen »Günter von der Bundeswehr« habe er als Gast identifiziert, sondern einen »Jürgen von der Bundeswehr«, einen Wachmann, der immer im Parka auftauche und Cola mit Steinhäger trinke. Der *Stern* druckte bald darauf ein Foto von »Jürgen«, der Kießling in der Tat ein wenig ähnlich sah. Ex-Stricher Lindlahr galt in der Szene als leichtgläubig und leicht beeinflussbar. War der MAD aufgrund seiner oberflächlichen Ermittlungen einer Verwechslung aufgesessen? Falls ja, wäre Wörner bis auf die Knochen blamiert. Erneut besuchten die Kripobeamten das Tom-Tom, und auch sie stellten fest: »Jürgen« gab es tatsächlich. Allerdings sei dieser von den Betreibern der Disco ins Spiel gebracht worden, um den ranghohen Stammkunden zu schützen. Der Kölner Polizeipräsident kommentierte die Recherchen der Journalisten mit den Worten: »Mit ein paar Hundertern kriegt man in der Szene die Antwort, die man will.« Wörner sprach von einem »Komplott«. Das Schmierentheater hatte seinen Höhepunkt jedoch noch nicht erreicht. Der

Militärarzt Richarz dementierte in *Bild am Sonntag*, dass Kießling während einer Untersuchung an seinen Genitalien gespielt hätte. Staatssekretär Hiehle las daraufhin den Obleuten der Bundestagsfraktionen von Union, SPD und FDP ein Schreiben des Arztes über den Vorfall aus dem Jahr 1978 vor. Auch dies sickerte bald zu Bonner Journalisten durch. Eine »Vorhinrichtung« nannte der *Spiegel* die öffentliche Debatte um die angebliche Homosexualität des Ex-Generals. Rudolf Augstein kommentierte: »Sollte er (Kießling) rehabilitiert werden, so wäre das so, als wollte man dem Seeräuber Störtebeker den Kopf wieder auf den Rumpf setzen, nachdem man ihn zuvor abgehackt hatte.«

Manfred von der Bundeswehr

Verteidigungsminister Wörner, selbst Oberleutnant der Reserve und ehemaliger Kampfflieger, geriet immer stärker unter Druck. SPD und Grüne warfen ihm vor, durch sein blindes Vertrauen zum MAD habe er seine Sorgfalts- und Fürsorgepflichten grob verletzt. Geheimdienstexperten bescheinigten dem Militärischen Abschirmdienst durchweg »Dilettantismus«. Nicht die einfachsten Regeln des nachrichtendienstlichen Handwerks waren beachtet worden. Um einem hohen Militär Erpressbarkeit nachzuweisen, hätte der Verdächtige observiert, Fotos und Filme hätten als Beweismaterial beschafft werden müssen. Im *Spiegel* machte sich ein hochrangiger Geheimdienstler lustig: »Wenn Sie mit einem Foto von mir durch das Tom-Tom gehen, gibt es mindestens zwei, die sagen: Den kenne ich.«

Die regierungskritische Presse machte aus der »Affäre Kießling« nun die »Affäre Wörner«. Erste Rücktrittsforderungen wurden laut. Offenbar zweifelte nun auch der Minister an der Zuverlässigkeit seines Abwehrdienstes und schaltete sich persönlich in die Ermittlungen ein. Am 13. Januar empfing der Oberbefehlshaber der Bundeswehr die beiden Kölner Kripobeamten, die im Herbst in der

Tom-Tom-Bar Kießlings Passbild herumgezeigt hatten. Laut Gesprächsprotokoll, das dem *Spiegel* zugespielt wurde, gaben die Beamten zu: Schon damals sei im Lokal von »Günter« oder »Jürgen von der Bundeswehr« die Rede gewesen. Einen Anlass für weitere Nachfragen sahen die Beamten aber nicht. Ihre Begründung: Sie hätten zu dem Zeitpunkt ja überhaupt nicht gewusst, um wen es sich auf dem Bild handelte! Jetzt war auch dem Minister endgültig klar, dass er ohne hieb- und stichfeste Beweise selbst Gefahr lief, seinen Posten vorzeitig räumen zu müssen. Im Rahmen des von Kießling in eigener Sache beantragten Disziplinarverfahrens wurden die beiden Fahrer des Generals stundenlang über ihr Sexualleben verhört. Besucherlisten und Reiseabrechnungen von Kießling wurden akribisch überprüft und Erkundungen über Kuraufenthalte eingezogen. In Sigmaringen fragten die Bundeswehrermittler tatsächlich nach, ob der Ex-General als Divisionskommandeur besonderes Interesse an der Beaufsichtigung von Duschräumen gezeigt hatte.

Mitte Januar tat die Kriminalpolizei zwei neue Zeugen auf, die Kießling angeblich aus der Schwulenszene kannten. Wieder schaltete Wörner sich persönlich ein und bat sie am 19. Januar ins Ministerium auf die Hardthöhe. Die beiden Kronzeugen entpuppten sich als schillernde Persönlichkeiten: Der eine war ehemaliger Ordensnovize und Mitgründer der »Partei der Homophilen«, der andere Ex-Stasi-Mitarbeiter und Generalsekretär der rechten Bewegung »Die Christlich-Konservativen«. Zwanzig Minuten lang lauschte der Minister ihren etwas wirren Ausführungen. Einen Tag später ließ er den Schriftsteller und Ex-Chefredakteur der Schwulenzeitschrift *du und ich*, Alexander Ziegler, samt Sekretär erster Klasse aus der Schweiz einfliegen. Ziegler empfahl sich brieflich als Zeuge und konnte angeblich nachweisen, dass Kießling mit einem Düsseldorfer Stricher namens Achim Müller intimen Kontakt gehabt hatte. Vor dem Treffen verlangte Ziegler die schriftliche Zusicherung, dass seine Anonymität gewahrt bliebe, solange er darauf bestünde. Auf der Hardthöhe angekommen konnte der Schweizer nur ein Skript vorweisen, dass vorgeblich ein Telefongespräch zwischen Stricher Müller und General Kießling protokollierte. Das Tonband dazu war verschwunden, ebenso Achim Müller. Wörner ließ Ziegler seine Aussage eidesstattlich versichern. Daraufhin wurden sämtliche 304 Wehrpflichtige mit Namen »Achim Müller« ermittelt, bei 22 überprüften die zuständigen Kreiswehrersatzämter die Personalunterlagen – ergebnislos.

Wörners Kronzeugen überprüfte die Bundeswehr allerdings nicht – doch das wäre durchaus aufschlussreich gewesen. Alexander Ziegler war in schwulen Kreisen lange als unseriöser »Affären-Jongleur« bekannt, der 1979 den österreichischen Außenminister zu Unrecht »geoutet« hatte. Kaum zurück in der Schweiz, schlachtete Ziegler das Treffen mit dem deutschen Verteidigungsminister aus und machte Eigenwerbung. Dem Züricher Boulevardblatt *Blick* gab er ein ausführliches Interview, in dem er mit seinem Auftritt auf der Hardthöhe prahlte. Überschrift: »Alexander Ziegler sagt, warum er Minister Wörner retten will.« Daneben druckte *Blick* das angebliche Tonbandprotokoll ab, das zum Teil pornografischen Inhalt hatte. Der Verteidigungsminister war bis auf die Knochen blamiert. Die angesehene Schweizer Zeitung *Weltwoche* titelte: »Die Politiker der ›moralischen Wende‹ auf der Suche nach Strichjungen.« Die *Frankfurter Rundschau* kam zu dem Schluss: »Jetzt reicht es endgültig. Verteidigungsminister Wörner muss seinen Hut nehmen. Die jüngste Spurensicherung des Ministers ist der Gipfel der Unerträglichkeit.« Immer mehr hohe Militärs, die zu Anfang des Skandals in Deckung gegangen waren, standen wieder öffentlich zu Kießling. General a. D. Gerd Schmückle sprach lakonisch von der »Mobilisierung nun auch der internationalen Stricherszene« und fasste zusammen: »Selbst bei größter Anstrengung hätte Kießling nicht den Schaden anrichten können, der durch die Behandlung des Falles durch das Ministerium entstanden ist.« Der Parlamentarische Geschäftsführer der Grünen Joschka Fischer prägte Wörners neuen Spitznamen: Manfred von der Bundeswehr.

Arrangieren und Aussitzen

Auch in den eigenen Reihen verlor Wörner rapide an Rückhalt. In einer Fragestunde im Bundestag hatte die CDU/CSU-Fraktion den Minister Mitte Januar noch uneingeschränkt verteidigt. Eine Woche später orakelte ihr Parlamentarischer Geschäftsführer Wolfgang Schäuble in einem Rundfunkinterview: »Nach der Rückkehr von Helmut Kohl« – der Kanzler befand sich gerade auf Staatsbesuch in Israel – »muss entschieden werden.« Viele Beobachter werteten dies als eine verschlüsselte Aufforderung, sich von Wörner zu trennen. Auch Ex-Verteidigungsminister Franz Josef Strauß meldete sich aus München zu Wort. Er hatte mit Kießling ein längeres Gespräch geführt und den Eindruck gewonnen: »Wenn der General nicht die Wahrheit sagt, muss er ein ganz großer Schauspieler sein.« In einem Interview mit der *Welt* brachte der Bayer sich postwendend als möglichen Nachfolger Wörners ins Gespräch: Er würde das Amt »wie eine Einberufung« auf sich nehmen. Dies musste Kohl misstrauisch machen, da Strauß das Amt bei der Regierungsbildung noch abgelehnt hatte. Offenbar spekulierte er jetzt darauf, einen durch die Flick- und Kießling-Affäre geschwächten Kanzler überrumpeln zu können. Der Taktiker Kohl reagierte – wie fast immer in seiner Amtszeit – mit großem machtpolitischen Gespür. Ein Rücktrittsangebot Wörners lehnte er ab. Dafür wies er seinen Verteidigungsminister an, die Ermittlungen gegen Kießling einzustellen und den General möglichst schnell zu rehabilitieren. Alle Recherchen des MAD hatten bis Ende Januar zu keinen belastenden Ergebnissen geführt. Wörner stand mit dem Rücken zur Wand und lenkte ein. Der Justiziar der CDU handelte mit Kießlings Anwalt die Modalitäten der Rehabilitierung aus. Wie ursprünglich vereinbart, sollte Kießling zum 31. März in den vorzeitigen Ruhestand treten, dann aber mit den üblichen militärischen Ehren verabschiedet werden. Am 1. Februar nahm Günter Kießling auf der Hardthöhe die Urkunde seiner Wiederernennung entgegen. Dieses Mal

Skandal im militärischen Sperrbezirk. Verteidigungsminister Wörner muss
General Kießling rehabilitieren.

händigte sie der Minister persönlich aus. Die Szene muss den Betei-
ligten ähnlich unangenehm gewesen sein wie die Entlassung im
Dezember. Zur gleichen Zeit stellte Helmut Kohl sich den Journalisten der Bundespressekonferenz. »Der General hat bittere Wochen durchmachen müssen«, lautete einer der Kernsätze seiner Erklärung. »Auch für Manfred Wörner war dies eine Zeit, an die er
sicher noch lange zurückdenken wird.« Der Kanzler erntete schal-
lendes Gelächter, und die *Süddeutsche Zeitung* kommentierte: »Der
Tag, an dem die Affäre Wörner so zum Abschluss gebracht wurde,
wird eingehen in die Annalen als der Augenblick, in dem sich Kohls
politischer Stil endgültig durchgesetzt hat: Arrangieren und Aussitzen.«

Nachhut: Gegendenunziation, Rehabilitation, Bauernopfer

Nicht ohne Schadenfreude nahmen viele von Kießlings Sympathisanten zur Kenntnis, dass Wörner am Ende der Affäre selbst ein Opfer sexueller Denunziation wurde. Der *Spiegel* glaubte, den tieferen Grund für Wörners Überreaktion zu kennen. Der Verteidigungsminister habe »panische Angst vor leichtfertigen Gerüchten« die schon länger in Bonn kursierten. Denn: »Er selbst sei nicht frei von jenen Neigungen, die er und sein MAD dem General Kießling nachsagten.« Die Gerüchte gingen auf eine Anzeige der »Schwulen Aktion Südwest« zurück. In einem Schweizer Homo-Magazin inserierte die Organisation vor der Bundestagswahl 1983: »Die CDU lehnt zwar alle unsere Forderungen kategorisch ab, hält sich aber einen schwulen Verteidigungsminister.« Die linke Zeitschrift *Konkret* legte in ihrer Februar-Ausgabe nach: Minister Wörner habe »gerade deshalb wieder geheiratet«, weil er in ähnlichem Verdacht wie Kießling stehe. *Bild* unterrichtete seine Leserschaft gewohnt einfach, aber einprägsam: »Homo-Gerüchte um Wörner – Minister empört«.

Seit Februar rekonstruierte ein Parlamentarischer Untersuchungsausschuss die Schlammschlacht. Die Ausschusssitzungen gerieten zum Tribunal über die Praktiken des MAD. Der Vorsitzende des Gremiums, Alfred Biehle (CSU), sprach von einem »abgrundtiefen Sumpf«. Bei der Bewertung der politischen Verantwortung waren sich die Parteien wie üblich uneinig. Union und FDP interpretierten die Entscheidungen des Verteidigungsministers vom Dezember 1983 als »rechtmäßig«. Das Argument: »Die ihm durch Staatssekretär Dr. Hiehle, Generalleutnant Windisch und Brigadegeneral Behrendt als zweifelsfreie Tatsachen vorgetragenen Erkenntnisse begründeten ein Sicherheitsrisiko, sodass nach vorliegenden Umständen Handeln geboten war.« Lobend erwähnten die bürgerlichen Ausschussmitglieder, dass Kanzler Kohl die Rehabilitierung zum »frühestmöglichen Zeitpunkt eingeleitet« habe. Die

Sozialdemokraten im Ausschuss wiederholten die Rücktrittsforde-rung, da Wörner seine »Sorgfalts- und Fürsorgepflichten grob ver-letzt« habe. Allein die Grünen monierten in ihrem Bericht, dass »einfache Homophilie« gar kein Sicherheitsrisiko darstelle. Die Bundesregierung habe nach ihrer Ansicht im Verlauf der Affäre nicht nur die Würde des Generals, sondern auch die von »Millionen Homosexuellen innerhalb und außerhalb der Bundeswehr« ver-letzt.

Manfred Wörner überstand »eine der widerlichsten Affären in der Geschichte der Bundesrepublik« (*Die Zeit*) politisch relativ unbeschadet. Er bedauerte öffentlich »die schweren Kränkungen«, die Kießling hatte hinnehmen müssen. Gleichzeitig verteidigte er sich: Mit der Entlassung nach § 50 habe er gehofft, öffentliche Dis-kussionen zu vermeiden. 1988 ging Wörner als Generalsekretär der NATO nach Brüssel. Als Folge des Skandals wurde statt Kießling Staatssekretär Hiehle in den vorzeitigen Ruhestand geschickt. Die Überwachung des Militärischen Abschirmdienstes lag in seinem Zuständigkeitsbereich. MAD-Chef Berendt musste gleichfalls zum Herbst 1984 seinen Posten räumen. Am 26. März wurde Kießling in Neustadt/Hessen in Anwesenheit von Wörner und NATO-General Rogers mit dem Großem Zapfenstreich verabschiedet. Die *Süddeutsche Zeitung* nannte »es ein beeindruckendes Erlebnis, das Personal eines politischen Skandals in erzwungener Einmütigkeit versammelt zu sehen«. Im Ruhestand lehrte Kießling als Dozent an der Universität Erlangen-Nürnberg, veröffentlichte mehrere Bü-cher und zahlreiche Aufsätze in militärischen Fachzeitschriften. Das turbulente Ende seiner soldatischen Karriere sah er im Rück-blick mit einer Mischung aus Bitterkeit und Genugtuung.

Nach der Wiedervereinigung geriet der Sittenskandal ein weite-res Mal kurz in die Schlagzeilen. Joachim Krase, 1983/84 zweiter Mann beim MAD, wurde als Stasi-Agent enttarnt. Bis heute bleibt unklar, welche Rolle die Staatssicherheit der DDR im Skandal um Günter Kießling spielte. Krase hatte für die Ermittlungen in Brüssel eine Entscheidung des Ministers verlangt. Die Zeitungen spekulierten Anfang der 90er Jahre, er habe Wörner damit bewusst in die Affäre hineinziehen wollen. Der beim MfS für Kießling zuständige Offizier Herbert Brehmer bestritt, dass Ostberlin Einfluss auf die Geschehnisse ausübte. In der Tat spricht wenig dafür, denn mit Ausnahme der Entscheidung über die Ermittlungen in Brüssel war Krase nur am Rande mit dem Fall befasst war. Durch eine offensive Einflussnahme hätte die Stasi im Zweifelsfall die Enttarnung ihres Agenten riskiert. Und der Preis wäre zu hoch gewesen: Krase war beim MAD unter anderem für die Spionageabwehr zuständig. Kießling selbst glaubte nicht daran, dass die DDR-Staatssicherheit den Skandal forcierte. Gleichzeitig wurde er nie den Verdacht los, dass hinter den sexuellen Verdächtigungen mehr stand als ein unbedachtes Geplauder am Rande eines Personalgesprächs. In Offizierskreisen wurde über eine Intrige des NATO-Geheimdienstes CI (Counter Intelligence) spekuliert, der auf Anweisung von General Rogers gehandelt haben könnte. Der CI verfügte über beste Kontakte zum MAD. Im Parlamentarischen Untersuchungsausschuss durfte dieser Frage »aus bündnispolitischen Gründen« nicht nachgegangen werden. In seinen Memoiren von 1993 schrieb Kießling: »Ich habe Zweifel, ob ich die volle Wahrheit dessen, was hinter dem Skandal steckte, noch erfahren werde.« Er zweifelt bis heute.

Der Skandal im militärischen Sperrbezirk

»Target fixation« nennen Militärpsychologen ein gefährliches Phänomen, das Kampfpiloten immer wieder erfasst: Sogar erfahrene Flieger sind im Einsatz so sehr auf ihr Ziel fixiert, dass sie ihre Umgebung nicht mehr wahrnehmen, die Kontrolle über die Maschine verlieren und letztlich abstürzen. Der Starfighterpilot der Reserve Manfred Wörner verlor die politische Orientierung, als Zweifel an der Entlassung von General Kießling aufkamen. Sein

Urteil musste unter allen Umständen standhalten, auch gegen das Ehrenwort des Soldaten. Zugegeben: Schlampige Recherchen von Geheimdiensten, unkritisch übernommen von der Ministerialbürokratie, waren nicht zum ersten Mal der Nährboden für eine Regierungskrise. Im Fall Kießling/Wörner kam jedoch hinzu, dass die moralischen Grundkoordinaten des Ministers nicht mit denen der Mehrheitsgesellschaft übereinstimmten. Für Wörner stand unverrückbar fest: Ein homosexueller General ist erpressbar und stellt ein Sicherheitsrisiko dar. Entsprechend setzte der Minister alles daran, den »Schuld-Beweis« zu erbringen. Einige Parteigänger der geistigmoralischen Wende mochten ihm dabei folgen – vielleicht auch viele Militärs, die sich nach dem Bekanntwerden der Vorwürfe unverzüglich von Kießling distanzierten. Die politische Öffentlichkeit sympathisierte allerdings sehr schnell und in deutlicher Mehrheit mit dem General.

1984 hatte die Bundesrepublik den Schritt zur durch und durch zivilen Gesellschaft endgültig vollzogen. Die Friedensbewegung hatte nach NATO-Doppelbeschluss und Pershing-II-Stationierung mit den Grünen ihre parlamentarische Vertretung gefunden. Der deutsche Soldat – nach damals noch gängiger Interpretation des Grundgesetzes beschränkt auf das Sandkastenspiel im heimischen Militärsperrbezirk – galt eher als Zivilversager denn als heldenhaftes Idol. Hierin unterscheidet sich Deutschland bis heute von den Vereinigten Staaten, Großbritannien oder Frankreich. Günter Kießling, tief gläubiger Protestant und Literaturliebhaber, war so zivil, wie ein hoher General nur sein konnte. Korrekt und unscheinbar, das Gegenbild zu seinem schneidig-zackigen NATO-Vorgesetzten Rogers. Die persönlichen Ermittlungen des Ministers im Strichermilieu und der damit verbundene – wahrscheinlich sogar ungewollte – Rufmord am General führten zur Solidarisierung mit dem Düpierten. Das von Wörner gebetsmühlenartig reaktivierte Sicherheitsargument zählte nicht. Selbst wenn Kießling tatsächlich schwule Kontakte gehabt haben sollte, so war das seinen Vorgesetzten dreißig Jahre lang nicht aufgefallen, oder es hatte sie dreißig Jahre lang nicht daran gehindert, ihn zum Vier-Sterne-General zu befördern. Drei Monate mehr oder weniger im Amt sollten nun plötzlich den Weltfrieden gefährden – das war der Öffentlichkeit nicht vermittelbar.

Die Bundesrepublik erwies sich erneut als ausgesprochen unanfällig gegen das Genre der politischen Sittenaffäre. Der britische Außenminister Profumo wurde nach Kontakten zu Prostituierten mit Schimpf und Schande aus dem Amt gejagt, Bill Clinton schrammte nach gentechnisch identifiziertem Spermafleck auf dem Kleid der Praktikantin und beispielloser Schlammschlacht haarscharf an der Amtsenthebung vorbei. Die Deutschen schert es nicht, ob ein Kanzler zum vierten Mal verheiratet ist oder der Regierende Bürgermeister von Berlin einen Lebensgefährten hat. Im auf Befehl sexfreien Raum der Armee wird Homosexualität wohl immer ein Problem bleiben. Doch schon 1984 war die westdeutsche Zivilgesellschaft wenig erpicht darauf, mit Details aus dem soldatischen Liebesleben belästigt zu werden. Sie nahm für sich die Regelung in Anspruch, die das amerikanische Militär Mitte der 90er Jahre für den Umgang mit schwuler Sexualität fand: »Don't ask, don't tell!« Dem selbst ernannten Adenauer-Enkel Kohl wäre die Affäre wohl erspart geblieben, hätte sein Kabinett zur gleichgeschlechtlichen Liebe ein ähnlich gelassenes Verhältnis gehabt wie sein politischer Übervater. Als das Gerede um die homosexuellen Neigungen seines Außenministers Heinrich von Brentano wieder einmal hochkochte, beschwichtigte Adenauer: »Was wollen Sie denn, meine Damen und Herren, bei mir hat er es noch nicht versucht.«

10

Waterkantgate –
Uwe Barschels Tod in der Badewanne
(1987)

»Über diese Ihnen gleich vorzulegenden eidesstattlichen Versicherungen hinaus gebe ich Ihnen, gebe ich den Bürgerinnen und Bürgern des Landes Schleswig-Holstein und der gesamten deutschen Öffentlichkeit mein Ehrenwort, ich wiederhole, ich gebe Ihnen mein Ehrenwort, dass die gegen mich erhobenen Vorwürfe haltlos sind.« 75 Minuten hatte Uwe Barschel geredet, in ernstem Tonfall, konzentriert, »gestärkt« durch ein Telefonat, das er zuvor mit Bundeskanzler Helmut Kohl geführt hatte, und »durchtragen von einem Gefühl der Sicherheit«, das ihm sein »reines Gewissen« vermittelte. Dann wurde der Ministerpräsident von Schleswig-Holstein pathetisch: Das »Ehrenwort« eines erfolgreichen Politikers musste schwerer wiegen als die abstrusen Anschuldigungen eines ehemaligen Boulevardjournalisten. Barschel verpfändete seine Ehre am 18. September 1987 vor Hunderten von Journalisten im Kieler Landeshaus. Die »haltlosen Vorwürfe« lauteten: Bespitzelung, Denunziation und Einschüchterung von Björn Engholm, Spitzenkandidat der SPD bei den Landtagswahlen. Erhoben hatte sie ein Mitarbeiter Barschels namens Reiner Pfeiffer, per eidesstattlicher Erklärung, die er dem *Spiegel* zur Verfügung stellte. Am Samstag, den 12. September, einen Tag vor der Landtagswahl, verbreitete der Norddeutsche Rundfunk vorab die Anschuldigungen. Am Sonntag, den 13. September, verlor die CDU in Schleswig-Holstein ihre absolute Mehrheit.

Was folgte, beschäftigt die Hobbykriminalisten bis heute. Am 11. Oktober fand ein Reporter des *Stern* Barschel tot in einer

Verfolgte Unschuld. Ministerpräsident Uwe Barschel verpfändet seine Ehre am
13. September 1987 in Kiel.

Badewanne im Genfer Hotel Beau Rivage. Die Autopsie ergab: eine
Überdosis von Schlaf- und Beruhigungsmitteln. Uwe Barschel
wurde 43 Jahre alt. In den drei Wochen zwischen seinem »Ehrenwort« und seinem tragischen Ende war der Ministerpräsident vom
Amt zurückgetreten, ein Parlamentarischer Untersuchungsausschuss hatte die Arbeit aufgenommen und Barschel in verschiedenen Punkten der Lüge überführt. Vieles deutete auf Selbstmord hin.
Kam der Suizid einem Geständnis gleich? Für viele Barschel-Geg-

ner schien der Fall klar: Der Mann mit den eisernen Ellenbogen hatte seinem Leben ein Ende bereitet, nachdem seine dreckigen Machenschaften aufgeflogen waren. Möglich, dass es so war. Bis heute allerdings ist der Selbstmord nicht zweifelsfrei erwiesen. Barschels Familie behauptete von Anfang an, der Ex-Ministerpräsident sei ermordet worden. Jahr für Jahr wuchsen die Zweifel an der These vom Suizid, genährt durch schlampige Ermittlungen der Genfer Staatsanwaltschaft. Und Jahr für Jahr machten neue Verschwörungstheorien die Runde. Nicht alle klingen vollkommen abwegig. Im Streit um die Frage »Mord oder Selbstmord?« ist der Mann weitgehend in Vergessenheit geraten, der die Affäre ins Rollen brachte: Reiner Pfeiffer, damals 48 Jahre alt und Mitarbeiter des Springer-Verlags.

»Dirty tricks«

Seit den 70er Jahren waren die Bremer Sozialdemokraten auf den Lokaljournalisten Pfeiffer nicht gut zu sprechen. Der Chefredakteur des CDU-nahen Anzeigenblatts *Weser Report* hatte den roten Filz in der Hansestadt zu seinem Lieblingsthema erkoren – und immer wieder prominente Genossen zu Fall gebracht. Das bekannteste Opfer war der Bausenator Hans Stefan Seifritz, der zurücktrat, nachdem Pfeiffer eine Serie über antisemitische Äußerungen des Lokalpolitikers aus dem Jahr 1944 veröffentlichte.

Geschichten wie diese machten das kostenlose Wochenblatt bekannt und wirtschaftlich erfolgreich. Pfeiffer steigerte die Auflage von mageren 20 000 Exemplaren auf 280 000. Unter Kollegen war er nicht sonderlich beliebt. Bescheidenheit gehörte kaum zu den Stärken von Reiner Pfeiffer, und seine journalistischen Methoden waren, zurückhaltend formuliert, »umstritten«. Mehrfach manipulierte Pfeiffer Fotos. Um zu beweisen, dass »Pass-Betrüger in Bremen leichtes Spiel haben«, trickste er die örtliche Behörde aus und ließ sich unter falschem Namen Reisedokumente ausstellen. 1983 berichtete der *Weser Report*, eine »DKP-Vorsitzende« setze in einem Jugendklub regelmäßig Kinder unter Alkohol, die dann »mit schwerer Zunge« verkündeten: »Wir pfeifen auf den Stress der Kapitalisten.« Die Beschuldigte war Sozialarbeiterin und nicht Vorsitzende der DKP. Sie verklagte die Zeitung, und kurz darauf quittierte Pfeiffer seinen Dienst, angeblich nicht wegen der Falschmeldung, sondern weil er sich mit dem Verlagsgeschäftsführer überworfen hatte.

Die kommenden Jahre hielt sich Pfeiffer als freier Journalist über Wasser. Im September 1986 heuerte er beim Springer-Verlag an, der ein lokales Boulevardblatt plante, das letztlich nie auf den Markt kam. Für Pfeiffer gab es keine Verwendung mehr. Sein Büroleiter stellte den Kontakt zur Regierungspressestelle in Kiel her, die gerade auf der Suche nach einem Medienreferenten war. Ein Pluspunkt im Lebenslauf des Journalisten: Er war jahrelang ehrenamtlicher Sprecher der CDU-Fraktion des Bremer Senats gewesen.

Am 17. November 1986 trat Pfeiffer zum Vorstellungsgespräch bei Barschel an. Zwanzig Minuten dauerte die Unterredung, dann war der Ministerpräsident überzeugt: Pfeiffer ist der richtige Mann für den Wahlkampf. Viel wurde später darüber spekuliert, ob der zweifelhafte Ruf des Bewerbers Barschel unbekannt oder gerade entscheidend war für die Einstellung. Klären konnte diese Frage bislang niemand. Pfeiffer jedenfalls wurde von Springer freigestellt und bezog nach einigen Wochen sein neues Büro in der Kieler Staatskanzlei. Sein offizieller Auftrag: »Beobachtung, Auswertung und Archivierung der Berichterstattung in Presse, Hörfunk und Fernsehen; Medienreport; Auswertung von Pressekonferenzen; redaktionelle Beiträge, Verbindung zur Fachpresse.« Barschel stellte Pfeiffer später als unbedeutendes Rädchen in der Ministerialbürokratie dar. Er selbst habe den Mitarbeiter in der Pressestelle kaum gekannt, ein Mann ohne Einfluss, der »wohl mal einen Namensartikel« für ihn verfasst habe. Der Medienreferent selbst sah seine

Hauptaufgabe in der »publizistisch-psychologischen Beratung« seines Chefs. Eine Sekretärin der Pressestelle sagte später aus: »Keiner wusste genau, was er machte, und er erzählte jedem, dass er für den Ministerpräsidenten geheime Sachen erledigen müsse.«

Was der Sohn eines Kriminalbeamten aus dem Betrugsdezernat damit meinte, brachte er ein knappes Jahr später öffentlich auf den Punkt: »Dirty tricks.« Da wurden Erinnerungen an den US-amerikanischen Watergate-Skandal wach. Mitarbeiter von Präsident Richard Nixon hatten im Vorfeld der Präsidentenwahl im Hauptquartier der Demokraten, dem Watergate-Gebäude, Abhörwanzen anbringen lassen, »fake letters« verschickt und im Privatleben der politischen Gegner herumgeschnüffelt. Die Geheimaktionen der Kieler Staatskanzlei, laut Pfeiffer allesamt auf Weisung Barschels durchgeführt, standen dem in nichts nach. Mit fünf schmutzigen Tricks wollte man den ehemaligen Bundesbildungsminister, smarten Frauentyp und populären Schöngeist Björn Engholm aus dem Rennen werfen:

- *Bespitzelung:* Nach wenigen Wochen im neuen Amt heuerte Reiner Pfeiffer den Bremerhavener Privatdetektiv Harry Piel an, der Engholm vierzehn Tage lang beschatten sollte. Laut Pfeiffer war Barschel zu Ohren gekommen, dass der SPD-Spitzenkandidat »sowohl homosexuell sei als auch ein ausschweifendes Leben mit dem weiblichen Geschlecht führe«. Der Detektiv sollte Beweise liefern. Die Kosten von 50000 Mark übernahm angeblich der mit Barschel eng befreundete Unternehmer Karl Josef Ballhaus, Geschäftsführer des Shampoo-Herstellers Schwarzkopf. Den Betrag wollte man als Entgelt für eine »Sicherheitsüberprüfung des Betriebsgeländes« verbuchen. Die freiberuflichen Mitarbeiter Piels, die Engholm schließlich observierten, flogen bei ihren Spähversuchen auf. Die Kriminalpolizei Lübeck ging der Sache nach, konnte aber keinen Auftraggeber ermitteln. Björn Engholm wurde über die Bespitzelungen nicht informiert.

- *Denunziation:* Mitte Januar 1987 setzte Pfeiffer eine Anzeige gegen Engholm wegen Steuerhinterziehung auf, deren Text – laut eidesstattlicher Aussage des Medienreferenten – Barschel wörtlich diktierte. Pfeiffer begab sich vergeblich auf die Suche nach einem CDU-Mitglied, das bereit war, die Anzeige zu unterschreiben. Schließlich schickte er das Schreiben am 22. Januar unter dem Pseudonym »H. Sapiens« an die Finanzbehörden. Kopien der Denunziationsbriefe sandte er per Einschreiben an den Ministerpräsidenten und den Finanzminister. Die angebliche Begründung Barschels: »Dann kann ich in der Sache besser nachhaken.« Hätte Engholm tatsächlich Steuern hinterzogen, sollte dies im Wahlkampf an die Presse lanciert werden. Wie Pfeiffer berichtete, teilte ihm der Ministerpräsident jedoch drei Wochen nach dem Abschicken der Briefe mit, Engholm habe seine Steuern »auf Heller und Pfennig« bezahlt – »leider«.

- *Nerventerror:* Anfang Februar rief Reiner Pfeiffer vom Dienstapparat eines Kollegen aus Björn Engholm an und gab sich als ein Arzt namens »Dr. Wagner« aus. Scheinbar besorgt riet der »Mediziner« dem SPD-Mann, schleunigst einen Aids-Test zu machen. Eine aidskranke »Person« – das Geschlecht ließ Pfeiffer bewusst offen – habe ihm in seiner Praxis erzählt, zu Engholm eine »intime Beziehung« gehabt zu haben. Am 17. Februar meldete sich der Pseudo-Doktor erneut beim Oppositionsführer und fragte nach, ob dieser schon etwas unternommen habe. Engholm verwies ihn an seinen Hausarzt. Eine Stunde später rief »Dr. Wagner« tatsächlich bei seinem »Kollegen« an und vereinbarte ein Treffen für Ende Februar. Kurz vor dem Termin sagte Pfeiffer ab und erklärte, die »infizierte Person« selbst werde sich bald unter einem »Kodewort« melden. »Das war die schmutzigste Aktion, die wir je gefahren haben«, prahlte der Medienreferent später. Einen klaren Beweis, dass Barschel die Aktion initiierte, konnte er indes nicht erbringen. Indizien gab es: Am

18. Februar verteilte der Ministerpräsident während einer Land-
tagssitzung, die nichts mit Gesundheitspolitik zu tun hatte, eine
Presseerklärung mit der Kernaussage: »Bester Schutz gegen Aids
ist Vertrauen in der Partnerschaft.« Rücksprache mit dem zuständigen Sozialministerium hatte der MP – das hausinterne Kürzel
für den Ministerpräsidenten – in dieser Sache nicht gehalten.

- *Zwietracht säen:* Heino Schomaker, Geschäftsführer der Grünen
  in Schleswig-Holstein, traute seinen Augen nicht, als er Anfang
  Mai 1987 die *Lübecker Nachrichten* aufschlug. Das Blatt zitierte
  ihn mit einem Kommentar zu Engholms kürzlich begangener
  Erwachsenentaufe. Der Eintritt in die Kirche sei »berechnend«,
  eine »durchsichtige Vorbeugungsmaßnahme« zum Wahlkampf
  und ein »Gipfel an Taktlosigkeit«. Engholm ärgerte sich maßlos
  über die »Stellungnahme« des potenziellen Koalitionspartners
  und den folgenden Pressewirbel. Eigentlich hatte er die Taufe
  »aus privaten Gründen« in aller Stille vollziehen wollen. Die
  Grünen fahndeten vergebens nach dem Absender der Faxmel-
  dung mit dem offiziellen Briefkopf der Partei. Wie sich später
  herausstellte, war es von Pfeiffers Sekretärin von einem Postamt
  aus an alle großen Zeitungen des Bundeslandes geschickt worden – kurz vor Redaktionsschluss, damit keine Rückfragen mehr
  möglich waren. Pfeiffer versicherte im Herbst an Eides statt,
  Barschel habe die fingierte Stellungnahme »sinngemäß vorfor-
  muliert«. Unabhängig von der falschen Pressemitteilung bemühte sich der Medienreferent bereits im März beim Landesamt
  für Verfassungsschutz um Material, das rechtsradikale Tenden-
  zen bei den Grünen belegen sollte. Und auch bei der Unabhängigen Wählergemeinschaft Schleswig-Holstein (UWSH), die der
  Union am rechten Rand Stimmen abzujagen drohte, versuchte
  Pfeiffer, mit intriganten Anrufen Vorstandsmitglieder gegen-
  einander aufzuhetzen. In diesem Fall gab er sich als *Bild*-Re-
  porter aus.

- *Vortäuschung eines Abhörversuchs:* Anfang September fädelte Pfeiffer seinen letzten Coup ein. Die Idee stammte angeblich wieder von Barschel. Bei der Kripo in Kiel fragte der Ex-Journalist nach einer Abhörwanze. Als ihm die Bitte verweigert wurde, erkundigte er sich bei mehreren Elektronikhändlern. Für wenige Tage später hatte Barschel eine Überprüfung seiner Telefonanlage angeordnet. Pfeiffer zitierte den Ministerpräsidenten mit den Worten: »Wenn der Techniker dann eine Wanze findet, sieht Herr Engholm ja wohl sehr schlecht aus.« Pfeiffer erzählte seinem direkten Vorgesetzten, Regierungssprecher Gerd Behnke, von dem Auftrag. Dieser sagte später aus: »Ich hielt das für einen schlechten Witz, deshalb habe ich die Sache nicht weiter verfolgt.« Letztendlich besorgte Pfeiffer keine Wanze, sondern traf sich mit mehreren *Spiegel*-Redakteuren und packte aus.

»Pfeiffer ins Gefängnis?«

Den anstrengenden Landtagswahlkampf wollte Uwe Barschel ruhig ausklingen lassen. Am Vortag der Wahl lud er ein Dutzend handverlesene Journalisten zu einer lockeren Plauderrunde bei Kaffee und Kuchen ein. Der politische Small Talk hatte gerade begonnen, da unterbrach der Radiosender NDR 2 sein Musikprogramm: »Wie der *Spiegel* in seiner kommenden Ausgabe berichtet …« Ein Nachrichtensprecher verlas eine fünfminütige Meldung, die Pfeiffers Anschuldigungen – 22 eidesstattlich versicherte DIN-A4-Seiten – zusammenfasste. Der Ministerpräsident wurde von einem Mitarbeiter aus der Runde herausgerufen. Die *Welt* schrieb später: »Als Barschel zurückkehrt, ist er nicht mehr derselbe Mann: Bleich wie Hamlets Geist, fahrig ringt er mit zitternden Händen nach Worten: ›Das muss ich Ihnen sagen. Es ist etwas Unglaubliches passiert.‹ Seine Hände krallen sich in das Polster der Stuhllehne. ›Im NDR soll gerade etwas gegen mich gelaufen sein.‹« Nun bombardierten

die Journalisten im Raum Barschel mit Fragen. Der starrte apathisch
aus dem Fenster. Zwei Stunden später hatte er sich wieder gefangen
und gab erste Interviews. »Erstunken und erlogen« seien die Vorwürfe seines Mitarbeiters. Auf einer improvisierten Pressekonferenz legte der Ministerpräsident am Abend nach: »Alle diese Vorwürfe sind im Grunde so absurd, dass mir die Worte fehlen. Ich
werde doch nicht einen Mann, der gerade zehn Tage bei uns ist, mit
einem solchen Auftrag bedacht haben.« Gleichzeitig ließ er prüfen, ob die Auslieferung des *Spiegel* noch zu stoppen war. Zu
spät. Das Opfer all der schmutzigen Tricks, Björn Engholm, forderte noch am gleichen Abend einen Parlamentarischen Untersuchungsausschuss.

Die Wahl am nächsten Tag brachte für die Union das schlechteste
Ergebnis seit 1958: 42,6 Prozent. Die SPD avancierte mit 45,2 Prozent zur stärksten Partei im Land. Die FDP übersprang zwar knapp
die Fünf-Prozent-Hürde, für eine schwarz-gelbe Koalition reichte
es trotzdem nicht. Pattsituation. Nur der Vertreter der dänischen
Minderheit vom Südschleswigschen Wählerverband (SSW) konnte
Barschel die Mehrheit im Landtag verschaffen. Die CDU zeigte sich
am Wahlabend wütend. Der CDU-Landesvorsitzende und Bundes-
finanzminister Gerhard Stoltenberg machte die »Schmutzkampagne« der »linken Kampfpresse« für das Debakel verantwortlich. In
der Bonner Runde nannte Bundeskanzler Helmut Kohl die Vorab-
meldung des *Spiegel* »ein Stück aus dem politischen Tollhaus, dass
ein solcher Vorgang erst präpariert wird und dass man dann die
Bombe in die Wahl hineinwirft«. Barschel kündigte im Fernsehen
an, das Nachrichtenmagazin zu verklagen. Die Chancen schienen
nicht schlecht, schließlich fußten bislang alle Anschuldigungen auf
einer einzigen Quelle: auf den Aussagen des unseriösen Medienreferenten Pfeiffer. Dagegen stand das Wort des Ministerpräsidenten.
Sollten vielleicht der *Spiegel* oder die Opposition die Aktion initiiert haben, um Barschel zu diskreditieren? Presse und Öffentlichkeit waren verwirrt. Eine Umfrage des Forsa-Instituts ergab:

36 Prozent der Schleswig-Holsteiner glaubten Barschel, 16 Prozent seinem Mitarbeiter. Fast die Hälfte der Befragten war sich nicht sicher, wer von beiden die Wahrheit sagte.

In den kommenden Tagen ging Pfeiffer in die Offensive. Der fristlos entlassene Ex-Medienreferent legte Dokumente vor, die auf eine Mittäterschaft Barschels deuteten. Darunter befanden sich handschriftliche Notizen des Ministerpräsidenten über sämtliche Einkommensquellen Engholms sowie eine vierseitige Aufstellung aller Gehalts- und Sonderzahlungen des SPD-Politikers, zusammengetragen von Personalplanungsreferent Claus Asmussen. Beide Listen dienten, so Pfeiffer, zur Vorbereitung der anonymen Steueranzeige. Finanzstaatssekretär Carl Hermann Schleifer musste auf einer Pressekonferenz zugeben, dass in seinem Ministerium tatsächlich eine solche Anzeige gegen Engholm eingegangen war. Sein Amtskollege aus dem Innenministerium, Hans Joachim Knack, bestätigte: Kripobeamte hatten in der Tat im Februar zwei Detektive auf den Fersen Engholms erwischt, das Spionageopfer aber über den Vorfall nicht informiert. Angeblich eine gängige Verwaltungspraxis. Das schwerste Indiz für Barschels Schuld lieferte dessen Freund Ballhaus. Der musste einräumen, an die Detektei Piel einen Auftrag über 50 000 DM für »eine Sicherheitsüberprüfung« des Schwarzkopf-Firmengeländes vergeben zu haben, genau wie Pfeiffer behauptet hatte. Woher hätte der Medienreferent von dem Auftrag wissen sollen? Und irgendjemand musste die Beschattung schließlich finanziert haben.

Die Zeichen sprachen gegen Barschel. Es erschien immer unwahrscheinlicher, dass ein durchgeknallter Einzeltäter ohne ersichtliches Motiv hinter den Geheimaktionen stand. Zumindest war es nur schwer vorstellbar, dass in der Staatskanzlei niemand etwas von den illegalen Machenschaften mitbekommen hatte. Die CDU-Fraktion forderte den Ministerpräsidenten auf, die Anschuldigungen schlüssig zu entkräften. Auch die Liberalen gingen deutlich auf Distanz: »Es gibt keine personelle Beteiligung der FDP an einem

Dirty Tricks an der Waterkant. Der Ex-Boulevard-Journalist Reiner Pfeiffer hat SPD-Spitzenkandidat Björn Engholm bespitzeln lassen – angeblich auf Weisung von Uwe Barschel.

Kabinett, über dem ein solcher Verdacht schwebt.« Die *Welt* konstatierte: »Mit ganzer Verve legt sich niemand mehr für den in schlimme Bedrängnis geratenen Ministerpräsidenten ins Zeug. Man wartet geschockt und wie gelähmt ab, was da an neuen Enthüllungen noch kommen mag.«

Pfeiffer nannte genaue Zeitpunkte, wann er von Barschel die kriminellen Aufträge erhalten hatte. Alles passte zusammen, Widersprüche waren nicht zu erkennen. Stattdessen bestätigte Pfeiffers Sekretärin Jutta Schröder die Anschuldigungen vor der Staatsanwaltschaft. Volljurist Barschel geriet in Zugzwang. Seit die Vorwürfe publik geworden waren, hatte er nur pauschal dementiert: Beschattung, Steueranzeige, Wanze – von all dem wollte er erst durch den *Spiegel* erfahren haben. Auf der Pressekonferenz vom 18. September bombardierte er die Journalisten mit Daten und Details und legte ein ganzes Bündel eidesstattlicher Versicherungen vor, die Pfeiffers Anschuldigungen Punkt für Punkt widerlegen sollten. Die Sekretärinnen bezeugten, dass nie eine Kopie der Steueranzeige in der Staatskanzlei eingegangen war. Auch das Finanzministerium hatte sie angeblich nicht informiert. Barschels Fahrer gab an, sein Chef habe am Abend des 8. September Pfeiffer nicht vom Autotelefon aus angerufen, um sich – so behauptete der ehemalige Medienreferent – über die Fortschritte bei der Wanzenbeschaffung zu informieren. Barschels Gattin Freya war sich sicher: Pfeiffer war nur ein einziges Mal für anderthalb Stunden im Privathaus zu Besuch gewesen, von einem besonderen Vertrauensverhältnis könne also keine Rede sein. Den Versicherungen an Eides Statt folgte das viel zitierte Ehrenwort. Die Kombination aus juristischer Beweisführung und pathetischem Gelöbnis verfehlte die gewünschte Wirkung nicht. Kaum war die vierstündige Pressekonferenz beendet, kamen in der Kieler Staatskanzlei die ersten Glückwunschtelegramme an. Gerhard Stoltenberg resümierte: »Uwe Barschel hat die diffamierenden Anschuldigungen überzeugend widerlegt.« Helmut Kohl sprach dem Parteifreund aus dem Norden wieder »jedes Vertrauen« aus.

Auch die meisten Journalisten schienen überzeugt: Das Ehrenwort eines rechtschaffenen Ministerpräsidenten hatte mehr Gewicht als die obskuren Verschwörungstheorien eines »medizinischen Falls« (*Die Welt*). Der NDR kommentierte: »Es wird Barschel ein Leichtes sein, die nächste Legislaturperiode als Ministerpräsident zu überstehen.« Rücktrittsforderungen seien absurd. *Bild* fragte kurz und bündig: »Pfeiffer ins Gefängnis?« Und Henri Nannen, der ehemalige Herausgeber des *Stern*, sah einen Presseskandal zulasten des *Spiegel* heraufziehen. Er bemerkte süffisant: »Das wäre dem *Stern* nach den Hitler-Tagebüchern nicht mehr passiert.«

Das Kartenhaus stürzt ein

Einige Zeitungen bemerkten dennoch gewisse Unstimmigkeiten. Warum fehlte auf einer Pressekonferenz von solcher Wichtigkeit der Pressesprecher der Landesregierung, Gerd Behnke, zumal dieser der direkte Vorgesetzte Pfeiffers und somit unmittelbar beteiligt war? Barschel begründete dessen Abwesenheit lapidar mit »einem auswärtigen Termin«. Und warum war der Mann mit dem langen journalistischen Sündenregister überhaupt eingestellt worden? Auf der Pressekonferenz zitierte die CDU-Führung jetzt selbst ausführlich aus Pfeiffers krudem Lebenslauf.

FDP-Chef Wolf-Dieter Zumpfort überzeugte die Ehrenwort-Show nicht. Zwar nahm er mit dem Ministerpräsidenten Koalitionsverhandlungen auf, weigerte sich jedoch, nach den Treffen mit Barschel vor Kameras und Fotografen zu posieren. Seine Begründung ließ aufhorchen: »Eine Koalitionsaussage besteht nur gegenüber der Union, nicht gegenüber dem amtierenden Ministerpräsidenten.« Barschel nannte das später eine »öffentliche Vorverurteilung«. In den kommenden Tagen lancierte Pfeiffer weitere Details – und verbuchte im Verwirrspiel um die Wahrheit erneut Geländegewinne. Die Staatskanzlei musste eingestehen, dass Barschel schon vor dem von ihm angegebenen Termin über die versuchte Wanzenbeschaffung informiert wurde.

Uwe Barschels Rücktritt kam für viele Beobachter dennoch überraschend. Am 25. September, genau eine Woche nach seiner vollmundigen Unschuldsbeteuerung, übernahm der Ministerpräsident »die politische Verantwortung« für Pfeiffers schmutzige Machenschaften und schmiss die Brocken hin. Als Grund gab er an: »Nach den Erklärungen des FDP-Vorsitzenden Zumpfort sehe ich nicht, wie unter meiner Führung eine Koalition des Vertrauens zustande kommen könnte.« Die unerwartete Entscheidung könnte allerdings auch eine andere Ursache gehabt haben. Am Tag vor dem Rücktritt erfuhr Barschel, dass ein Computer im Kieler Innenministerium alle Anrufe von Apparaten der Staatskanzlei mit Anrufzeit und gewählten Nummern speicherte. Die zentrale Fernmelderechnungsstelle der Post in Mannheim registrierte Gleiches bei Barschels Autotelefon.

Nun ging es Schlag auf Schlag. Barschels Anwalt Michael Kohlhaas teilte mit, dass am Abend des 8. September doch vom Dienstwagen aus mit Pfeiffer telefoniert wurde. Der Jurist präsentierte eine neue, wenig glaubhafte Version: Nicht Barschel habe den Referenten angerufen, sondern der stellvertretende Regierungssprecher Herwig Ahrendsen. Eine Überprüfung der Posteingangslisten der Staatskanzlei legte den Schluss nahe, Barschels Büro habe doch eine Kopie der anonymen Steueranzeige gegen Engholm erhalten. Am 2. Oktober trat der neue Landtag erstmals zusammen und beschloss einstimmig, einen Parlamentarischen Untersuchungsausschuss einzusetzen. Fünf Tage später begann das Gremium mit der Arbeit, und gleich zu Beginn wartete Finanzminister Roger Asmussen mit einer Sensation auf. Er bestätigte, dass Barschel bereits im Februar von der Anzeige gegen Engholm wusste. Der Ministerpräsident habe sich telefonisch im Finanzministerium nach dem Stand der Ermittlungen erkundigt. Damit war eine der entscheidenden Behauptungen Pfeiffers bewiesen und Barschels eidesstattliche Versicherung »keinen Pfifferling mehr wert«, wie das ZDF formulierte. Der Skandal hatte seinen ersten Wendepunkt erreicht. Die Staatsanwaltschaft stellte nun einen Anfangsverdacht gegen den Politiker fest und beantragte, dessen parlamentarische Immunität aufzuheben. Gerhard Stoltenberg legte Barschel daraufhin nahe, sein Landtagsmandat zurückzugeben. Das Wort vom Meineid machte die Runde. Selbst die zurückhaltende *Frankfurter Allgemeine Zeitung* war sich nun sicher: »Barschel ist der Lüge in Teilen seiner Aussage überführt.«

Die Hiobsbotschaft erreichte den Beschuldigten auf Gran Canaria. Einen Tag vor der Aussage Asmussens hatte sich Barschel in den Urlaub verabschiedet. In der Ferienanlage eines befreundeten Berliner Bauunternehmers wollte er mit seiner Frau »ungestört Abstand gewinnen und gemeinsam in den neuen Lebensabschnitt hinübergleiten«. Der Untersuchungsausschuss entschied, Barschel umgehend nach Kiel zurückzurufen. Am Montag, den 12. Oktober, sollte er vor den Obleuten Rede und Antwort stehen. In einem Interview mit *Bild* beteuerte Barschel am Freitag noch einmal seine Unschuld und zeigte sich tief enttäuscht darüber, dass ihn seine Partei so schnell hatte fallen lassen. Am gleichen Tag schickte er ein Fernschreiben an CDU-Fraktionschef Klaus Kribben: »Leider bin ich jetzt in meinem Kampf für die Erhellung der vollen Wahrheit fast auf mich allein gestellt.« Das Fax endete geheimnisvoll: »Aufgrund einer Information, die ich vor einigen Tagen erhalten habe und der ich noch am Wochenende persönlich nachgehen werde, könnte ich vielleicht schon am Montag einen wesentlichen Beitrag zur Aufklärung leisten.« Deutlicher könne er per Fernschreiben leider nicht werden.

Am Samstagmorgen brach Barschel in aller Frühe auf, ganze zweieinhalb Stunden vor dem Abflug. »Es war ein Abschied wie immer«, gab seine Ehefrau später zu Protokoll. Auffällig war nur, dass Barschel so zeitig ins Taxi stieg, denn von der Ferienanlage bis zum Flughafen waren es mit dem Auto gerade zwanzig Minuten. Dort erschien er trotzdem erst kurz vor dem Start seiner Maschine. Er wirkte gehetzt und verschwitzt. Was Barschel in den zwei Stunden zwischen Verabschiedung und Check-in machte, ist bis heute unklar. Möglicherweise besorgte er sich in der Inselhauptstadt Las Palmas zusätzliche Beruhigungstabletten, obwohl ihm sein Hausarzt bereits in Kiel verschiedene Tranquilizer in die Reiseapotheke gepackt hatte. Barschel nahm zu jener Zeit regelmäßig Beruhigungsmittel in Dosen, die auf eine Medikamentenabhängigkeit schließen ließen. Einer der Gründe hierfür: Im Sommer war Barschel mit einem Kleinflugzeug verunglückt und hatte den Absturz als Einziger von vier Insassen überlebt. Die genauen Umstände des Unfalls wurden nie geklärt. Den Wahlkampf begann Barschel noch auf Krücken. Kaum war er halbwegs genesen, folgte der Skandal. Der stabilste Charakter wäre vor diesem Hintergrund wohl in Versuchung geraten, zu Psychopharmaka zu greifen, und Barschel hatte noch nie einen besonders gelassenen Eindruck gemacht.

Mit oder ohne zusätzliche Medikamente im Gepäck: Um 10.30 Uhr stieg Barschel in eine Maschine der spanischen Fluglinie Iberia. Zielflughafen war nicht Hamburg, wie ursprünglich gebucht, sondern Genf. Im Flugzeug notierte der Passagier erstmals den Grund für seinen Zwischenstopp in der Schweiz. Ein gewisser »Roland Roloff« habe ihn in seinem Feriendomizil angerufen: »Habe Eindruck, Name stimmt nicht. Will mir helfen gegen Pfeiffer.«

Tod in der Badewanne

Das Hotel Beau Rivage am Ufer des Genfer Sees war bereits vor dem 10. Oktober 1987 der Schauplatz historischer Ereignisse. Im Jahr 1898 wurde Elisabeth Kaiserin von Österreich und Königin von Ungarn direkt vor dem Hotel mit einer Feile niedergestochen. Sissi verblutete im Foyer des Traditionshauses. Blutbefleckte Utensilien der Kaiserin sind noch heute in einer Vitrine im Beau Rivage ausgestellt. Uwe Barschel erreichte das Hotel am Nachmittag. Was in den letzten Stunden seines Lebens geschah, weiß niemand genau. Im Zimmer griff er wieder zum Notizblock: »Treffen mit ›R. R.‹ hat geklappt. Tatsächlich. Er hat mir viel erzählt.« Es folgte die berühmte Geschichte vom unbekannten Dritten, der angeblich beweisen konnte, dass Barschel das Opfer eines Komplotts war. Pfeiffer habe Hintermänner gehabt, einer von ihnen sei ein »ausgebildeter Passfälscher« gewesen. Zunächst habe Pfeiffer Barschel erpressen sollen. »Da bei mir nichts zu holen war (kein Geld), ›Überwechseln‹ zur SPD/*Spiegel*«, heißt es in den Notizen. »Genaue Einzelheiten weiß R. R. auch nicht.« Als Beweis wollte der ominöse Roloff angeblich ein Foto liefern, das Pfeiffer mit dem »Passfälscher« zeigte.

Nachdem Barschel die Aufzeichnungen abgeschlossen hatte, rief er zunächst seine Frau, dann seine Schwester Folke, anschließend seinen Bruder Eike an. Allen erzählte er, wohl sehr erleichtert, von seinem Gespräch mit Roloff. Am nächsten Tag sollte er entlastendes Material erhalten. Eike Barschel wohnte in der Nähe von Genf, Uwe Barschels Kinder waren gerade dort zu Besuch. Für den Abend verabredete man, gemeinsam in den Zirkus zu gehen. Um 18.31 Uhr bestellte der Ex-Ministerpräsident eine Flasche Beaujolais beim Zimmerservice. Eine halbe Stunde später rief er noch einmal seinen Bruder an. Dieses Mal klang Uwe Barschel aufgeregt: »Die Transaktion beginnt jetzt.« Vielleicht käme er erst zur Pause in den Zirkus, falls nicht, schaue er am nächsten Morgen zum Frühstück vorbei.

Barschel kam am Morgen des 11. Oktober nicht zum Frühstück. Auch sein Zimmer schien er nicht verlassen zu haben. Seit den frühen Morgenstunden saß der *Stern*-Reporter Sebastian Knauer im Foyer des Beau Rivage, um den Politiker für ein Interview abzupassen. Die Warterei nervte den Journalisten. Er ging hoch zum Zimmer und klopfte mehrfach an der unverschlossenen Tür. Als niemand antwortete, drang er in das Hotelzimmer ein und entdeckte Barschel tot in der Badewanne – angezogen und ein Handtuch um den Arm gewickelt. Verwirrt rief Knauer seinen Ressortleiter in Hamburg an und fragte, was er und Fotograf Hanns-Jörg Anders nun tun sollten. Hamburg gab die Order: »Geht rein, fasst nichts an, fotografiert alles. Dann holt die Polizei und schafft vorher die Filme beiseite.« Um kurz nach 13 Uhr verständigten die beiden *Stern*-Mitarbeiter den Hoteldirektor, eine Stunde später traf die Genfer Kripo im Beau Rivage ein. Um 15.29 Uhr meldete Associated Press als erste Nachrichtenagentur: »Eilt – Barschel tot aufgefunden.« Der *Stern* brachte das Bild des toten Politikers auf der Titelseite. Chefredakteur Heiner Bremer nahm die harsche Kritik am »Sudeljournalismus« des Magazins gelassen hin – die Auflagensteigerung ebenfalls.

Die Schweizer Kriminalbeamten ließen bei der Spurensicherung im Beau Rivage kaum einen Fehler aus, den sie hätten machen können. Sie vergaßen, die Körpertemperatur der Leiche und die Wassertemperatur in der Badewanne zu messen, weshalb der Todeszeitpunkt niemals exakt bestimmt werden konnte. Der Polizeifotograf stellte an seiner Kamera versehentlich die Funktion »Blitzlichtbirne« ein, knipste aber mit Elektronenblitz. Das Ergebnis waren Bilder, auf denen durch den Grünstich kaum etwas zu erkennen war. Die unerfahrene Ermittlungsrichterin Claude-Nicole Nardin machte die Verwirrung komplett: Sie behauptete, dass im Hotelzimmer keine Notizen gefunden wurden und sprach von einer »natürlichen Todesursache«. Entsprechend groß waren die Zweifel, als die Schweizer Behörden sich schnell auf die Selbstmordthese festlegten. Allzu viele Merkwürdigkeiten waren publik geworden: Die Tür zum Hotelzimmer war nicht verschlossen gewesen, obwohl Selbstmörder in aller Regel sicherstellen, dass sie niemand stört. Die Rotweinflasche, die Barschel am frühen Abend bestellt hatte, war verschwunden, ebenso alle Medikamentenpackungen. Stattdessen fand man eine Mini-Whiskeyflasche mit den Spuren eines der Gifte, das Barschel tötete. Aus dem Terminkalender des Hotelgastes waren mehrere Seiten herausgerissen. An seinem Hemd fehlte ein Knopf, der im Zimmer auf dem Boden lag – ein Anzeichen für Gewaltanwendung? Und dann war da noch der Schlafanzug, ausgepackt und auf dem Bett ausgebreitet. Wer sich in einer Badewanne das Leben nehmen will, bereitet sich kaum aufs Schlafengehen vor. Es sei denn, er möchte den Selbstmord als Mord tarnen und ist ohnehin schon von Medikamenten und Alkohol reichlich umnebelt. Ein Helfer könnte Barschel eventuell beim Selbstmord assistiert und extra falsche Spuren gelegt haben. Eike Barschel geriet in den Verdacht, seinem Bruder diesen letzten Dienst erwiesen zu haben. Denkbar war auch: Die windigen *Stern*-Journalisten fassten alles Mögliche an, als sie das Zimmer durchsuchten, bekamen dann einen Riesenschreck und ließen Flasche sowie Tablettenpackungen sicherheitshalber verschwinden. Das jedenfalls vermutet bis heute der damalige Chef der Schweizer Kriminaltechnik.

Für Verschwörungstheoretiker in aller Welt war Uwe Barschels
Tod in der Badewanne ein gefundenes Fressen. Ein toter Skandal-
politiker in der Welthauptstadt der Waffenschieberei, dazu dilettan-
tische Ermittler und jede Menge mysteriöse Spuren: Das bot der
Fantasie ähnlich viel Raum wie die letzten Stunden im Leben von
Marilyn Monroe. Zu den Verschwörungstheorien später mehr.
Deutsche Medien und die Öffentlichkeit wollten zunächst von
einem Komplott wenig wissen. Die erste Autopsie der Leiche in
Genf ergab keine Hinweise auf »Fremdeinwirkung«, und Argumente gegen die Mordthese waren zahlreich vorhanden. Ein professioneller Mörder, der seine Tat als Suizid tarnen wollte, hätte wohl
kaum vergessen, die Medikamentenpackungen neben die Badewanne zu legen. Die Giftmixtur in Barschels Blut entsprach einer
Empfehlung der Deutschen Gesellschaft für humanes Sterben, die
mit einer Anleitung zum Suizid unheilbar Kranken den Weg aus
unerträglichem Leiden weisen wollte. Am wichtigsten jedoch erschien Zeitungsmachern wie Lesern: Wie sich die Dinge darstell-
ten, hatte Barschel ein klares Selbstmordmotiv – seine Schuld.
»Plötzlich standen die Wahrheitssuchenden Schlange«, bemerkte
die *Zeit* einige Wochen nach dem Tod. Im Kieler Untersuchungsausschuss zogen sämtliche Mitarbeiter Barschels ihre eidesstattlichen Versicherungen zurück. Der Fahrer gestand unter Tränen, dass
sein Chef sehr wohl an besagtem Tag vom Autotelefon aus mit
Pfeiffer telefoniert hatte. Die Sekretärinnen berichteten, dass Barschel die eidesstattlichen Erklärungen selbst formuliert und sie zur
Unterschrift »wie am Fließband« gedrängt hatte. Der treueste
Gefolgsmann des ehemaligen Landeschefs, Vize-Pressesprecher
Ahrendsen, wollte bis zum Schluss alle Verantwortung auf sich nehmen. Schließlich musste auch er vor dem Telefoncomputer kapitu-
lieren. Seine Entschuldigung: »Ich deckte den amtierenden Ministerpräsidenten und nicht irgendeinen Kriminellen.«

Alles passte ins Bild. Durch besondere Fairness im politischen
Geschäft war Barschel noch nie aufgefallen, und der Wahlkampf

wäre auch ohne Pfeiffers Zutun eine schmutzige Angelegenheit
geworden. Die CDU hatte in einer Broschüre mit dem Titel »Betr.
Engholm« allen Ernstes suggeriert, dass die SPD »Sex mit Kindern«
befürworte. Die beeindruckende Karriere des Ministerpräsidenten bot zudem die ausreichende Fallhöhe, die einen Selbstmord erklärbar machte. Mit 25 Jahren war Barschel stellvertretender Landesvorsitzender seiner Partei, mit 27 Fraktionsvorsitzender im
Landtag, mit Anfang 30 Minister. Als Ministerpräsident Gerhard
Stoltenberg zum Finanzminister in Helmut Kohls Kabinett gerufen
wurde, war Barschel gerade 38 und plötzlich erster Mann im Bundesland. Nebenbei hatte der Jurist gleich zweimal promoviert: in
Jura und in Politikwissenschaften, was ihm den Spitznamen »Baby-
Doc-Doc« einbrachte. Er hatte eine von Bismarck geheiratet und
vier Kinder in die Welt gesetzt. Die Fassade des bürgerlichen Er-
folgs war perfekt: »Mein Hobby ist meine Familie.« Wann immer
möglich, sprach Barschel diesen Satz in die Mikrofone. 1987 drohte
die Union zum ersten Mal nach 37 Jahren die Macht in Schleswig-
Holstein zu verlieren. Für den maßlos ehrgeizigen Barschel muss
diese Vorstellung unerträglich gewesen sein, zumal der politische
Gegner ein leichtfüßiger Schöngeist war, dem die Erfolge nur so
zuflogen. Der Selbstmord erschien wie das ultimative Schuldeingeständnis eines hybriden Machtpolitikers, der sich aus Angst vor
dem Machtverlust einen zwielichtigen Gesellen für schmutzige
Machenschaften ins Boot geholt hatte. Und umgekehrt: Die offen-
sichtliche Schuld lieferte scheinbar den besten Beweis für die Selbstmordthese.

Der Skandal in der Schublade – Vom Ehrenwort zur Petitesse

Ende Oktober wurde Uwe Barschel beerdigt. Fast alle deutschen
Spitzenpolitiker und viele tausend Bürger erwiesen ihm die letzte
Ehre. Der Lübecker Bischof Ulrich Wilckens sagte in der Trauer-

rede: »Solange es schlicht als Katastrophe gilt, wenn die einen die anderen in der Macht ablösen, und die Macht zu verlieren als Schande gilt, solange werden alle durch die Jahrhunderte bekannte Gefahren der Macht vielfache und vielfältige Chancen bekommen, unserem Gemeinwesen, gerade dem demokratisch verfassten, in seiner Wurzel zu schaden. Und es steht sehr wohl zu befürchten, dass hier der eigentliche Herd der Krankheit liegt, die Uwe Barschel hingestreckt, aber auch viele andere befallen hat.« Im Parlamentarischen Untersuchungsausschuss fragten weder CDU noch SPD allzu genau nach, wen die Machtkrankheit außer Uwe Barschel tatsächlich noch befallen hatte. In den kommenden vier Monaten konzentrierten sich die Mitglieder des Gremiums darauf, die Schuld des Toten zu rekonstruieren. Der CDU war daran gelegen, Barschel als Einzeltäter hinzustellen und die Mitschuld anderer auszuschließen: Als der als ausgesprochen integer geltende Obmann der Union im Ausschuss, Trutz Graf Kerssenbrock, seine eigene Partei im Rahmen einer Zwischenbilanz kritisierte, musste er auf Druck seiner Parteifreunde den Ausschuss verlassen. Auch auf die Sozialdemokraten fielen schon frühzeitig Schatten. Noch vor Barschels Tod gaben der SPD-Landesvorsitzende Günther Jansen und sein Pressesprecher Klaus Nilius zu, dass Reiner Pfeiffer ihnen bereits im Sommer von den Machenschaften der Staatskanzlei erzählt hatte – also lange bevor der *Spiegel* die Anschuldigungen veröffentlichte. Warum unternahmen sie nichts? Angeblich hielten die beiden den Mann für einen unglaubwürdigen »agent provocateur«. Und Björn Engholm? Der habe von den Kontakten zu Pfeiffer nichts gewusst. Das allerdings bezweifelte die CDU. Warum sollte ausgerechnet der sozialdemokratische Spitzenkandidat nicht informiert gewesen sein? Nach insgesamt 80 Sitzungen legte der Ausschuss am 5. Februar 1988 unter allgemeinem Beifall seinen Abschlussbericht vor. Die CDU kam in ihrer Bewertung zu dem Ergebnis: »Der frühere Ministerpräsident Dr. Barschel war an den unlauteren und ungesetzlichen Machenschaften persönlich beteiligt, teils geschahen sie auf seinen persönlichen Wunsch hin, teils wirkte er mit, teils duldete er sie.« Parteiübergreifend wurde die »rückhaltlose Aufklärung« gepriesen. Die Journalisten Cordt Schnibben und Volker Sierka feierten in ihrem Buch zur Waterkant-Affäre *Macht und Machenschaften* den Ausschuss als den »erfolgreichsten in der Parlamentsgeschichte«.

Für den 8. Mai wurden Neuwahlen angesetzt. Dieses Mal fassten sich die Kontrahenten mit Samthandschuhen an. Sie führten einen »Schmusewahlkampf« und prägten damit den Ausdruck einer »neuen politischen Kultur« im Land. Björn Engholm lächelte am Wahlabend bescheiden und ausdauernd in die Kameras. Die SPD erhielt 54 Prozent der Stimmen. Unter die Barschel-Affäre, so glaubten viele, konnte nun ein Schlussstrich gezogen werden. Der Skandal hatte seine ureigene Funktion erfüllt, die demokratische Selbstreinigung hatte obsiegt: Der Täter richtete sich selbst, und das sympathische Opfer der schmutzigen Tricks war nun Ministerpräsident.

Fünf Jahre später holte der Skandal die Sozialdemokraten ein. Im Frühjahr 1993 berichtete der *Stern*, Reiner Pfeiffer habe in den Jahren nach 1988 rund 50 000 Mark aus SPD-Kreisen erhalten. Günther Jansen, inzwischen Sozialminister und stellvertretender Ministerpräsident, nahm alle Schuld auf sich. »Aus Mitleid« habe er privat für den einstigen Kronzeugen Geld gesammelt und in seinem Schreibtisch aufbewahrt. Die »Schubladenaffäre« nahm ihren Lauf. Der Zweite Kieler Untersuchungsausschuss stellte fest, dass die SPD vor der Landtagswahl Pfeiffers Aktionen gezielt zum eigenen Vorteil nutzte. Spätestens seit April wusste Pressesprecher Nilius von den Machenschaften der Staatskanzlei. Im Juli reichte er belastendes Material an den *Stern* weiter, das ihm Pfeiffer zugespielt hatte. Im September nahm der SPD-Mann für Öffentlichkeitsarbeit Kontakt zum *Spiegel* auf und lancierte erste Informationen über die Schmutzkampagne. Bei Pfeiffers erstem Treffen mit den *Spiegel*-Redakteuren war Nilius mit von der Partie, und die SPD bezahlte

auch die eidesstattliche Versicherung des Überläufers. In einem
Interview mit *Bild am Sonntag* gab Engholm zu, dass er doch schon
vor der Wahl persönlich über die Winkelzüge von Nilius und Pfeiffer informiert war. Er nannte dies eine »Petitesse«, aber es half ihm
nichts: Der Hoffnungsträger der »neuen politischen Kultur« hatte
im Ersten Kieler Untersuchungsausschuss gelogen. Seine demons-
trative Entrüstung am Wahlabend erschien im Rückblick als beeindruckende schauspielerische Leistung. Engholm scheiterte an seinem
eigenen moralischen Anspruch. Am 3. Mai 1993 trat er von allen
politischen Ämtern zurück. Auf Bundesebene verlor die SPD damit
einen aussichtsreichen Kanzlerkandidaten.

Auch Sozialminister Jansen büßte im Zuge der Schubladenaffäre
Posten und Glaubwürdigkeit ein. »Mitleid« als Motiv für die Zahlungen an Pfeiffer, das nahm ihm von Anfang an niemand ab. Ein
Fax des SPD-Informanten deutete in eine andere Richtung. Pfeiffer
machte in dem Schreiben darauf aufmerksam, dass er für sein jahre-
langes Schweigen über die Mitwisserschaft der SPD-Führung nicht
gerade üppig belohnt worden war. Der Schluss lag nahe: Die Genossen hatten sich erpressen lassen. *Die Zeit* kommentierte treffend:
»So fand die Kieler SPD erst viele Jahre nach 1987 zu ihrer wahren
Opferrolle: Sie wurde das Opfer ihrer Opferrolle.«

Nebenbei nahm der »Schubladenausschuss« noch einmal das
Verhältnis zwischen Pfeiffer und Barschel ins Visier. Und siehe da,
auch hier kam Neues zu Tage. Der ehemalige Polizeipräsident von
Bremen wartete mit einer kleinen Sensation auf. Pfeiffer habe ihn
schon im Juli 1987 um eine Abhörwanze gebeten, also Wochen
bevor Barschel dem Mann von der Pressestelle angeblich den Auftrag für die Wanzenbeschaffung erteilte. Weitere Widersprüche in
den Aussagen von damals tauchten auf: Warum war dies dem ersten
Ausschuss nicht aufgefallen? Ein CDU-Mitglied des Gremiums
erkannte im Rückblick: »Es gab eine allgemeine Stimmung, gegen
die man machtlos war. Da gab es einen Ministerpräsidenten, der
nachweislich gelogen hatte, dann folgte der Selbstmord, der sich

wie ein Schuldgeständnis ausnahm – und hinzu kam: Jeder – bis hin zu seinen engen Mitarbeitern – hat ihm solche Schweinereien zugetraut.« Je unglaubwürdiger Barschel sich verteidigte, desto glaubwürdiger erschien Pfeiffer. Fünfeinhalb Jahre später wendete sich das Blatt. Die Gerichte, die der Waterkant-Skandal noch immer in mehreren Nebenfragen beschäftigte, sprachen den Aussagen des einstigen Kronzeugen Pfeiffer inzwischen jeden »Beweiswert« ab. Der Zweite Kieler Untersuchungsausschuss hielt mit Zustimmung der SPD-Obleute als Ergebnis fest: Es ist nicht beweisbar, dass Barschel an Pfeiffers kriminellen Machenschaften beteiligt war oder diese gebilligt hatte. Die Ergebnisse des Ausschusses von 1988 waren damit zum großen Teil hinfällig. Die *Frankfurter Allgemeine Zeitung* verkündete auf der Titelseite: »Barschel weitgehend rehabilitiert.«

Im Rückblick betrachtet war nun auch eine andere Deutung möglich: Pfeiffer hatte Barschel genarrt und absichtlich zahlreiche Spuren gelegt, die ins Büro des Ministerpräsidenten führten. Vielleicht wollte er Barschel tatsächlich erpressen, wie die Notizen aus dem Hotelzimmer behaupten. Nicht auszuschließen, dass Pfeiffer von Anfang an plante, bei der SPD abzukassieren. Oder wollte der alte »Investigativjournalist« aus Profilierungssucht einen ganz großen Skandal »aufdecken«, den er selbst fabriziert hatte? Dieser zwielichtigen Gestalt mit dem neurotischen Hang zur Konspiration war so ziemlich alles zuzutrauen. Im Zuge der Schubladenaffäre erlebte die Mordthese eine Renaissance. Wenn Barschel tatsächlich unschuldig an Pfeiffers Machenschaften war, hatte er dann überhaupt genug Gründe sich umzubringen? Sein Meineid wäre gewissermaßen Notwehr gewesen, da sich der Ministerpräsident gegen falsche Anschuldigungen zur Wehr setzen musste. Und ein Kämpfertyp wie Barschel hätte doch eigentlich alles daran setzen müssen, um die verlorene Ehre wiederherzustellen. Für den Selbstmord fehlte plötzlich das Motiv. Die *Zeit* betrachtete bereits Ende 1994 den »Dunkelmann in neuem Licht«. Das Blatt verwies auf ein neues

medizinisches Gutachten, erstellt von dem Zürcher Toxikologen
Hans Brandenberger. Dieser hielt es für »sehr unwahrscheinlich«,
dass Barschel das tödliche Medikament Cyclobarbital selbst eingenommen hatte, da er durch die anderen Medikamente längst hand-
lungsunfähig gewesen sei. Die Verschwörungstheoretiker hatten
wieder das Wort, und die Lübecker Staatsanwaltschaft nahm die
Ermittlungen auf: Mordverdacht.

Mossad, Stasi, Mafia, CDU

Eine Million Mark Belohnung für die Überführung des Mörders
versprach kurz nach der Beerdigung die Aktion »Wahrheit für Uwe
Barschel«. Die Summe beflügelte die Fantasie. Mal wurde der Tote
in der Badewanne mit dem Mord am schwedischen Ministerpräsidenten Olof Palme in Verbindung gebracht, mal verwoben Buch-
autoren »Waterkantgate« mit »Irangate« und den Waffenschiebereien
des US-Militärs Oliver North. Und dann weilte noch ein Mann in
Genf, der so gut wie immer in Erscheinung tritt, wenn Deutschen
im Ausland etwas Sonderbares widerfährt: Der Versicherungsde-
tektiv und Multiagent Werner Mauss wohnte just in der Todesnacht
in einem Nachbarhotel des Beau Rivage. Dessen Anwalt dementierte umgehend: Die Wege seines Mandanten hätten sich mit denen
von Barschel nie gekreuzt. Wer das Gegenteil behauptete, wurde
verklagt.

Das zentrale Motiv fast aller Mordtheorien liefert bis heute
der internationale Waffenhandel. Die Initialzündung hierfür gab
Freya Barschel. Sie deutete an, ihr Ehemann Uwe hätte im Unter-
suchungsausschuss illegale Waffendeals publik machen wollen.
Die üblichen Verdächtigen kamen ins Spiel. Ganz oben auf der
Liste stand der israelische Geheimdienst. Gestützt wurde die
Mossad-Variante von einem israelischen Ex-Agenten namens Vic-
tor Ostrovsky. Seine These: Mossad bildete mit Wissen des BND

auf zwei Flughäfen in Schleswig-Holstein iranische Kampfpiloten für den Einsatz gegen den Irak aus. Auch Waffen wurden über das nördlichste Bundesland in den Iran verschoben. Als Barschel davon erfuhr, verlangte er Gegenleistungen. Daraufhin beauftragte der Geheimdienst Reiner Pfeiffer, den Ministerpräsidenten politisch zu erledigen. Als Barschel drohte, Waffengeschäfte und »Pfeiffer-Intrige« aufzudecken, schickte Mossad ein Killerkommando.

Variante Nummer zwei: Barschel war persönlich an einem großen Waffengeschäft beteiligt und deshalb nach Genf geflogen. Dort traf er sich mit den Stars der internationalen Kriegsgeräteszene: Prof. Chong Li, Rafi Dust, Hohajedi und Ahmed Chomeini, der Sohn des iranischen Ajatollahs. Als das Nervenbündel Barschel bei den Vertragsverhandlungen Schwierigkeiten machte, beschlossen die Waffenprofis, den Deutschen auszuschalten. Die Kronzeugen dieser Theorie sind ein eher zweifelhafter V-Mann des BND sowie ein unbekannter Münchener Waffenhändler, der angeblich bei dem Treffen dabei war. Der V-Mann will seine Informationen von einem Leibwächter Chomeinis haben, der Bayer legte als Beweis eine Kopie seines Terminkalenders vor. Gesichert ist, dass Ahmed Chomeini an Barschels Todestag in Genf über Waffenlieferungen verhandelte und zahlreiche Geheimdienste vor Ort waren, unter ihnen die CIA. Die Stasi fing an jenem Oktoberwochenende ein Telegramm des amerikanischen Geheimdienstes ab, in dem es heißt: »perch unyielding refuses coop«. Zu Deutsch: »Barsch verweigert unnachgiebig Zusammenarbeit.« War der Mann mit dem Decknamen »perch« Barschel? Nach den Informationen der *Berliner Zeitung* ging der BND davon aus.

Nicht völlig abwegig klang ebenfalls die Stasi-Variante, die da lautete: Barschel war in illegale Waffengeschäfte verstrickt, die über Alexander Schalck-Golodkowskis KoKo-Imperium abgewickelt wurden. Das Sündenregister des DDR-Devisenbeschaffers Schalck-Golodkowski und seiner Außenhandelsorganisation Kommerzielle Koordinierung (KoKo) war lang. Es reichte vom Waffenhandel über illegalen Kunsthandel, Betrügereien, Finanzmanipulationen und Erpressungen bis zur Spionage. Nach der Wende sollte sich von 1991 bis 1994 ein Parlamentarischer Untersuchungsausschuss ausschließlich mit diesem trickreichen Geschäftsmann befassen. Als der Ministerpräsident sich anschickte, Schalcks Waffendeals öffentlich zu machen, ordnete Staatssicherheitschef Mielke angeblich persönlich den Mord an. Die Auswertung der Stasi-Akten ergab: Barschel war vom DDR-Geheimdienst durchaus erpressbar. Auf zahlreichen Reisen durch die DDR hatte sich der Biedermann sexuell ausgetobt. Stasi-Zielobjekt Barschel trug den Tarnnamen »Hecht« und wurde behördlich bei seinen Seitensprüngen unterstützt. In einem MfS-Plan von 1984 heißt es: »Entsprechend genannter Neigungen zu Frauen ist der Einsatz weiblicher Inoffizieller Mitarbeiter vorzubereiten.« Nahrung für weitere Spekulation lieferte die Frage, welche Gegenleistung die Bundesrepublik für das Luxuskreuzfahrtschiff »Astor« erhalten hatte, das den Ostdeutschen via Kiel geliefert wurde. Die Spuren in die Ostberliner Normannenstraße galten eine Zeit lang als die erfolgversprechendsten. Doch nach zahlreichen Befragungen von ehemaligen Stasi-Mitarbeitern und nach der Sichtung des Archivs durch die Gauck-Behörde endeten alle Verdachtsmomente im Nebel.

Die wohl abstruseste Verschwörungstheorie steuerte ein ehemaliges Mitglied der italienischen Mafia bei. Vincenzo Esposito, eigentlich ein zuverlässiger Informant der deutschen Behörden und vom BKA unter Zeugenschutz gestellt, gab der Staatsanwaltschaft zu Protokoll: Der Mordauftrag kam von der CDU. Im Juli 1987 sei der Mafioso Sabatino Ciccarelli vom Bonner Oberbürgermeister Hans Daniels, Barschels Regierungssprecher Gerd Behnke und einer Frau aus dem Umfeld Helmut Kohls gebeten worden, den Ministerpräsidenten umzubringen. Auch in dieser Variante durften Waffengeschäfte nicht fehlen. Barschel hätte CDU-Skandale ausplaudern wollen, an denen er nicht beteiligt war, unter anderem die illegale Lieferung von Blaupausen für HDW-U-Boote an Südafrika.

Kronzeuge Esposito war sich sicher. Den Namen Barschel hatte er sich gemerkt, weil er wie seine Lieblingsmayonnaise »Becel« klang, die italienisch »Betschel« ausgesprochen wurde. »Betschel« wie Barschel? Alles klar! Die besagte Mayonnaise kam erst 1990 auf den Markt.

Das große Fragezeichen

Die spektakulärste aller politischen Affären der deutschen Nachkriegsgeschichte bleibt bis heute auch die mysteriöseste. Die Verfechter sämtlicher Mordtheorien konnten keine Beweise liefern. Selbst mit handfesten Indizien taten sie sich schwer. Zu jedem Argument tauchte ein nicht minder gewichtiges Gegenargument auf. Konnte Barschel das letzte und tödliche Medikament tatsächlich nicht mehr selbst einnehmen? Renommierte Gerichtsmediziner widersprachen dem Gutachten des Zürcher Kollegen mit Gegengutachten: Die Befunde der Autopsie ließen keine genauen Rückschlüsse zu, in welcher Reihenfolge und mit welchem zeitlichen Abstand Barschel die fünf verschiedenen Gifte schluckte. Hinterließ eine Magensonde Spuren im Bauch des Toten? Ja und nein, jeder Experte hatte da seine eigene Meinung. Blaue Flecken am Körper? Die waren erst durch den Transport der Leiche entstanden! Oder doch nicht? Hinter der Selbstmordthese stehen ähnlich viele Fragezeichen. Hemdknopf? Rotweinflasche? Medikamentenpackungen? Bis heute vermochte niemand, plausible Antworten zu finden. *Stern*-Reporter Knauer, der den Exklusivbericht vom Tatort lieferte (und später zum *Spiegel* wechselte), bestritt jede Manipulation kategorisch.

Ein weiteres großes Fragezeichen steht hinter den schmutzigen Tricks im Wahlkampf 1987. Barschel war die Urheberschaft des intriganten Spiels im Endeffekt nicht nachzuweisen, seine Unschuld jedoch blieb gleichfalls eine gutwillige Spekulation: im Zweifel für den Angeklagten. Die Bilanz des Skandals muss an der Oberfläche hängen bleiben. Barschel log zu seiner Verteidigung, bis sich die Balken bogen. Untergebene drängte er, ihm dabei zu assistieren. Der Soziologe Heinz Bude glaubt, den Grund hierfür zu kennen: Der Aufsteiger Barschel, als Nachkriegskind ohne Vater in kleinen Verhältnissen aufgewachsen, war ein grenzenloser Narziss. Seine Existenz beruhte auf hart erarbeitetem Ansehen. Die Gunst seines Publikums zu verlieren, war ihm absolut unerträglich. Ein Selbstmord wäre damit erklärbar, ein Schuldeingeständnis ist mit dem Suizid nach Budes Lesart nicht zwangsläufig verbunden.

Die Journalisten mussten eingestehen, dass auch sie auf ganzer Linie versagt hatten. Der *Spiegel*, bekannt für gründliche Recherche, stützte seine Behauptungen auf den Aussagen eines Mannes, der unseriöser kaum hätte sein können. Gemerkt haben das die Redakteure reichlich spät. Im Herbst 1997 brachte das Nachrichtenmagazin eine dreiteilige Serie zum zehnten Todestag Barschels heraus. Aktenzeichen 33247/87 ungelöst. Mord oder Selbstmord? Beides ist möglich. Auf eine Selbstkritik mit Blick auf die Kampagne von 1987 verzichtete das Blatt an dieser Stelle. Der Selbstmord als tragisches Ende eines »Lehrstücks« über »Macht und Machenschaften«? Der Fall Barschel war auf allen Ebenen sehr viel komplizierter, als ihn sich die Elite des deutschen Enthüllungsjournalismus seinerzeit zurechtschrieb. Der ominöse Zeuge Roloff wurde von den Proklamateuren der Selbstmordthese schnell als Fantasiegestalt entlarvt, als Lotse für die falsche Fährte. Zur Erinnerung: Laut Barschel-Notizen hatte »Roloff« von einem »ausgebildeten Passfälscher« erzählt, der die Fäden der Intrige zog. Es gab einen Mann, der diese Rolle gut hätte spielen können. Er heißt Gert Postel, alias Dr. Dr. Bartholdy, manischer Hochstapler und Urkundenfälscher. Der ehemalige Postbeamte hatte in Flensburg als Amtsarzt praktiziert. Als er aufflog, schrieb ein Freund ein Buch über den falschen Doppeldoktor. Der Autor hieß Reiner Pfeiffer. Von der Freundschaft der beiden wusste Barschel wahrscheinlich nichts. Der Fall Barschel bleibt eine Wahrscheinlichkeitsrechnung.

11
Tanke schön! –
Verkehrsminister Krauses
persönlicher Aufschwung Ost
(1993)

»Professor Doktor Allwissend«, »Besser-Ossi«, »Sause-Krause«. Die »old boys« in Bonn waren mit Spitznamen für den neuen Verkehrsminister schnell bei der Hand. Günther Krause, der unbeliebte Überflieger aus Mecklenburg-Vorpommern, konterte. »Bonn ist mies. Bonn ist Mittelmaß«, zitierte ihn eine Buchautorin. »Wer intelligent ist und Geld machen will, geht in die Wirtschaft. Diejenigen, die nicht die genügende Intelligenz aufbringen und trotzdem zu viel Geld kommen wollen, sitzen in Bonn.« Später dementierte Krause diese Äußerungen. Die ostdeutsche Boulevardpresse vom Schlage *Super Illu* war trotzdem begeistert: Endlich hatte der Osten seinen Siegertypen, der sich im kürzlich wiedervereinigten Deutschland nicht unterkriegen ließ. Selbst auf taktische Dementis im Stil der Westpolitiker verstand sich der Super-Ossi! Kanzler Helmut Kohl hielt seinen schützenden Arm über den jungen Minister: »Krause hat eben einen herben Charme.« Zudem hatte er seine Verdienste. Als Parlamentarischer Staatssekretär der letzten DDR-Regierung handelte er im Frühjahr 1990 auf DDR-Seite den Staatsvertrag über die Wirtschafts-, Währungs- und Sozialunion aus. Im Sommer formulierte er gemeinsam mit Bundesinnenminister Wolfgang Schäuble den deutsch-deutschen Einigungsvertrag. Schäuble, der Politroutinier aus dem Westen, war voll des Lobes, wie schnell und kompetent sich der gelernte Ingenieur aus dem Osten in die komplizierten juristischen Zusammenhänge einarbeitete: Ohne Krause wäre das Vertragswerk kaum so problemlos zustande ge-

Absturz eines Überfliegers. Superossi Günther Krause war euphorisiert von den Ich-Chancen des Kapitalismus – und scheiterte an ungenierter Habgier.

kommen, und auf gar keinen Fall so schnell. Damit war er für eine gesamtdeutsche Politkarriere empfohlen.

Fortan ging es für Günther Krause steil bergauf. Am 3. Oktober 1990 wurde er zum Bundesminister für besondere Aufgaben ernannt. Bei den ersten gesamtdeutschen Wahlen im Dezember holte er in seinem Wahlkreis Wismar das Direktmandat. Im neuen Kabinett löste der »Kanzlerliebling« den altgedienten Friedrich Zimmermann als Verkehrsminister ab – und legte los. Bereits nach wenigen Monaten im Amt hatte der Workaholic mehr angeschoben als viele seiner Vorgänger zusammen. Hinter vorgehaltener Hand gestanden das selbst SPD-Leute ein. In Rekordzeit brachte der Macher aus dem Osten siebzehn Großprojekte in den Bundesverkehrswegeplan ein, deren Finanzvolumen 56 Milliarden Mark betrug. Gleichzeitig setzte er gegen massive Widerstände durch, dass in den neuen Bundesländern schneller geplant und gebaut werden durfte. Im Handstreich privatisierte Krause die Flugsicherung, woran sich Generationen von Verkehrsministern vor ihm die Zähne ausgebissen hatten. Problemlos fand er eine Mehrheit für die Gurtpflicht von Kindern im Straßenverkehr. Schließlich ebnete der Freund schneller Autos einer Bahnreform den Weg mit dem Ziel, die ostdeutsche Reichs- und westdeutsche Bundesbahn zusammenzuführen und schrittweise zu privatisieren.

Wolfgang Schäuble schätzte seinen ehemaligen Verhandlungspartner als »hoch intelligent, zielbewusst, mutig und kreativ«. Außerdem sei er »beharrlich bis zur Unerträglichkeit«, und sogar das klang noch wie ein Lob. So jemanden konnte Helmut Kohl im Jahr 1 nach der Wiedervereinigung gut gebrauchen. Das Wort vom »Vorzeige-Ossi« machte bald die Runde. Selbst die DDR-Biografie des neuen Ministers passte in das Anforderungsprofil konservativer Kreise in der Nachwendezeit. Krause stammte aus einem christlichen Elternhaus in Halle. Eigentlich wollte er Kirchenmusiker werden, Orgel und Klavier waren seine Leidenschaft. Dem Dienst in der Nationalen Volksarmee folgte dann aber ein Studium zum

Bauingenieur und Informatiker in Weimar. 1984 promovierte er, drei Jahre später habilitierte er sich. Sein kirchliches Engagement brachte Günther Krause immer wieder berufliche Nachteile ein, zumindest behauptete er das später. Politisch engagierte er sich seit 1975 in der DDR-Blockpartei CDU und wurde Kreisvorsitzender in Bad Doberan in Mecklenburg-Vorpommern. Im Spätherbst 1989 war er einer der Mitbegründer des dortigen CDU-Landesverbands und bald dessen Vorsitzender. Seine politische Rolle in der Wendezeit bewertete er im Rückblick so: »Ich habe die Revolution nicht gemacht, aber ich habe sie in meiner Gegend organisiert.« Im März 1990 ging Krause als frei gewählter Abgeordneter der Volkskammer nach Berlin und übernahm den Fraktionsvorsitz seiner Partei. Wenige Monate später wurde er in Bonn als das »größte politische Talent« des Ostens gehandelt.

Kritik am forschen Verkehrsminister war oft mit kaum kaschiertem Neid verbunden, teilweise geweckt durch seine Nähe zum Bundeskanzler. Viel Feind, viel Ehr! Krause gefiel sich in seiner Rolle als Jongleur von ost-west-deutschen Interessen. In den neuen Ländern blies er Kohls Posaune der Einheitseuphorie: »Die Wirtschaft wird sich rasch erholen.« In Bonn trat er als Sprecher der ostdeutschen CDU-Abgeordneten lautstark für mehr Ostinvestitionen und finanzielle Solidarität ein. Bald wurde Krause gar als erster ostdeutscher Kanzler gehandelt. Seine Fans jedoch wurden schwer enttäuscht. Keine tausend Tage blieb Minister Krause im Amt, denn er entpuppte sich als politischer Autist: hoch begabt und völlig instinktlos zugleich. Der Shootingstar der Ost-CDU legte in den Jahren 1991 bis 1993 eine beispiellose Skandalserie hin. Dass es einem Politiker nicht uneingeschränkt erlaubt ist, private Vorteile aus seinem Amt zu ziehen, wollte ihm nicht in den Kopf. In den Redaktionsstuben wurde gewitzelt: »Was Neues von Krause?« »Nö, diese Stunde noch nichts …« Auch die Liste seiner Spitznamen wurde länger: »Professor Unrat«, »Raffke« oder »Schmarotzki« kamen hinzu.

Koffergeschäfte an der Autobahn

Die wiedervereinigten Goldgräber standen Schlange, als die letzte DDR-Regierung unter Lothar de Maizière kurz vor dem 3. Oktober 1990 die Lizenzen für den Bau und Betrieb von Raststätten an den Autobahnen im Osten vergab. Unter ihnen waren neben Großinvestoren aus dem Westen viele Unternehmer, die man wohl ohne rechtliche Konsequenzen als »branchenfremd« bezeichnen durfte. Die Landwirtschaftliche Produktionsgenossenschaft »Pflanzenproduktion Herzsprung« wollte groß ins Raststättengeschäft einsteigen, ebenso ehemalige Stasi-Offiziere, die Inhaber eines Eiscafés mit Namen »Quisina« und die Gemeinderäte aus Freienwalde. Selbst die Volkskammerfraktion von CDU und Demokratischer Aufbruch drängelte an die Autobahnen. Sie beantragte eine Konzession für eine Tankstelle an der A7 bei Meerane. Das rege Interesse war nicht verwunderlich, denn auch ohne profunde marktwirtschaftliche Kenntnisse konnte jeder leicht erkennen: Autobahntankstellen samt Gastronomie kamen einer Lizenz zum Westmark-Drucken gleich.

Zuständig für die hastige Vergabe der Konzessionen war der letzte DDR-Verkehrsminister Horst Gibtner (CDU), nach der Wiedervereinigung Bundestagsabgeordneter in Bonn. Am 17. Juni 1990 konnte der Hinterbänkler seinen Namen an prominenter Stelle im *Spiegel* lesen – direkt neben dem des amtierenden Verkehrsministers. Das Blatt behauptete, der einflussreiche Krause habe Gibtner im September 1990 gebeten, das niederländische Unternehmen Van der Valk GmbH bei der Standortvergabe für die Autobahnraststätten zu bedenken. Als Beleg führten die Hamburger Redakteure einen Briefwechsel zwischen dem Ministerium und Krause an, der damals noch Parlamentarischer Staatssekretär war. Tatsächlich kam der deutsche Ableger einer niederländischen Hotelkette mit fünf Raststätten in begehrter Lage zum Zug. Der *Spiegel* zitierte Krause in dem Artikel mit den Worten: »Der Name

Van der Valk ist mir gar nicht geläufig.« Auch Gibtner hatte an den
Vorgang »keine Erinnerung« Die Schlussfolgerung des Nachrich-
tenmagazins lautete: »Solche Amnesie, das wissen die alten Hasen in
Bonn, ist häufig zu beklagen, wenn eine Affäre ins Haus steht.«

Je mehr Details über die Geschäfte rund um die Autobahnen
bekannt wurden, desto windiger erschienen sie. Bundesverkehrs-
minister Friedrich Zimmermann hatte seinen Amtskollegen in
Ostberlin im Juli 1990 aufgefordert, »keine Verträge hinsichtlich
des Autobahn-Nebenbetriebssystems abzuschließen«. Der Grund
hierfür: Im Westen verdiente der Fiskus über die bundeseigene
»Gesellschaft für Nebenbetriebe der Bundesautobahnen« (GfN) an
den Raststätten kräftig mit. Das Staatsunternehmen ließ sich traditionell am Umsatz der Servicestationen beteiligen, was der Bundes-
kasse damals rund 65 Millionen Mark im Jahr einbrachte. Gibtners
Verträge – bei den Abschlüssen stand der Münsteraner Anwalt,
CDU-Landtagsabgeordnete und Dressurreiter Reiner Klimke
beratend zu Seite – sahen eine Gewinnbeteiligung des Bundes nicht
vor. Dafür waren sie so schlampig ausgearbeitet, dass oft nicht einmal die Namen und Adressen der Investoren stimmten. Ordentliche
Ausschreibungen hatte es in den DDR-Untergangswirren ohnehin
nicht gegeben. Leicht vorstellbar, dass ein wichtiger Mann wie
Krause da hätte Einfluss nehmen können.

Die SPD, gebeutelt von Oskar Lafontaines Wahlschlappe, ging
in die Offensive. Ihr Obmann im Verkehrsausschuss des Bundestags Klaus Daubertshäuser erklärte: »Das könnte für den Verkehrsminister strafrechtliche Konsequenzen haben.« Der Bundeskanzler
täte gut daran, Krause von seinen Aufgaben zu entbinden. Der
Beschuldigte reagierte gelassen. Der Vorwurf sei »frei erfunden«, er
habe die Vergabe der Lizenzen in keiner Weise beeinflusst. Dass er
als Staatssekretär der DDR für ausländische Investitionen auch im
Bereich »der absolut unzureichenden Versorgungseinrichtungen an
den Autobahnen« geworben habe, nannte Krause »selbstverständlich«. Das Dementi überzeugte nicht einmal den Koalitionspartner

FDP. »Hinhaltend, ohne konkrete Information und für jeden Parlamentarier eine Frechheit«, nannten die Liberalen die »Einlassungen« des Verkehrsministers. Und *Bild am Sonntag* stellte eine Frage, die in den kommenden zwei Jahren noch oft zu hören war: »Wie lange ist Minister Krause noch tragbar?«

Der Deutsche Hotel- und Gaststättenverband sorgte wenige Tage später für zusätzlichen Zündstoff. Dessen Geschäftsführer der Fachabteilung Autobahnraststätten erzählte der *Frankfurter Rundschau*: »Uns ist zugetragen worden, dass Koffergeschäfte getätigt wurden.« Von Verbandsmitgliedern, die sich um eine Konzession im Osten beworben hatten, seien Schmiergelder verlangt worden. Die Berliner Staatsanwaltschaft nahm die Ermittlungen auf. Auch beim SPD-Experten Daubertshäuser meldeten sich Zeugen: Von 250000 Mark pro Lizenz war die Rede. In Bonn machte das böse Gerücht die Runde, auch der Verkehrsminister hätte die Hand aufgehalten.

Jetzt wurde Krause in der Tat konkreter. Den *Spiegel* verklagte er erfolgreich auf Gegendarstellung. Zu den Vorwürfen stellte er fest: »Das damalige DDR-Verkehrsministerium hatte über die Vergabe von Standorten an die Van der Valk-Gruppe bereits am 31. August 1990 in alleiniger Verantwortung und ohne meine Kenntnis entschieden.« Das Nachrichtenmagazin konnte den Gegenbeweis ebenso wenig antreten wie Klaus Daubertshäuser. Günther Krause, der ostdeutsche Hoffnungsträger, bediente sich fortan des Westjargons: Die Schiebereien um die Autobahnraststätten nannte er »eine Erblast«, die er aus dem DDR-Verkehrsministerium übernehmen musste. Im Übrigen fühle er sich als – auch bei diesem Skandal durfte die Formulierung nicht fehlen – »Opfer einer Hetzkampagne«. Die Aufgabe des Ministeramtes stand nicht zur Diskussion, schließlich hatte Krause seine politischen Erfolge und die Unterstützung des Kanzlers im Rücken, der ihn nach wie vor einen »feinen Kerl« nannte. Einige der Verträge wurden wegen Sittenwidrigkeit wieder gelöst, andere nachgebessert. Die Öffentlichkeit fand sich mit der Erklärung ab, dass einige DDR-Offizielle in der psychischen Ausnahmesituation des Einigungsprozesses ihre Kompetenzen wohl ein wenig überschritten hatten. Vielleicht wollten sie kurz vor Schluss noch ein letztes Mal ihre staatliche Souveränität demonstrieren. Schwamm drüber. Die Wiedervereinigung war wichtiger. So überstand Günther Krause seine erste größere Affäre. Bei der Skandalpresse blieb der Name des Verkehrsministers nach der Raststättenaffäre allerdings vorgemerkt – und die Presse erhielt von vielen Seiten neues Material.

»Reine Privatsache«

Krause hatte sich auf seinem Weg nach oben genügend Feinde geschaffen, unter ihnen die Bürgermeisterin des Berliner Stadtbezirks Köpenick. Im August 1990 mietete er am malerischen Müggelsee für 780 Mark im Monat eine Villa, die eigentlich für Behinderte gedacht war. Das Haus war zuvor rollstuhlgerecht mit Treppenlift ausgebaut worden. Bürgermeisterin Monika Höppner bot dem DDR-Staatssekretär ein Ausweichquartier an, »in schönster Lage, mit Terrasse und Swimmingpool«, doch dieser lehnte kategorisch ab. Das passte ins Bild: Herrisch, egoistisch, maßlos! Diesen Eindruck gewannen nun auch viele Kollegen in Bonn. Die Reporter standen bei den Anwohnern in Köpenick Schlange, um sich die Geschichte von der Behindertenvilla in den Block diktieren zu lassen. Kaum war das empörte Echo verstummt, wurden die Hamburger Magazinredaktionen mit Leitz-Ordnern aus Rostock versorgt. Die Akten sollten belegen, dass Krause ein befreundetes Ingenieurbüro beim Bau der geplanten Ostsee-Autobahn A20 bevorzugen wollte, obwohl das Büro bei der Ausschreibung auf den hinteren Rängen gelandet war. Politischer Druck verhinderte diese Begünstigung, Krause wusch seine Hände in Unschuld und beschimpfte die »mit Mafia-Methoden« recherchierenden Journalisten. Die erinnerten ihn oft genug »an die Männer mit den grauen Trabis«, im Klartext: an die Stasi.

Der nächste Skandal hatte, zumindest indirekt, wirklich mit der Staatssicherheit zu tun. Anfang Dezember 1990 wurde Günther Krause als Zeuge vor den Schalck-Untersuchungsausschuss geladen. Der Minister sollte zu dem Vorwurf Stellung nehmen, er habe im Dezember 1990 nachforschen lassen, ob Ministerpräsident Lothar de Maizière ein Mitarbeiter der Stasi war. Große Lust auf das Kreuzverhör hatte er offensichtlich nicht. Am Abend zuvor zechte Krause mit mehreren Staatssekretären in lauter und fröhlicher Runde in einem Bonner Feinschmeckerlokal. Um Mitternacht setzte sich der verhinderte Kirchenmusiker, so berichteten Augenzeugen, ans Klavier und stimmte heiter das Deutschlandlied an. Am nächsten Morgen ließ er sich wegen eines »schweren grippalen Infektes und Kreislaufstörungen« krankschreiben. Zwei Tage später warb er schon wieder putzmunter in seinem Mecklenburger Heimatdorf Börgerende für die Errichtung eines Freizeitparks. Das Kanzleramt reagierte »mit Verwunderung«, die Pressestelle des Verkehrsministers hatte nämlich alle Termine der kommenden Woche abgesagt. Alte Studienkollegen aus der DDR erinnerten sich nun öffentlich: »Wenn etwas nicht zu klappen drohte, wurde Krause ziemlich regelmäßig krank.« *Spiegel, Stern* und *Frankfurter Rundschau* hatten zwischen den Zeilen wieder einmal viel über den Skandalminister zu berichten.

Das Jahr 1992 überstand Krause weitgehend skandalfrei. In der ersten Hälfte des Folgejahres belastete er die Regierung Kohl dafür nahezu jede Woche mit neuen Negativschlagzeilen. Meist waren die Namen von Familienmitgliedern im Spiel. Zunächst wurde bekannt, dass die Verkehrsministergattin Heidrun Krause zu auffällig günstigen Konditionen einen Luxusjeep geleast hatte, mit dem der 17-jährige Sohn des Verkehrsministers jeden Morgen zur Schule fuhr. Der minderjährige Filius konnte vom Schulbus auf das Allradgefährt umsteigen, weil er in den USA einen Führerschein erworben und für den deutschen Straßenverkehr hatte umschreiben lassen. Verkehrsministervater Krause konnte die öffentliche Kritik nicht nachvollziehen: »Die Sache mit meinem Sohn ist eine reine Privatsache.«

Wenig später rieben sich die Zeitungsleser in Ost und West verblüfft die Augen. Familie Krause war es gelungen, Ackerland aus dem Besitz der Schwiegereltern zu Baulandpreisen an dubiose Immobilienfirmen zu veräußern. Die Käufer hatten sich zwar ein Rücktrittsrecht ausbedungen, falls das Areal nicht zügig zur Beplanung freigegeben werde, aber der Gemeinderat von Börgerende setzte das besagte Grundstück auf seiner Prioritätenliste ganz nach oben und erteilte rasch die gewünschte Genehmigung. Freilich gibt es kaum einen bundesdeutschen Kommunalpolitiker, der bei der Ausweisung von Bauland noch nicht ins Gerede gekommen ist. Krause musste vor dem Treuhandausschuss in Bonn Rede und Antwort stehen und machte – wie fast immer in Bedrängnis – keine gute Figur. »Die Dinge wurden im hohen Maße gemixt und gemischt«, meinte der Minister und wollte damit offenbar sagen: Die Fakten wurden zu seinem Schaden bewusst verdreht. Mag sein, dass es so war. Krause selbst konnte jedoch auch keine rechte Ordnung in seine privaten Immobiliengeschäfte bringen. Übrig blieb ein weiterer Fleck auf der Minister-Weste.

Bundesarbeitsminister Norbert Blüm hatte im April 1993 gerade seine Kampagne gegen Schwarzarbeit gestartet – diese sei »kein Kavaliersdelikt, sondern kriminell« – da lieferte Familie Krause aus Börgerende dem *Spiegel* eine neue Steilvorlage. Beim Bau ihrer Reetdachvilla mit Ostseeblick schuftete ein arbeitsloser Ex-Hausmeister aus dem Ort zwei Wochen lang sechs Stunden am Tag im Auftrag der Ministergattin. »Selbstverständliche Nachbarschaftshilfe« sei das, so wiegelte ein Sprecher des Verkehrsministeriums ab, und keine illegale Beschäftigung. Zum Glück für den Hausherrn sagte der Ex-Hausmeister nicht mehr als: »Frau Krause hat mir hinterher etwas zugesteckt, damit ich mir mal ein Bier kaufen kann.«

In einem weiteren Fall von Arbeitsbeschaffung im Hause Krause lagen die Zahlen unbestritten auf dem Tisch. 858 Mark zahlte die fünfköpfige Familie ihrer Haushaltshilfe, 70 Prozent des Gehalts ließ sie sich vom Arbeitsamt zurückerstatten. Der Trick dabei: Da die Hilfskraft seit langem arbeitslos war, zahlte die öffentliche Hand dem Arbeitgeber unter bestimmten Umständen den extrem hohen Zuschuss. Heidrun Krause sorgte laut Bundesanstalt für Arbeit mit »einer bemerkenswerten Konsequenz« dafür, dass beim Antrag alle Verwaltungsvoraussetzungen erfüllt waren. Günther Krause verfügte zu dieser Zeit über ein Monatseinkommen von rund 30 000 Mark. Wieder hatte er »absolut kein Schuldbewusstsein«. Er beharrte darauf: Der Lohnkostenzuschuss aus der Staatskasse war rechtmäßig. Wieder sah er sich als Opfer einer Medienkampagne. »Einer Ministerfamilie steht in diesem Land offenbar nicht dasselbe wie jeder anderen Familie zu«, jammerte er öffentlich. Und außerdem: Er habe schließlich einen Arbeitsplatz geschaffen.

Zu guter Letzt durfte eine Flugaffäre nicht fehlen. Einer der drei Krause-Söhne begleitete den Minister auf zwei Flügen mit einem Businessjet der Bundeswehr. Der Vater »vergaß«, die Flüge abzurechnen. Kein Absahner aus dem Westen hatte sich in so kurzer Zeit so oft selbst ins Abseits gestellt wie dieser Newcomer aus dem Osten. Und keiner hatte sich in diesem Maß unfähig gezeigt, Fehler einzuräumen. Für die *Süddeutsche Zeitung* war der Name Krause »zum Markenzeichen der deutschen Politikverdrossenheit geworden«. Meinungsforscher ermittelten, dass 72 Prozent der Bundesbürger das Verhalten des Politikers für skandalös hielten. Die *Zeit* notierte: »Für Populisten aus dem Volk ist der Verkehrsminister zum heißen Tipp geworden: Namensnennung genügt – Applaus.« Die Sozialdemokraten bombardierten den Bundeskanzler mit der Forderung, Krause endlich zu entlassen. Auch innerhalb der CDU regte sich Widerstand. Den sächsischen CDU-Abgeordneten Rainer Jork zitierten Zeitungen mit dem Satz: »Es schadet der ganzen Partei, wenn ein Politiker so offensichtlich in die eigene Tasche wirt-

schaftet.« Die Kritik wurde von Kohl im Keim erstickt. Fraktionschef Schäuble erteilte die Order: Keine Angriffe aus den eigenen
Reihen! Jork zog zurück: Er sei falsch verstanden worden. Noch
stach die Ossi-Karte. Für viele der ehemaligen DDR-Bürger waren
die Vorwürfe ein Komplott gegen ihren mächtigsten Interessenver-
treter. Dass der Ost-Minister Macht über Westdeutsche hatte, verkündete der Ost-Abgeordnete Manfred Kolbe, »ist für viele Westler
nicht akzeptabel«, und an Durchhalteappellen aus den neuen Bundesländern mangelte es nicht. Krause nahm sie dankend auf und
gefiel sich in der Opferrolle. »Kesseltreiben« und »Rufmord« avan-
cierten im März 1993 zu seinen Lieblingsvokabeln. Mehrfach zu
hören war auch der Satz: »Meine Menschenwürde wird nicht mehr
geachtet.« Im April wollte Kanzler Kohl einen Schlussstrich unter
die Affärenserie ziehen und verkündete, ein Rücktritt des Verkehrsministers käme nicht infrage. Gleichzeitig ermahnte er Krause, »die
Erfahrungen der letzten Wochen in Zukunft zu berücksichtigen«.
Jürgen Möllemann erklärte daraufhin: »Ich komme mir vor wie der
letzte Idiot, weil ich als Einziger zurückgetreten bin.« Er hatte der
Firma seines Schwippschwagers mit einer schriftlichen Empfehlung
auf dem Briefbogen seines Ministeriums einen Gefallen tun wollen.

Vorerst wieder sicher im Sattel, sinnierte Verkehrsminister
Krause über die Mechanismen einer politischen Affäre. Am Rande
einer Tagung in Baden-Baden ließ er ihm wohlgesonnene Spedi-
teure wissen: »Die Kritik an mir verläuft wellenförmig. Und das
Schlimmste, glaube ich, habe ich jetzt überstanden.« Wenige Stunden später ging die nächste Skandalmeldung über den Ticker. Familie Krause hatte sich den privaten Umzug von Berlin nach
Börgerende, der 6390 Mark kostete, aus der Staatskasse zurückerstatten lassen – abgesegnet vom eigenen Ministerium. Der Ver-
kehrsstaatssekretär wies die neuen Vorwürfe als »sachlich und
rechtlich unbegründet zurück«, doch die Beschwichtigungen nutzten nichts. Dieses Mal riss die Welle der Kritik Günther Krause mit.
Am 6. Mai reichte er seinen Rücktritt ein. Helmut Kohl hob die

»bleibenden Verdienste« seines einstigen Stars aus dem Osten hervor – und akzeptierte die Demission. Die *Süddeutsche Zeitung* meldete am 8. Mai: »Günther Krause fällt finanziell nicht ins Bodenlose. Dem zurückgetretenen Bundesminister steht laut Ministergesetz ein Netto-Übergangsgeld von mehr als 200 000 Mark zu. Außerdem hat er sich in seiner 30-monatigen Amtszeit als Minister für besondere Aufgaben und anschließend für Verkehr einen Pensionsanspruch erworben.«

Gier gewinnt

Wie konnte Günther Krause so lange politisch überleben? Das war die Hauptfrage nach dem Rücktritt des Ministers. Noch im Amt, hatte er einmal erklärt: »Nach jeder Krise, die man übersteht, entsteht irgendwo im Körper ein neuer Muskel. Man wird ein Stück stählerner.« Krauses Härte war seine Stärke und Schwäche zugleich. Für die einen war der Kämpfer mit der Ostseevilla vier Jahre nach der Wende ein Idol: einer, der es geschafft hatte. Für die anderen, etwa die *Zeit*-Journalisten, wurde er zum »Antipathieträger, wie er einem nur selten über den Weg läuft«. Nie bremsten Selbstzweifel Krauses Weg nach oben. Die Kehrseite: Auch wohlgemeinte Warnungen drangen nicht zu ihm durch. Beratungsresistente Politiker sind anfällig für Skandale. Rudolf Scharping ist eines der jüngsten Beispiele dafür. Euphorisiert von den Ich-Chancen des Kapitalismus, war Minister Krause gegen jede Form der sozialen Kontrolle immun. »Günther ist der Einzige von drüben, dem man nichts zu erklären braucht«, lobte Unions-Fraktionschef Wolfgang Schäuble einst seinen Verhandlungspartner. Er war aber auch der Einzige, der sich nichts erklären ließ. Erfahrene Ministerialbeamte, die in Sachfragen andere Meinungen vertraten als Krause, landeten postwendend auf dem beruflichen Abstellgleis. Kritik konnte er nicht ertragen. Schuld waren immer andere, zum Beispiel sein Pressesprecher, den der Minister für sein schlechtes Image verantwortlich machte und feuerte. Dem politischen Aufstieg folgte die Hybris. Freunden vertraute er an, so *Stern*, die innere Einheit sei erst vollzogen, wenn er es zum Kanzler gebracht habe. Vielleicht wäre es tatsächlich so gekommen, wäre da nicht diese ungenierte Habgier gewesen. DDR-Bürgerrechtler Jens Reich analysierte: »Der Verkehrsminister nahm sich die drahtigen Yuppies zum Vorbild, denen man überall begegnet, übersah aber, wie vorsichtig diese bei aller vorgespielten Dynamik die überall lauernden politischen Schlageisen umgehen.«

Bis zur Wende wohnte Krause mit seiner Frau und den drei Söhnen in einer kleinen Zweizimmerwohnung. »Wer das weiß, kann vielleicht leichter begreifen, dass Eigentum und Geld für ihn sehr wichtig sind«, erklärte eine enge Mitarbeiterin des Ministers. Persönlicher Wohlstand blieb Krauses Ziel auch nach dem Rücktritt. Er wechselte ins Unternehmerlager. Die Bayrische Landesbank gewährte ihm einen Kredit in Höhe von 11 Millionen Mark, die er angeblich in Bauprojekte im Osten investieren wollte. Als Sicherheit diente das Grundstück seiner Frau, das die Banker laut *Spiegel* an Wert erheblich überschätzten. Wie sich später herausstellte, transferierte Krause einen Großteil des geliehenen Geldes in die Schweiz und vertraute es dem dubiosen österreichischen Gebrauchtwarenhändler Franz Baliko für internationale Geldmarktgeschäfte an. Ein Jahr später stieg der Ex-Minister selbst in die Welt der Hochfinanz ein: Er kaufte sich eine Bank – zumindest ein halbe. Für 12,5 Millionen Mark erwarb er 50 Prozent der Bank Companie Nord AG in Kiel. »Woher hat der die Penunze«, fragte ein ehemaliger Kabinettskollege in Bonn, der nicht namentlich genannt werden wollte. Der Neid der Krause-Hasser wich bald der Schadenfreude. Wenige Wochen später musste der Neu-Unternehmer seine Bankanteile wieder verkaufen, da er bei einer geforderten Kapitalerhöhung nicht mitziehen konnte.

Fortan versuchte Krause sich tatsächlich im Baugeschäft in Ostdeutschland. Er gründete eine Firma mit Namen »Aufbau-Investition« und erfand das »Volkshaus«, ein Reihenhaus ohne Keller für 249 000 Mark inklusive Grundstück. Zielgruppe der Ost-Eigenheime: »Er Maurer, sie Verkäuferin, zwei Kinder. Leute ohne Eigenkapital.« Branchenkenner zweifelten von Anfang an, ob sich das Konzept rechnen würde. Sie behielten Recht. Es folgten turbulente Jahre. Nach Eheproblemen und Eifersuchtsdramen führten Heidrun und Günther Krause über die Boulevardpresse einen »Rosenkrieg« um die Villa in Börgerende und um die Söhne. »Familie Krause ohne Einigungsvertrag«, stichelte die *Berliner Zeitung*. Die Kinder schlugen sich schließlich auf die Seite des Vaters, der auch eine neue Lebenspartnerin fand. Die privaten Dinge schienen sich zu arrangieren, die finanziellen Schwierigkeiten blieben. Die Gläubiger verlangten ihr Geld zurück, die Angestellten forderten die bisher nicht gezahlten Löhne, die Bundesanstalt für Arbeit wartete auf ausstehende Sozialbeiträge. Beim Fußballclub Hansa Rostock stand der Ex-Besser-Ossi zudem mit 50 000 Mark verbindlich zugesagten Sponsorengeldern in der Kreide. Wegen Mietschulden erließ man sogar einen Haftbefehl gegen ihn, der allerdings nicht vollstreckt wurde.

1998 versuchte Krause sein politisches Comeback als Direktkandidat der CDU in seinem Heimatwahlkreis. Als die Nachricht Bonn erreichte, machte der Satz die Runde: »An diesem Tag müssen Rinderwahn und Schweinepest auf einmal über die Rostocker CDU gekommen sein.« Über die CDU-Landesliste in Mecklenburg-Vorpommern wurde er nicht abgesichert. Krause ignorierte die Anfeindungen, sah sich als »Robin Hood des Ostens«, (*Die Zeit*), und glaubte fest an seinen Sieg: »Denn ich lebe nach zwei Maßstäben. Erstens: Wahrheit setzt sich durch. Zweitens: Klasse setzt sich durch.« Viele Parteifreunde schienen deutlich erleichtert, als der Wahlkreis nicht an die Union ging. Gewinne aus den Schweizer Geldmarktgeschäften waren derweil nicht mehr zu erwarten. Finanzjongleur Baliko hatte das Geld in undurchsichtigen Kanälen versenkt und wurde dafür im Juni 1999 zu mehr als fünf Jahren Gefängnis verurteilt.

Im Mai 2001 musste Krause einen finanziellen Offenbarungseid leisten. Sein Barvermögen bezifferte er auf 200 Mark. Ferner verfüge er über »keinerlei Einkommen« und besitze keine Möbel, keine Fahrzeuge und keine wertvollen Gebrauchsgegenstände. »Neue Armut«, höhnte der *Spiegel*. Die Nachbarn wunderten sich über den gehobenen Lebensstil, den der Arbeitslose weiterhin pflegte. Er wohnte nach wie vor in der Villa mit Seerosenteich und unverbautem Meerblick. Seine Erklärung: »Das Haus gehört mir nicht. Ich bewohne hier lediglich ein Zimmer. Das Unternehmen meines Sohnes hat das Haus nach der Zwangsversteigerung erworben.« Ex-Frau Heidrun witterte in dem Rückkauf ein Strohmanngeschäft, da der 20-jährige Sohn die rund zwei Millionen Mark nie hätte aufbringen können. Ihre Version: Das Geld müsse von Vater Günther stammen, der es in den gemeinsamen Ehejahren beiseite geschafft habe. Im Sommer 2002 musste sich Krause tatsächlich wegen Veruntreuung von 6 Millionen Euro in den Jahren 1993 und 1994 vor Gericht verantworten. Nach eidesstattlicher Aussage trug Krause zu diesem Zeitpunkt eine Restschuld von 1,3 Millionen Mark gegenüber der Bayrischen Landesbank. Trotzdem kurvte der Pleitier unverdrossen im S-Klasse-Mercedes durch Rostock.

Bei einem Nostalgietreffen der ehemaligen DDR-Minister sinnierte Lothar de Maizière einmal in weinseliger Laune über sein Wendekabinett: »Der Günther Krause war der intelligenteste Mann, den ich hatte. Nur mit seinem Charakter, da hatte ich Probleme.«

12
Bimbes –
Der Kanzler der Einheit und
die schwarzen Kassen
(1999)

Charlotte Kiep war überrascht. Nein, ihr Mann sei nicht zu Hause, sondern irgendwo im Raum Stuttgart unterwegs. Gegen Mitternacht wolle er zurück sein. Donnerstag, 4. November 1999, neun Uhr morgens. Auf dem Treppensims einer Villa in Kronberg bei Frankfurt stand Barbara Pöschl, Staatsanwältin aus Augsburg. Hinter ihr hatten sich vier Polizisten aufgebaut, abgestellt zur Verhaftung des Unternehmers und ehemaligen CDU-Schatzmeisters Walther Leisler Kiep. Die bayrische Beamtin war mit einem Haftbefehl nach Hessen gekommen, den wohl kein Richter aus dem Raum Frankfurt unterzeichnet hätte. Fluchtgefahr bei dem 73-jährigen Honoratioren und guten Bekannten von Bundeskanzler Gerhard Schröder? Das schien den hessischen Behörden dann doch ein wenig abwegig. Auch Frau Kiep zeigte sich irritiert. Die Handynummer ihres Mannes rückte sie nicht heraus, stattdessen gab sie Pöschl die Telefonnummer seines Rechtsanwalts Günter Kohlmann. Die Staatsanwältin raste zur örtlichen Polizeistation und ließ über das bayrische Landeskriminalamt eine bundesweite Fahndung einleiten. Besonders die Flughäfen sollten überwacht werden, denn Kiep beabsichtigte, am nächsten Morgen nach Stockholm zu fliegen. Sogar der Staatsschutz wurde eingeschaltet. Anwalt Kohlmann beruhigte schließlich die Lage. »Selbstverständlich wird mein Mandant sich stellen«, versicherte er der eifrigen Staatsanwältin nach mehreren Telefonaten mit Kiep und verschiedenen Ermittlungsbehörden. Man vereinbarte einen Vernehmungstermin im Königsteiner Amtsgericht für den nächsten Morgen. Währenddessen war Kiep übrigens in Stuttgart mit Polizeischutz unterwegs und stellte sein neues Buch vor. Titel: *Was bleibt, ist die große Zuversicht.*

Der Verdacht auf Fluchtgefahr mochte überzogen sein, die Vorwürfe der Augsburger Staatsanwaltschaft waren dennoch gewichtig. Seit 1995 ermittelte sie gegen Walther Leisler Kiep im Rahmen einer Schmiergeldaffäre. Die Fahnder hatten herausgefunden, dass der Kauferinger Waffenhändler Karlheinz Schreiber im August 1991 dem damaligen Schatzmeister der CDU einen Koffer mit einer Million Mark überreichte – und zwar unter konspirativen Umständen auf dem Parkplatz eines Schweizer Einkaufszentrums. Vermutlich stammte das Geld vom Thyssen-Konzern, und der Verdacht lag nahe, dass der Transfer im Zusammenhang mit dem Verkauf von 36 Fuchs-Panzern an Saudi-Arabien stand. Ein Indiz: Schreiber übergab den Koffer nur sechs Monate, nachdem die Kohl-Regierung die Ausfuhrgenehmigung für die Panzer erteilte, und diese war wegen des Golfkriegs äußerst umstritten. Kieps Name erschien nicht auf der Fahndungsliste, weil der Ex-Schatzmeister die Million angenommen hatte. Das war nicht strafbar, so lange ihm keine Bestechlichkeit nachgewiesen werden konnte. Der Vorwurf der Ermittler lautete auf Steuerhinterziehung, denn Kiep hatte die vermeintliche »Provision« nicht beim Finanzamt angegeben.

Wie versprochen, meldete sich der Gesuchte am nächsten Morgen im Amtsgericht in Königstein. Offenbar rechnete er nicht damit, die kommenden Tage in Untersuchungshaft zu verbringen. Schlafanzug und Zahnbürste hatte er nämlich nicht dabei, dafür aber eine der zentralen Figuren des Flick-Skandals: den langjährigen CDU-Finanzberater Horst Weyrauch. Mit dessen Unterstützung wartete Kiep mit einer Sensation auf. Frank und frei gestand er, die besagte Million von Schreiber angenommen zu haben. Das Geld sei allerdings nicht für ihn bestimmt gewesen, sondern für die CDU. Er habe die »Parteispende«, gestückelt in drei Teilbeträgen, auf ein Treuhandkonto seiner Partei bei der Frankfurter Privatbank Georg Hauck & Söhne eingezahlt und unter der Rubrik »Sonstige Einnahmen« verbucht. Weyrauch hatte Unterlagen im Aktenkoffer, die Kieps Aussage belegen sollten. »Damit nahm ein Unheil seinen Lauf, dessen Dimensionen sich niemand in der Parteiführung selbst in seinen schlimmsten Träumen hätte vorstellen können«, kommentierte Wolfgang Schäuble im Rückblick. Walther Leisler Kiep wurde gegen 500 000 Mark Kaution auf freien Fuß gesetzt. Einige Tage später reiste er im Auftrag von Bundeskanzler Schröder, den er aus dem VW-Aufsichtsrat gut kannte, zu Wirtschaftsgesprächen in die USA. Der Christlich Demokratischen Union Deutschlands hinterließ er ein Problem, das sich zum größten in ihrer Parteigeschichte auswachsen sollte. Wieder hatten Steuerfahnder, dieses Mal aus Bayern, eher zufällig den äußersten Rand eines Spendensumpfes entdeckt. Wenn Kiep die Wahrheit sagte, war offenkundig: Die CDU hatte wenige Jahre nach dem Flick-Skandal wieder illegale Parteispenden auf schwarzen Konten gelagert.

Die Parteiführung traf die Nachricht »wie ein Schlag«. Generalsekretärin Angela Merkel machte sich sofort auf die Suche, wo die Schreiber-Million gelandet sein könnte. Die Nachfolgerin Kieps in der CDU-Schatzmeisterei, Brigitte Baumeister, erklärte: »Ich habe von dieser Million nichts gewusst.« Der amtierende Schatzmeister Matthias Wissmann gestand ein: »Aus den entscheidenden Jahren gibt es keine Unterlagen mehr.« Auch Hans Terlinden, der Vertraute von Helmut Kohl und Hauptabteilungsleiter in der Bundesgeschäftsstelle der Union, hatte von der Millionenspende angeblich noch nie etwas gehört. Kohl selbst reagierte gereizt. Auf einer Pressekonferenz blaffte er: »Sie können noch so ein Spurensicherungsgesicht machen. Es ändert nichts an der Tatsache: Wir haben von dieser Sache nichts gewusst.« Einen Journalisten, der nachhakte, fuhr er an: »Sie wollen eine Verleumdung starten, das sehe ich Ihrem Gesicht an. Verschwinden Sie jetzt!«

Von Kiep zu Kohl

Die »Kiep-Affäre«, so nannten sie die Medien vorerst, kam für Kohl persönlich zu einem ungünstigen Zeitpunkt. Nach seiner verheerenden Wahlniederlage vom Herbst 1998 erlebte der Ex-Kanzler 1999 ein politisches Revival. Der nüchterne Wolfgang Schäuble tat sich als neuer Parteivorsitzender schwer, aus dem riesigen Schatten seines Vorgängers zu treten. Ob im Präsidium oder auf Parteiveranstaltungen: Wo immer Kohl auftauchte, richteten die Kamerateams ihre Aufmerksamkeit auf den Mann, der 25 Jahre lang die CDU beherrscht hatte. Die neuen Parteivorderen agierten wie Statisten. In aller Welt sammelte Kohl Orden und Ehrungen ein, in der Heimat dankte das Parteivolk mit Standing Ovations und »Helmut-Helmut«-Rufen. Zufrieden konstatierte der ewige Kanzler: »Derart gefragt zu sein, bereitet mir, wenn ich ganz ehrlich bin, große Genugtuung.« Derweil erwischte das neue Kabinett Schröder einen denkbar schlechten Start. Finanzminister Oskar Lafontaine verabschiedete sich auf ungalante Weise, die Grünen zerrieben sich über den Balkan-Einsatz der Bundeswehr. Enge Vertraute waren sicher, dass Kohl zu dieser Zeit mit einem politischen Comeback liebäugelte.

Am 9. November sollte der zehnte Jahrestag des Mauerfalls ausgiebig mit George Bush senior und Michail Gorbatschow in Berlin gefeiert werden. Der sentimentale Kohl nahm sich fest vor, noch einmal voll in den Erinnerungen an »sein Lebenswerk« zu schwelgen. Ausgerechnet jetzt kam diese unschöne Geschichte mit der Koffer-Million ans Tageslicht! Weitere Dementis begleiteten die Jubiläumsfeiern. Am 12. November griff ein anderer alter Bekannter aus der Flick-Affäre mit einem Paukenschlag ins Geschehen ein. Uwe Lüthje, 1991 Generalbevollmächtigter der CDU-Schatzmeisterei, verkündete: Die Schreiber-Million ging nicht als Spende an die Union, sondern wurde als eine Art Sonderbonus für besondere Verdienste zwischen Kiep, Weyrauch und Lüthje aufgeteilt. Seinen

eigenen Anteil in Höhe von 370000 Mark habe er ordnungsgemäß
versteuert. Der *Spiegel* zitierte aus einem Brief von 1991, der
Lüthjes Behauptungen stützte. Kiep hatte Lüthje einst schriftlich
wissen lassen: »Vor der offiziellen Beendigung meines Amtes möchte
ich Ihnen aber noch mitteilen, dass ich es nicht nur bei einem Wort
des Dankes belassen möchte, sondern mich auch entschlossen habe,
Ihnen eine Sonder- und Schlussvergütung, wie immer Sie es nennen mögen, in Höhe von 370000 Mark zukommen zu lassen. Ich
möchte Ihnen damit zum Ende unserer Zusammenarbeit eine besondere Freude bereiten, die gewiss nicht alle Unbill in den zurückliegenden Jahren abgelten oder gar vergessen machen kann, die
Ihnen aber doch den beginnenden und hoffentlich lange andauern-
den neuen Lebensabschnitt erleichtern und verschönern möge.«
Die *Spiegel*-Leser lasen richtig: Die drei wichtigsten Finanzexperten
der CDU hatten die dubiose Parteispende eines Waffenhändlers
offenbar in Ganovenmanier unter sich aufgeteilt, kurz bevor sich
zwei von ihnen in den Ruhestand verabschiedeten. Über Kiep
machte schnell das Gerücht die Runde, er habe von seinem Teil der
Beute das Anwaltshonorar im Flick-Prozess bezahlt. Die Unbill der zurückliegenden Jahre! Der Ex-Schatzmeister dementierte
erwartungsgemäß Lüthjes Version und blieb dabei: Die Million ging
an die Partei.

Die Verwirrung war komplett. Die rot-grüne Regierung, gerade
im absoluten Stimmungstief, rieb sich die Hände. »Ich komme mir
vor wie in einem schlechten Krimi«, meinte der SPD-Abgeordnete
Frank Hofmann. Die Pointe des Statements: Hofmann war von
Beruf Zielfahnder beim Bundeskriminalamt. Auch Hans-Christian
Ströbele, der für Bündnis 90/Die Grünen die Rolle des Chefanklä-
gers übernahm, brachte sich in Position: »Das Schweigen in der Partei der Wiederholungstäter« erinnerte den altlinken Kreuzberger
Rechtsanwalt an die Usancen der Mafia. In Italien nenne »man das
wohl ›omertà‹«. Den Zeitungen, sogar der konservativen *Frankfurter Allgemeinen Zeitung*, gefiel die Formulierung. Am nächsten Tag

war sie in vielen Kommentaren zu lesen. Dabei traf Ströbele mit seinem Vergleich nicht ins Schwarze. Zumindest Horst Weyrauch begann, das Schweigegelübde zu brechen. Die Augsburger Steuerfahnder durchsuchten inzwischen sein Büro und stellten Unterlagen über das Treuhandkonto bei der Frankfurter Hauck-Bank sicher. Dabei fanden sie Hinweise auf ein verwirrendes System von Sonder- und Anderkonten, auf denen Geld unbekannter Herkunft hin- und hergeschoben worden war. Waren die Rechenschaftsberichte der CDU damit unvollständig? Weyrauch gab zu: »Diese Frage kann ich wahrheitsgemäß nur mit ›ja‹ beantworten.«

Die amtierende CDU-Führung begann vorsichtig sich von Kohl zu distanzieren. »Alles, was ich bisher gehört habe, erstaunt mich auf das Äußerste.« So tastete sich Angela Merkel vor, während Wolfgang Schäuble gebetsmühlenartig wiederholte: »Wir werden rückhaltlos aufklären.« Uwe Lüthje warnte ihn indes unter vier Augen vor »zu viel Aufklärungswut«, da diese »nur in der Katastrophe enden« könne. Die war zu diesem Zeitpunkt wahrscheinlich bereits unabwendbar. Den Augsburger Staatsanwälten fiel bei der Weyrauch-Durchsuchung ein Beleg für eine Überweisungsanforderung mit dem handschriftlichen Hinweis »Im Auftrag des PV« in die Hände. »PV« stand bei der CDU seit jeher für »Parteivorsitzender«. Am 22. November beantragten die SPD und die Grünen im Bundestag einen Parlamentarischen Untersuchungsausschuss. Am 25. November berichtete die *Süddeutsche Zeitung* erstmals über Hinweise, dass der »PV« Kohl »Landesverbänden, aber auch einzelnen Personen« Geld aus einem »System von schwarzen Kassen« hatte zukommen lassen. Rund zehn dubiose Konten habe die Partei unterhalten, mutmaßte die Zeitung. Heiner Geißler, Kohls einstiger Generalsekretär, verhalf dem Skandal am nächsten Tag mit einem Radiointerview zum endgültigen Durchbruch: »… es ist so, wie es drinsteht, im Wesentlichen ja richtig.« Die Abendnachrichten spekulierten wild, was Geißler mit dieser Andeutung wohl gemeint habe. Einen Tag später redete er Klartext: »Es gab den Etat der Bundesgeschäftsstelle, und daneben gab es auch andere Konten. Diese Konten standen ausschließlich unter der Verantwortung des Bundesvorsitzenden und der Schatzmeisterei.« Noch am Abend kündigte Kohls Nachfolger im Amt des Parteivorsitzenden, Wolfgang Schäuble, an, das Kontensystem von unabhängigen Wirtschaftsprüfern durchleuchten zu lassen.

Das System Kohl

Am 30. November trat Helmut Kohl die Flucht nach vorne an. Im Anschluss an eine Präsidiumssitzung überraschte er die wartende Pressemeute mit einer 15-minütigen Rechtfertigung. Die Kernsätze lauteten: »Eine von den üblichen Konten der Bundesschatzmeisterei praktizierte getrennte Kontenführung erschien mir vertretbar.« »Die vertrauliche Behandlung bestimmter Sachverhalte wie Sonderzuwendungen an Parteigliederungen und Vereinigungen habe ich für notwendig erachtet.« Und: »Ich bedaure, wenn die Folge dieses Vorgehens mangelnde Transparenz und Kontrolle sowie möglicherweise Verstöße gegen Bestimmungen des Parteiengesetzes sein sollte. Dies habe ich nicht gewollt, ich wollte meiner Partei dienen.« Der *Spiegel* kommentierte den Auftritt in der CDU-Parteizentrale mit gewohnter Häme: »Mit seiner rührseligen Entschuldigung erweckte der Altkanzler den Eindruck, als habe ein tüdeliger älterer Herr nur ein paar Kontoauszüge durcheinander gebracht. Es klang ein wenig nach Erich Mielke, der vor der Volkskammer mit seinem gestammelten ›Ich liebe, ich liebe doch alle …‹ um Mitleid barmte.« Einen reuigen Eindruck hatte Kohl tatsächlich nicht gemacht. Beobachter waren sich einig: Wäre er noch im Amt gewesen, hätte er sich auch auf ein vages Schuldeingeständnis niemals eingelassen. Bei drohenden Skandalen folgte Kohl in den sechzehn Jahren seiner Regierungszeit stets einer höchst effektiven Strategie: nichts zugeben, die Linkspresse angreifen, die Affäre aussitzen. Bisher war dieses Kalkül immer aufgegangen, weil der Politiker niemals auch nur einen Millimeter von seiner Position abrückte. Früher oder später hatte die Öffentlichkeit immer das Interesse verloren und die Affäre war – erledigt.

Dieses Mal spielten die eigenen Parteifreunde nicht mit. Kaum hatte Kohl nach seinem öffentlichen »mea culpa« das Konrad-Adenauer-Haus verlassen, warf Schäuble ihm vor, er habe die Partei »in patriarchalischem Sinne« geführt. Patriarch oder Pate? Was Heiner Geißler mit »Problemen der innerparteilichen Demokratie« umschrieb, bezeichneten die Zeitungen fortan als das »System Kohl«. Immer deutlicher trat hervor, wie Helmut Kohl seine Macht in der CDU über Jahrzehnte hinweg abgesichert hatte: mit »Bimbes« – im Jargon des Pfälzers das Wort für »Geld«. Ein Präsidiumsmitglied gab zu: »Kohl verteilte Geld gegen Informationen.« Hier 100 000 Mark für einen treuen Kreisverband, da neue Computer für eine Geschäftsstelle, einmal sogar 700 000 Mark für eine Briefaktion an alle Parteimitglieder. Woher nahm Kohl das Geld? Keiner in der Partei fragte ganz genau nach. Der Kanzler regelte das schon.

Bedingungslose Loyalität zum Parteichef belohnte dieser mit Protektion, Karriere und Nähe zur Macht. Im Orbit des allmächtigen Kanzlers entwickelten sich über die Jahre obskure Rituale. Wer zum Kreis der Vertrauten zählte, musste sich regelmäßig der »Arbeitsgemeinschaft Essen und Trinken« anschließen. Kollektive Völlerei in Bonner Edelrestaurants war für Kohl eine Zeremonie der Machtbehauptung. Der Chef bestellte für alle – und beglich die Rechnung. Er bestimmte, bis wann die gemütliche Runde über ernsthafte Dinge redete und ab wann gelacht werden durfte. Wer bei einem der zahllosen Gänge des Menüs passen musste, erntete dröhnenden Spott vom Chef. Die Abende endeten oft mit einem gemeinsamen Saunagang. Am nächsten Morgen saß Kohl wieder als Erster am Schreibtisch und freute sich ob seiner überlegenen körperlichen Konstitution.

Wer den Gehorsam verweigerte, konnte es in der Partei auf Bundesebene nicht weit bringen. Widersachern wie Ernst Albrecht blieb die Provinz. Kurt Biedenkopf klagte über den Kanzler: »Er hat ein Netz von Abhängigkeiten aufgebaut wie ein Landsknechthauptmann, der König geworden ist.« Der Soziologe Ralf Dahrendorf schätzte, dass rund die Hälfte aller CDU-Bundestagsabgeordneten sich ihrem Parteichef verpflichtet fühlten, da dieser sie persönlich gefördert hatte. Die *Zeit* brachte das »System Kohl« auf die Formel: »Kuhhandel und Hofzeremoniell« verbunden mit »brutalem Mobbing«.

Was nun, Herr Kohl?

Seit Geißlers Bestätigung war es offenkundig, dass Geld das System Kohl stabilisierte. Doch wer füllte die schwarzen Kassen? Der Altkanzler geriet immer stärker in den Ruch der Korruption. Plötzlich wurde die Union mit der Leuna-Affäre in Verbindung gebracht. Der französische Konzern Elf Aquitaine hatte – das behaupteten zumindest französische Manager – rund 50 Millionen Mark Schmiergeld gezahlt, um von der Treuhand den Zuschlag für die ostdeutsche Raffinerie und das lukrative Minol-Tankstellennetz zu bekommen. Helmut Kohl hatte sich gemeinsam mit seinem Freund Mitterrand für den Handel stark gemacht. Ebenfalls wurde über eine »Einflussspende« an die CDU im Zusammenhang mit dem Verkauf von 31 000 bundeseigenen Eisenbahnerwohnungen an das Ehepaar Ehlerding spekuliert. Die Hamburger Kaufleute erhielten bei dem Immobiliengeschäft den Vorzug vor den japanischen Mitbewerbern, obwohl die Asiaten rund eine Milliarde mehr boten. Drei Monate später ließen die Ehlerdings der Union 5,9 Millionen Mark zukommen – die größte Einzelspende in der Geschichte der Bundesrepublik. Ach ja, und dann war da ja noch die Schreiber-Million, von der niemand genau wusste, woher sie kam und wohin sie ging.

Für Helmut Kohl wurde es Zeit, »angesichts der vielen Gerüchte mal die Dinge auf die Wirklichkeit zu bringen«. Am 16. Dezember wählte er zu diesem Zweck die ZDF-Sendung »Was nun …?« Der Vorwurf der Bestechlichkeit sei für ihn »ganz und gar unerträglich«, versicherte er den Redakteuren Thomas Bellut und Klaus Bresser. Das Leitmotiv seiner Verteidigung blieb die verfolgte Unschuld: »Das Bild eines Mannes soll zerstört werden.« Niemals sei seine Regierung käuflich gewesen. So weit nichts Neues. Immer wieder hatte Kohl erklärt: Seinen Kritikern gehe es nicht um schwarze Kassen, sondern um Rache. Die Zuschauer staunten nicht schlecht, als der Studiogast unvermittelt einräumte, persönlich Spenden im Umfang von »anderthalb bis zwei Millionen Mark« in Empfang genommen zu haben, die in keinem Rechenschaftsbericht auftauchten. Die Namen der Spender würde er jedoch nicht nennen: »Weil ich mein Wort gegeben habe.« Großes Unrechtsbewusstsein ließ Kohl auch in diesem Punkt nicht erkennen. Das Geld habe er zum Teil an die CDU-Sozialausschüsse in Ostdeutschland weitergeleitet, damit diese Betriebsgruppen aufbauen konnten. »Wir standen mit dem Rücken zur Wand«, beschrieb der ehemalige Vorsitzende die Lage seiner Partei nach der Wende. Die Spendenannahme geriet aus der Sicht des Kanzlers der Einheit zur Notwehrreaktion gegen die wohlhabende SPD und gegen die alten SED-Strukturen der PDS.

Wolfgang Schäuble verfolgte die TV-Show mit Kopfschütteln. Der gelernte Rechtsanwalt wusste: Solange Kohl über die Geldgeber schwieg, verstieß er gegen das Parteiengesetz. Erinnerungen an Barschels »Ehrenwort-Pressekonferenz« wurden bei ihm wach. »Seither war ich gegen Ehrenworte in der CDU einigermaßen allergisch«, kommentierte Schäuble rückblickend. Und noch etwas wurde in dem Interview deutlich. Dem Altkanzler ging es einzig darum, Ruf und Lebenswerk zu retten. Auf seine Partei und die früheren Gefolgsleute, allen voran Wolfgang Schäuble, würde er keine Rücksicht nehmen.

Der Kanzler frisst seine Kinder

Das Verhältnis zwischen Kohl und seinem Nachfolger im Parteiamt war seit Beginn der Spendenaffäre stark belastet. Aufklärung »ohne Ansehen der Person« bedeutete für Kohl: Verrat an seiner Person. Der 2. Dezember markierte das Ende einer Männerfreundschaft. Schäuble wartete seit Tagen auf eine Mitschrift der Zeugenaussage von Horst Weyrauch bei der Augsburger Staatsanwaltschaft. Im Bundestag erreichte ihn die Nachricht, dass Finanzexperte Weyrauch das Protokoll längst bei Hauptabteilungsleiter Hans Terlinden abgegeben hatte. Dieser reichte es allerdings nicht an den amtierenden »PV«, sondern an seinen alten Chef Helmut Kohl weiter. Das »System« funktionierte. Schäuble reagierte umgehend. Angela Merkel trug er auf: »Der Terlinden wird sofort gefeuert. Der muss den Schreibtischschlüssel abgeben und was dazugehört.« Keine fünf Minuten später rief Kohl an und faselte etwas von »Du Wolfgang, gestern Abend, bei der Weihnachtsfeier, wollte ich Dir etwas geben.« Bei dem Trubel habe sich leider keine Gelegenheit geboten. Wolfgang glaubte dem Helmut kein Wort: »Erzähle deine Märchen jemand anderem.« Für Schäuble beging Kohl schlichtweg einen »Vertrauensbruch«, und das traf den Badener besonders hart. Er war schließlich immer der Klassenprimus im System Kohl gewesen: Kohl hatte ihn als jungen Abgeordneten entdeckt, gefördert und schließlich zu seinem Nachfolger bestimmt. Im Gegenzug konnte der Kanzler sich über Jahrzehnte sicher sein, dass Schäuble ihn niemals hintergehen würde.

Derweil holten auch den einstigen Musterschüler die Schatten der Vergangenheit ein. Kohl bemerkte gleich zu Beginn der Affäre, dass Schäubles Weste ebenfalls nicht frei von Flecken war. Unter dem Datum des 4. November 1999 notierte er in sein Tagebuch: »Der Name Karlheinz Schreiber erinnert mich an eine Spende über 100 000 Mark, die Wolfgang Schäuble von ihm erhielt. Davon hatte ich zunächst nichts erfahren. Erst drei Jahre später, 1997, infor-

mierte mich entweder Wolfgang Schäuble oder die Nachfolgerin
Kieps, die damalige CDU-Schatzmeisterin Brigitte Baumeister, von
dieser Spende. Allerdings habe ich mich um die Angelegenheit nicht
weiter gekümmert.« Im Rückblick las sich das wie eine Drohung.

Noch am selben Nachmittag, nachdem er Terlinden gefeuert und
sich mit Kohl überworfen hatte, wollte Schäuble im Bundestag seine
persönliche Spendensünde gestehen. Offenbar verließ ihn auf dem
Weg zum Rednerpult der Mut zur rückhaltlosen Aufklärung in
eigener Sache. Er räumte zwar ein, Schreiber »bei einem Sponsoren-
essen« kennen gelernt zu haben. Getroffen habe er ihn aber nur ein
einziges Mal. Das Bundestagsprotokoll verzeichnet einen Zwischen-
ruf des Abgeordneten Christian Ströbele: »Mit oder ohne Koffer?« Schäuble entgegnete gereizt: »Ohne Koffer, das heißt: Ich
habe vielleicht einen Aktenkoffer dabei gehabt. Ich weiß es nicht
mehr genau.« Diesen Satz sollte er bitter bereuen. Die Chance zur
Beichte war vertan – und das Parlament belogen. Der gleiche Fehler
hatte 1962 Franz Josef Strauß zu Fall gebracht. Auch Kohl, der die
Debatte im Fernsehen verfolgte, griff wieder zu Stift und Tagebuch:
»Ich frage mich, warum er vor dem Parlament diese Aussage macht.
Ich verstehe Wolfgang Schäuble nicht.« Der Rechtsanwalt des Alt-
kanzlers orakelte wenig später in *Bild am Sonntag*, die Öffentlichkeit werde »schon noch erfahren, wer außer Herrn Kiep auch noch
Spenden von Herrn Schreiber erhalten hat«. Doch diese Enthüllung
ließ noch einige Wochen auf sich warten.

Erbengemeinschaft Hessen-CDU

In der Zwischenzeit schaute die Öffentlichkeit irritiert nach
Hessen. Ein zweistelliger Millionenbetrag war in den vergangenen
Jahren von einem Schweizer Konto in die Kassen der hessischen
CDU gewandert. Der ehemalige Schatzmeister des Landesverban-
des, Casimir Prinz zu Sayn-Wittgenstein, lieferte dafür eine dubiose

Erklärung: Jüdische Emigranten, vermutlich aus Mittelamerika, hätten der Hessen-CDU die Gelder vererbt. Ministerpräsident Roland Koch bestätigte zunächst diese Version. In Wiesbaden entstand damit ein Nebenschauplatz des Skandals, der die Union weiter in ein kriminelles Licht rückte, obwohl er nicht unmittelbar mit den Finanzpraktiken der Bundes-CDU zu tun hatte. Die Geschichte von den jüdischen Gönnern erwies sich bereits im Januar als perfide und geschmacklose Mär. 1983 schaffte die hessische Union, offenbar auf Anweisung des Law-and-Order-Politikers Manfred Kanther, 20,8 Millionen Mark auf ein Schweizer Geheimkonto. Der Grund: Als Folge der Flick-Affäre mussten die Parteien seit 1984 ihre Finanzen restlos offen legen. Vermutlich stammten die Millionen zumindest teilweise aus dem Restsaldo der aufgelösten »Staatsbürgerlichen Vereinigung«, jener von Adenauer gegründeten Spendenwaschanlage, von der Kohl angeblich noch nie etwas gehört hatte. Kanther bestritt dies vehement. Ihren Notgroschen legten die hessischen Konservativen in festverzinsliche Wertpapieren an. Einen Teil der Erträge schleusten sie als Vermächtnisse und Darlehen deklariert wieder nach Wiesbaden. 1993 wurde in Luxemburg eigens eine Briefkasten-Stiftung mit Namen »Zaunkönig« gegründet, um den Rückfluss zu erleichtern. Das Schwarzgeld diente vor allem der Finanzierung von Landtagswahlkämpfen.

Manfred Kanther, 1983 Generalsekretär der hessischen CDU, übernahm die volle politische Verantwortung. Roland Koch habe von der Transaktion nichts gewusst. Kanther argumentierte ähnlich wie Kohl: »In umkämpfter Zeit wollte ich die Partei schlagkräftig erhalten.« Gemeint war die Phase nach dem Misstrauensvotum gegen Helmut Schmidt, das Helmut Kohl 1982 zum neuen Kanzler machte. Die schwarz-gelbe Koalition musste gefestigt werden – schon wieder eine Notwehrsituation. Kanther erntete Hohn und Spott für seine Ausflüchte. Als Bundesinnenminister war der »Schwarze Sheriff« stets mit hohem moralischen Anspruch aufgetreten, hatte als Vertreter der Null-Toleranz-Politik jedem Kleinkriminellen den Kampf angesagt. Selten war in der Geschichte der Bundesrepublik ein Politiker so offenkundig der Doppelmoral überführt worden. Und wieder sah sich ein Skandalpolitiker in der Opferrolle. »Um die Treibjagd zu beenden«, legte er sein Bundestagsmandat nieder. Auch Ministerpräsident Koch geriet schwer unter Druck. Als »brutalst möglicher Aufklärer« wollte er sich profilieren. Peinlich war nur: Man konnte ihm nachweisen, dass er Manipulationen am Rechenschaftsbericht der Partei gedeckt hatte. Die hessische FDP schaute darüber großzügig hinweg und stieg – nach heftigem innerparteilichen Streit – nicht aus der Koalition aus. Mochten Opposition und Medien noch so laut zetern: Roland Koch blieb im Amt. Wieder meldete sich ein alter Bekannter aus dem Flick-Skandal zu Wort. Ex-Manager Eberhard von Brauchitsch nannte die Lüge mit den jüdischen Vermächtnissen »erbärmlich«.

»Mal sehen, wer übrig bleibt«

Zurück nach Berlin. Unter dem Eindruck der Enthüllungen in Hessen geriet die Bundes-CDU immer stärker in Zugzwang. Sie musste die »rückhaltlose Aufklärung« vorantreiben. Nicht Schäuble, sondern Kohls einstiges »Mädchen« Angela Merkel nahm kurz vor Heiligabend das Heft in die Hand. Am 22. Dezember erklärte sie in einem Gastartikel in der *Frankfurter Allgemeinen Zeitung* die Ära Kohl endgültig für beendet: »Helmut Kohl hat der Partei Schaden zugefügt.« Der Altkanzler solle sich »dafür rechtfertigen, wie ein solches Vorgehen nach der Flick-Affäre möglich sein konnte« Ihre Forderung packte sie in ein Bild, das zu Kohls Vorstellung von der »Parteifamilie« passte. Die CDU müsse sich »wie jemand in der Pubertät von zu Hause lösen, eigene Wege gehen«. Am Ende des Artikels legte Merkel dem Ehrenvorsitzenden nahe, alle Ämter niederzulegen. Die *Frankfurter Rundschau* spöttelte: »Übervater-

mord.« Der *Spiegel* kommentierte: »Angela Merkel hat die alte
Geißler-Rolle übernommen: Um die Partei vor weiterem Schaden
zu bewahren, spricht sie unangenehme Wahrheiten aus.« Der Artikel beschleunigte die Absetzbewegung vom pater familias. Der
stellvertretende Fraktionsvorsitzende Friedrich Merz gab die Parole aus: »Wir müssen raus aus seinem Schatten. Wir werden den
Ton verschärfen, die Distanz vergrößern.« Die Präsidiumsmitglie-
der Volker Rühe, Christian Wulff, Peter Müller und Annette Schavan dankten der Generalsekretärin ausdrücklich für ihren Vorstoß.
Noch am gleichen Tag forderte das Präsidium Helmut Kohl einstimmig auf, »die Namen der Spender offen zu legen«. In einem
Nachsatz der Erklärung hieß es trotzig: »Wir erwarten, dass Helmut Kohl dieser Bitte nachkommt«. Zum ersten Mal stellte sich das
höchste Parteigremium direkt gegen Kohl. Der Hintergrund: Zeitungen spekulierten mittlerweile darüber, ob es die vermeintlichen
Spender überhaupt gab. Wenn tatsächlich ehrenwerte Bürger Kohl
das Geld zugesteckt hatten, warum entbanden sie ihn nicht von seinem Ehrenwort? Der Verdacht auf Bestechung wog immer schwerer.

Der Parteivorsitzende Schäuble tat sich zu diesem Zeitpunkt
dennoch schwer, Kohl öffentlich anzufeinden. Merkel hatte ihren
Artikel nicht mit ihm abgesprochen. Viele Anhänger des Altkanz-
lers rebellierten: »Ohne Not wird unser letzter Held geschlachtet.«
Bild ermittelte per Umfrage, dass knapp 60 Prozent ihrer Leser der
Meinung waren, Kohl brauche die Namen seiner Spender nicht zu
nennen. Schäuble entschied sich – noch – für einen Mittelweg. Über
sein Verhältnis zu Angela Merkel äußerte er sich sibyllinisch: »Wir
sind nicht immer einer Meinung. Aber wir sind immer auf einem
gemeinsamen Weg.« Das sah nach Arbeitsteilung aus. Die Generalsekretärin trieb die Erneuerung voran, Schäuble versuchte, den Bruch
mit Kohl so sanft wie möglich zu gestalten. Dabei unterschätzte er
offenbar dessen Wut über das Krisenmanagement auf seine Kosten.
Ex-Staatsminister Anton Pfeiffer, ein Kohlianer ersten Ranges,
teilte mit: »Der Schäuble kann es nicht. Und die Merkel kann es

noch weniger.« Ein anderer Getreuer deutete an: Der »Alte« werde persönlich dafür sorgen, dass Schäuble selbst ein Ermittlungsverfahren an den Hals bekomme. Angeblich fiel der drohende Satz: »Mal sehen, wer übrig bleibt.«

Die Katze auf der Kiste

An Weihnachten rief Schäuble wie gewohnt Kohl an, um ihm ein frohes Fest zu wünschen. Das Gespräch verlief »kurz und frostig«. Zur Jahrtausendwende spekulierten die Medien eifrig über eine weitere Spende von gut einer Million Mark, die Anfang 1997 von der Bundestagsfraktion in das Schwarzkontensystem der Partei eingeschleust worden war. Schäuble erwähnte diesen Vorgang kurz vor Weihnachten bemüht beiläufig. Nun stand der Aufklärer selbst am Pranger. Auch er versuchte, sich über das Fernsehen aus dem Spendensumpf zu befreien. Am 10. Januar beichtete er in der ARD-Sendung »Farbe bekennen«: Am Tag des Sponsorenessens mit Schreiber im September 1994 habe der Waffenhändler eine »Spende in bar abgegeben«. 100 000 Mark seien das gewesen. Schäuble räumte ein, dass auch in diesem Fall ein Verstoß gegen das Transparenzgebot von Parteispenden vorliege: »Ich habe dann jetzt, im Zuge der Aufklärung, die wir anstellen, festgestellt: Die ist auch nicht veröffentlicht worden, sondern offenbar – die Wirtschaftsprüfer prüfen es noch – als sonstige Einnahme verbucht worden.«

Am gleichen Abend meldete sich der Spender per Live-Schaltung aus Kanada zu Wort. Er nannte Schäuble einen »hinterhältigen Lügner« und bestritt, ihm das Geld am Tag des Essens gegeben zu haben. Zur Erinnerung: Der CDU-Chef hatte im Bundestag behauptet, Schreiber nur ein einziges Mal gesehen zu haben. Wochen später, »am 11. oder 12. Oktober«, behauptete der Lobbyist, habe er die 100 000 Mark dem damaligen Fraktionsvorsitzenden zukommen lassen. Im Interview erging sich Schreiber in Andeutungen. »Schäuble werde wohl noch wissen, was wir alles besprochen haben.« Damit meinte er den Bau der Thyssen-Rüstungsfabrik »Bearhead« in Kanada. Schadenfroh fügte der Waffenhändler hinzu: Bei der Spende ging es um »die politische Unterstützung für dieses Projekt«.

Der Handlungsreisende in Sachen Panzer und Zubehör gefiel sich in der Rolle des Rächers. Der Bestechung verdächtig, war er vor der bayrischen Justiz nach Kanada geflüchtet und kämpfte, gegen Kaution auf freiem Fuß, mit allen juristischen Finten gegen seine Auslieferung. Per Handy beschimpfte Schreiber die Augsburger Staatsanwälte als »Idioten«. Den bayrischen Ministerpräsidenten Edmund Stoiber nannte er ein »Arschloch«. Sein Freund Franz Josef Strauß, ließ Schreiber wissen, hätte das Ermittlungsverfahren gegen ihn einfach »ausgetreten«. Jetzt drohte er: »Ich sitze wie eine Katze auf einer Kiste mit Mäusen und überlege nur, welche ich zuerst verspeise.«

Das Echo auf Schäubles Beichte und Schreibers Vorwürfe war verheerend. Der stellvertretende SPD-Vorsitzende Wolfgang Clement höhnte: »Die 100 000 Mark Spende zeigt, dass das System Kohl eben nicht auf Kohl beschränkt war.« Die *Welt* schrieb: »Eine Fallhöhe wie bei Shakespeare: Vom hohen Ross der moralischen Belehrung stürzte Wolfgang Schäuble ins Bodenlose der moralischen Blamage. Der Richter als Täter? Ausgerechnet er, der die strengsten Maßstäbe im Umgang mit der Spendenaffäre setzte, der die Angelegenheit hartnäckig auf eine Affäre Kohl beschränkte, der den Altkanzler zur Ehrlichkeit und schonungslosen Aufklärung aufforderte, ausgerechnet er muss einräumen, selbst eine zwiespältige Barspende entgegengenommen und nicht korrekt verbucht zu haben, und das aus dem Koffer von Herrn Schreiber.« Die Schlussfolgerung: »Die CDU wirkt paralysiert. Weil es keine Alternative gebe, fordert niemand laut den Rücktritt. Das kann kein Argument sein. Alternativen sind eine Frage des Mutes.«

Der CDU-Vorsitzende kam sich vor wie eine Figur in Kafkas *Prozess*. Auch dort gerieten »Unschuldige plötzlich immer mehr in Verdacht und Verstrickung« und mussten sich fragen: »Bin ich ver-

rückt?« Rücktrittsforderungen konterte er mit dem Satz: »Ich habe
mich zu 100 Prozent korrekt verhalten.« Brigitte Baumeister gab
ihm zunächst Rückendeckung und übernahm die Verantwortung
dafür, dass die Schreiber-Spende nicht korrekt verbucht worden
war. Ferner teilte Sie mit: Sie habe das Geld nach dem Empfang an
ihren Vorgänger Kiep weitergereicht. Dieser machte die Verwirrung
mit einem erneuten Dementi komplett: »Weder damals noch zu
einem späteren Zeitpunkt habe ich von Brigitte Baumeister diese
oder eine andere Spende erhalten.« Damit stand der Verdacht im
Raum, dass Baumeister sich selbst bereichert hatte. Das ließ wiederum die Ex-Schatzmeisterin nicht auf sich sitzen. Sie fürchtete, in
die Rolle des Bauernopfers gedrängt zu werden und behauptete
plötzlich, Schreiber habe die Wahrheit gesagt. Das Geld sei erst im
Oktober übergeben worden – und zwar über sie an Schäuble! Der
Grund für Baumeisters späte Einsicht: Die Modalitäten der Geld-
übergabe habe sie zunächst für völlig unwichtig gehalten, und aus
Loyalität zum Parteivorsitzenden habe sie vorerst geschwiegen.
Doch jetzt sei ihr klar, dass sie vor dem Untersuchungsausschuss die
ganze Wahrheit sagen müsse. Die Frage der Woche lautete plötzlich:
Wie unschuldig war Schäuble wirklich?

Dieser bemühte sich weiter um Aufklärung in der Frage der anonymen Spender. SPD-Abgeordnete forderten, den Ex-Kanzler in
Beugehaft zu nehmen. Am Morgen des 18. Januar 2000 startete Wolfgang Schäuble einen letzten Anlauf, Kohls Schweigen zu brechen.
Erfolglos. Schäuble beendete das Gespräch mit dem Satz: »Ich habe
schon zu viel meiner knappen Lebenszeit mit dir verbracht.« Auf
dem Weg durchs Vorzimmer rief er der Kohl-Vertrauten Juliane
Weber zu, er werde dieses Büro nie wieder betreten. Eine gute Stunde
später bot Schäuble dem Parteipräsidium seinen Rücktritt an. Das
Gremium lehnte einmütig ab. Stattdessen forderte es Helmut Kohl
auf, seinen Ehrenvorsitz ruhen zu lassen. Noch am Abend kam Kohl
zutiefst verbittert der Forderung nach – und notierte: »Ich kann nicht
fünfzig Jahre meines Lebens wie ein schmutziges Hemd ablegen.«

In den kommenden Wochen jagte eine Hiobsbotschaft die nächste. Eine Umfrage des ZDF-Politbarometers ergab: 79 Prozent der Deutschen bezweifelten, dass die CDU die Spendenaffäre tatsächlich rückhaltlos aufklären wollte. Die rot-grüne Regierung konnte seit langer Zeit erstmals wieder mit einer Mehrheit rechnen. Ende Januar erhängte sich ein für Finanzen zuständiger Mitarbeiter der CDU-Fraktion. In Abschiedsbriefen gestand er, aus den schwarzen Kassen Geld für sich persönlich abgezweigt zu haben. Offenbar fürchtete er, dass die von Schäuble und Merkel beauftragten Wirtschaftsprüfer ihm auf Spur kommen würden. Am 15. Februar präsentierte Bundestagspräsident Wolfgang Thierse der Union die vorläufige Rechnung für ihre Verstöße gegen das Parteiengesetz. Allein für das Jahr 1998 legte der Sozialdemokrat ein Bußgeld von 41,3 Millionen Mark fest. Der größte Teil der Strafe resultierte aus den 20 Millionen Mark auf dem Schweizer Schwarzgeldkonto der Hessen-CDU. Die Union wähnte sich vor dem finanziellen Ruin und klagte ohne Erfolg gegen den Bescheid. Schäuble ahnte zu diesem Zeitpunkt wohl schon: Der Ära Kohl würde keine Ära Schäuble folgen.

Inzwischen eskalierte der Streit mit Brigitte Baumeister und gipfelte in zwei eidesstattlichen Erklärungen, die sich eindeutig widersprachen. Damit war aktenkundig, dass einer von beiden log. In der Fraktion kam es zum Show-down. Mit ausdrücklicher Unterstützung Schäubles empfahl der Fraktionsvorstand, Brigitte Baumeister als Parlamentarische Geschäftsführerin abzuwählen. Abgeordnete aus Nordrhein-Westfalen protestierten mit Zwischenrufen. Die Landesgruppe hatte kurz zuvor in einer Sondersitzung mit großer Mehrheit für einen Rücktritt Schäubles gestimmt. Immer mehr Fraktionsmitglieder gewannen jetzt den Eindruck, Baumeister solle als Bauernopfer zum Abschuss freigegeben werden. Schnell zeichnete sich ab, dass es für eine Abwahl von Schäubles Kontrahentin keine Mehrheit geben würde. Die Stimmung kippte. Viele Fraktionsmitglieder forderten, schon nächste Woche einen neuen Vorstand zu wählen und Baumeister im Amt zu lassen. Das Signal an Wolfgang Schäuble war unmissverständlich, der Badener zog die Konsequenzen. Im Anschluss an die Sitzung erklärte er mit wie immer beherrschter Miene: »In mir ist die Überzeugung gereift, dass ohne einen sichtbaren, also auch personellen Neuanfang, sich die Union nicht aus der Umklammerung dieser Krise befreien kann. Ich kann diesem Neuanfang am besten dadurch dienen, dass ich nicht mehr für das Amt des Vorsitzenden kandidiere.« Manche Journalisten meinten, hinter der steinernen Fassade des Mannes im Rollstuhl auch eine Spur von Erleichterung zu erkennen.

Die Entrüstung war groß. CSU-Landesgruppenchef Michael Glos sprach von einer »Intrige innerhalb der CDU«, durch die Schäuble »erlegt« worden sei. Heiner Geißler sah im Sturz des Aufklärers einen letzten Triumph Kohls. Der Altkanzler hatte an den Tagen vor dem Eklat mit vielen Abgeordneten intensive Gespräche geführt und gegen seinen Nachfolger Front gemacht. Gerhard Schröder kommentierte Schäubles Rückzug vorsichtig: »Ein Vorgang, der nicht ohne Tragik ist, aber das war wohl unausweichlich.« Der Kanzler brachte auf den Punkt, was in der Opposition viele dachten. Schäuble machte sich zwar um die Aufklärung des Skandals verdient, war aber selbst zu sehr Teil des »Systems Kohl« gewesen, um diese Rolle mit letzter Konsequenz ausfüllen zu können. Die *Welt*, während der gesamten Spendenaffäre wohl am besten über die Interna der Union informiert, kommentierte: »Der König ist also gegangen, um sein Königreich zu retten. Insofern verdient Schäuble mit seinem Rücktritt Respekt und Achtung.«

Was sonst noch geschah ...

Es folgten die Wahl von Angela Merkel zur Parteivorsitzenden, von Friedrich Merz zum Fraktionschef sowie ein Blick zurück im Zorn. In einer Dokumentation des Info-Senders Phoenix sprach Schäuble über die Hintergründe seines Sturzes. »Da wurde ein unglaubliches Spiel gespielt, was eigentlich nur mit diesem unseligen Herrn Pfeiffer aus der Barschel-Engholm-Geschichte zu vergleichen ist.« Opfer einer Intrige »mit kriminellen Elementen« sei er geworden, in der »gelogen worden ist, dass sich die Balken biegen«. Wer unter welchen Umständen tatsächlich die 100 000 Mark von Schreiber angenommen hat, wurde bis heute nicht aufgedeckt. Auch der Einfluss von Helmut Kohl auf die Fraktion im Vorfeld von Schäubles Rücktritt – angeblich stand Kohl mit Waffenhändler Schreiber in telefonischem Kontakt – bleibt rätselhaft.

Helmut Kohl ging für seine Partei nun erneut auf Spendenakquise. Er wollte den finanziellen Schaden, den er zu verantworten hatte, wieder gutmachen. Dieses Mal bekannten sich die Gönner zu ihren Wohltaten. Unter ihnen waren der damals noch flüssige Münchener Medienunternehmer und Kohl-Freund Leo Kirch, der 1 000 000 Mark zur Rettung der Partei beisteuerte, ZDF-Hitparaden-Moderator Dieter Thomas Heck und Schauspieler Heiner Lauterbach. Helmut Kohl spendete aus seiner privaten Kasse 700 000 Mark und nahm dafür eigens eine Hypothek auf sein Haus in Oggersheim auf. Zur parteiinternen Rehabilitierung reichte das vorerst nicht. Zum zehnten Jahrestag der Wiedervereinigung wurde mit einem offiziellen Festakt in Dresden gefeiert. Ministerpräsident Kurt Biedenkopf, Kohls Intimfeind aus alten Tagen, ließ wissen: Der Kanzler der Einheit sei als Redner nicht willkommen, allenfalls als Zuhörer in der ersten Reihe. Zum Ausgleich lud ihn Angela Merkel als Redner zu einer Feier der CDU in Berlin ein.

Seinen 70. Geburtstag feierte Kohl am 3. April 2000 abgeschieden mit Frau Hannelore. Im CDU-nahen Berliner Radiosender HUNDERT,6 betonte er anlässlich seines Ehrentags noch einmal, wie sehr ihn das Verhalten seiner Partei verletzte. In wenigen Wochen sei er zu »einer Art Unperson, für manche sogar, zu einer

Art Monstrum« geworden. »Dies ist schon sehr schwer zu ertragen.« Kohl blieb seiner Opferrolle fest verbunden. In der *Welt* sagte der Jubilar, ihn bedrücke die Distanz derjenigen, die er früher gefördert und unterstützt habe. Namen nannte er nicht. Stattdessen zitierte er einen Satz seiner Mutter: »Die Hand, die segnet, wird zuerst gebissen.«

Juristisch zog die Spendenaffäre keine großen Folgen nach sich. Die Staatsanwaltschaft Bonn stellte ihr Ermittlungsverfahren gegen Kohl wegen Untreue ein. Der Altkanzler musste dafür eine Geldstrafe von 300 000 Mark zahlen. Die Verfahren gegen Baumeister und Schäuble wurden ebenfalls eingestellt. Die Wahrheit sei nicht mehr herauszufinden, so begründete die Berliner Justiz ihre Entscheidung. Die Ermittlungen gegen Kiep, Prinz zu Sayn-Wittgenstein, Weyrauch und Kanther verliefen ebenso im Sande. In Zukunft könnten Spendensünder allerdings weniger glimpflich davonkommen. Wie einst nach der Flick-Affäre verschärfte der Bundestag als Konsequenz des Skandals das Parteiengesetz. Seit Juli 2002 dürfen nicht mehr als 1 000 Euro in bar gespendet werden, anonym maximal 500 Euro. Zuwendungen über 50 000 Euro sind unverzüglich dem Bundestagspräsidenten zu melden. Die einschneidendste Änderung betrifft das Strafmaß beim Verstoß gegen das Gesetz: Wer falsche oder verschleiernde Angaben über Einnahmen macht, wandert bis zu drei Jahre ins Gefängnis.

Der »1. Untersuchungsausschuss der 14. Wahlperiode« sorgte zweieinhalb Jahre lang dafür, dass die Affäre nicht in Vergessenheit geriet. Immer neue Details über »Skandale im Skandal« kamen auf den Tisch. Der Sonderermittler Burkhard Hirsch teilte den Ausschussmitgliedern mit, dass bei der Übergabe des Kanzleramts haufenweise Akten und Daten verschwunden waren, die heikle Vorgänge dokumentierten: Leuna und Elf Aquitaine, die Panzerlieferung an Saudi-Arabien und die Ausfuhrgenehmigung, Ausschreibung und Verkauf der bundeseigenen Eisenbahnerwohnungen. Ein »Abgrund von Aktenverrat« tat sich auf, so die *Zeit*. Die Ordner

»Weil ich mein Wort gegeben habe ...« Auch vor dem Untersuchungsausschuss
nennt Kohl keine Spendernamen und verstößt damit weiterhin gegen das Parteiengesetz.
Schäuble: »Die Ära Kohl ist mit einem Triumph der Selbstzerstörung zu Ende gegangen.«

blieben verschollen, stattdessen fand man zusätzliche Anderkonten in der Schweiz, auf denen angeblich Geld des Siemens-Konzerns gelandet war. Auch Walther Leisler Kiep sorgte noch einmal für eine Überraschung. Im April fand er – scheinbar aus Versehen – auf einem seiner Konten noch eine Million Mark, von der er nicht wusste, wie sie dorthin kam und von wem sie stammte. Vorsichtshalber überwies er die Summe an die CDU.

Erwartungsgemäß nannte Helmut Kohl auch vor dem Parlamentarischen Untersuchungsausschuss die Namen seiner Spender nicht. Seine Begründung blieb dieselbe: »Ich habe mein Leben lang mein Wort gehalten. Das ist ein wichtiges Kapital für mich. Das hat international und national mir mein Renommee eingebracht.« Nach Kohls Aussagen kam es zu einem Eklat. Der Terminkalender seiner Assistentin Juliane Weber belegte, dass sich der Zeuge Kohl vor allen wichtigen Vernehmungen mit den CDU-Mitgliedern des Ausschusses getroffen hatte, um sich auf seine Vernehmung »vorzubereiten«.

Viele Zeugen wie Hans Terlinden oder der in die Leuna-Affäre verwickelte Geschäftsmann Werner Holzer beriefen sich auf ihr Recht, die Aussage zu verweigern. Vielleicht hätten Stasi-Unterlagen zur Aufklärung der Vorgänge beitragen können, die bis in die 80er Jahre zurückreichten. Die DDR-Abhörer hatten auch die CDU-Finanzexperten unter Beobachtung gestellt. Die Protokolle wurden im Untersuchungsausschuss als Beweismittel nicht zugelassen. »Ob das Kohls heftigen Protesten zu verdanken ist, ist nicht bekannt«, bemerkte die *Süddeutsche Zeitung*. Kurz vor Toresschluss meldete sich im Mai 2002 nochmals Karlheinz Schreiber aus Kanada zu Wort. Wichtiges über die Finanzen der CSU habe er noch mitzuteilen. Die Katze auf der Kiste? Der Ausschuss reiste nach Toronto und lauschte den Ausführungen des Waffenhändlers, wonach die CSU Anfang der 80er Jahre 5,2 Millionen Mark in verdeckten Parteikassen bunkerte – mit Wissen von Edmund Stoiber. Beweise konnte Schreiber nicht vorlegen.

CSU-Landesgruppenchef Michael Glos kommentierte. »Gegen
den war der Lügenbaron Münchhausen ein Pygmäe.« Alles sah
nach einem erneuten Racheakt wegen verweigerter Protektion
durch die bayrischen Justizbehörden aus. Auch die rot-grünen
Mitglieder des Ausschusses ließen die Sache schließlich auf sich
beruhen.

Mitte Juni legten die Obleute ihre Abschlussberichte vor. Nach
126 Sitzungen, 138 Zeugenaussagen und der Sichtung von knapp
1 800 Ordnern mit Beweismitteln lautete das Fazit der CDU/CSU:
»Die Käuflichkeit von Entscheidungen der Regierung von Altkanzler Helmut Kohl (CDU) ist nach den Ermittlungen des Ausschusses
nun auszuschließen.« Die Unionsabgeordneten warfen der SPD
vor, sie hätten den Ausschuss »einseitig instrumentalisiert«. Kohl
und die CDU hätten für »ihre Fehler schwer gebüßt«. Damit war
für Obmann Andreas Schmidt »der Vorgang abgeschlossen«. Sozialdemokraten und Grüne sahen den Vorwurf der »politischen Korruption« keineswegs ausgeräumt. Hans-Christian Ströbele erklärte:
»Die frühere Regierung hat in drei Fällen Spenden erhalten, die
dazu geeignet waren, politische Entscheidungen in der Bundesrepublik zu beeinflussen, und die politische Entscheidungen beeinflusst haben.« Dies galt nach Ansicht der rot-grünen Ausschuss-
mehrheit für die Fuchs-Panzer, die Rüstungsfabrik in Kanada und
die Eisenbahnerwohnungen. Einzig in der Leuna-Affäre war mittlerweile weitgehend unstrittig, dass keine Schmiergelder an die
Union geflossen waren. Wahrscheinlich hatten sich französische
Manager mit so genanntem »kick-back-money« selbst bereichert
und »verdeckte Provisionen« auf eigene Geheimkonten geleitet.
Wenige Tage nach dem Ende der Ausschussarbeit trat Helmut Kohl
in Frankfurt erstmals wieder auf einem CDU-Parteitag auf. Das
Verhältnis zwischen dem Ex-Parteivorsitzenden und der Partei
bezeichnete der Generalsekretär Laurenz Meyer als »entspannt,
entspannt, entspannt«.

Triumph der Selbstzerstörung

»Ich habe einen Fehler gemacht und zu diesem Fehler stehe ich.«
Je öfter Helmut Kohl diesen Satz in die Fernsehkameras sagte, desto
weniger hatten viele Zuschauer den Eindruck, dass der Altkanzler
tatsächlich glaubte, einen Fehler gemacht zu haben. Zwei Millionen
Mark Spendengeld falsch verbucht? Lächerlich im Vergleich zur
politischen Lebensleistung! Kohl war fest davon überzeugt, dass er
zum Opfer einer finalen Hetzkampagne wurde. »Das Bild eines
Mannes soll zerstört werden«, aus Neid und Missgunst, Rache und
kleinbürgerlicher Bösartigkeit. »Ich büße für diesen Fehler in einer
Art und Weise, die in keinem Verhältnis zur Sache selbst steht«,
klagte er. Ganz falsch war das aus seiner Sicht nicht. Kein französi-
scher Staatsanwalt hätte es je gewagt, François Mitterrand in einer
vergleichbaren Affäre wegen Untreue anzuklagen. Diese Erkenntnis war nicht neu. Überraschend war nur der Verlauf, den die
Debatte um Kohls »Fehler« nahm.

Die CDU-Spendenaffäre unterschied sich grundlegend von allen
bisherigen Skandalen. Kein einziger Träger politischer Verantwortung saß in der ersten Reihe auf der Anklagebank, sondern ein
Staatsmann im Ehrenamt. Die Chefankläger gehörten nicht ins geg-
nerische politische Lager, sondern zur Partei-»Familie«. Gewiss:
Justiz, CDU-kritische Presse und rot-grüne Regierung brachten
den Skandal ins Rollen und sorgten dafür, dass er weiter in der Diskussion blieb, nachdem die Union ihn für beendet erklärt hatte.
Doch in der entscheidenden Phase waren es die »Aufklärer« in der
CDU, die das System Kohl endgültig einstürzen ließen. Finanz-
fuchs Uwe Lüthje empfahl Wolfgang Schäuble nach Kohls Fernseh-
geständnis ganz im Sinne des Ex-Kanzlers, die Wirtschaftsprüfer
sollten »jetzt irgendeinen Bericht schreiben« und danach müsse sich
die Union aus der Sache »zurückziehen«. Schäuble glaubte nicht,
dass die alte Taktik des Aussitzens wieder einmal funktionieren
könnte. Seine Sache sollte noch verhandelt werden.

Die PDS-Abgeordnete Evelyn Kenzler addierte im Untersuchungsausschuss, dass bei gut 35 Millionen Mark in den Kassen der Bundes-CDU Herkunft und Verbleib im Dunkeln blieben. Mag sein, dass diese Zahl annähernd stimmt. Wie genau in Kieps System der Pool-, Treuhand- und Anderkonten gewirtschaftet wurde, ist nicht mehr zu rekonstruieren. Die Summen interessierten in der Spendenaffäre ohnehin nur am Rande. Freund und Feind verfolgten gebannt die Auflösung eines politischen Konstruktes, das sechzehn Jahre lang höchst effizient gearbeitet hatte. Kohls Politikverständnis unterlag von Anfang an einem binären Kode: »Wir« und »die Anderen«. Zur Not ging Macht vor Recht, gesinnungsethisch begründet zum Wohle Deutschlands und der Wiedervereinigung. Als die Mission erfüllt und die Ethik am Ende war, brach das »Wir« auseinander. Der Kanzler der Einheit fühlte sich ausgegrenzt, »wie ein Aussätziger, den man wegen seiner gefährlichen, ansteckenden Krankheit fürchtet und meidet«. Die Rettung seiner Lebensleistung wurde für Helmut Kohl zur neuen Lebensaufgabe. Rücksicht auf Verluste konnte er dabei nicht nehmen. »Personell und sichtbar ist die Ära Kohl mit einem Triumph der Selbstzerstörung zu Ende gegangen«, resümierte Wolfgang Schäuble. Er selbst stand neben dem Denkmal Kohl im Zentrum dieser Selbstzerstörung. Seine Rolle hatte tragische Züge. Als er sich zur Flucht nach vorne entschloss, war es zu spät. Mit der Schreiber-Spende hatte der ewige Kronprinz sich bereits im Netz der schwarzen Kassen verheddert. Die Schuld erscheint in der Rückschau vergleichsweise gering, aber sie versperrte Schäuble letztlich den eigenen Weg ins Kanzleramt. Das konnte er Helmut Kohl niemals verzeihen. Sein Bruder Thomas Schäuble, Innenminister in Baden-Württemberg, erklärte nach dem Rücktritt im Februar 2000: »Ich verabscheue Herrn Kohl, und da kann ich für die ganze Familie sprechen.« Ohne seinen Bruder, fügte er hinzu, wäre Kohl nicht sechzehn Jahre lang Bundeskanzler geblieben. »Nachdem das alles deutlich geworden ist, darf man ein Fragezeichen daran knüpfen, ob dies so gut war und ob denn darin ein so großes Verdienst liegt.«

Wolfgang Schäuble widersprach seinem jüngeren Bruder nicht. Helmut Kohl erklärte dagegen vor dem Untersuchungsausschuss: »Das Zerbrechen dieses persönlichen Verhältnisses gehört zu den bittersten Erfahrungen meines Lebens.« Die Vorwürfe von Thomas Schäuble habe er »überhaupt nicht verstanden«. Diese Reaktion bestätigte die ärgsten Kritiker des Systems Kohl und offenbarte dessen brutale Ichbezogenheit. Gleichwohl hat die Spendenaffäre auch den Altkanzler persönlich schwer getroffen. Und die Schadenfreude beim »zweiten Abschied« des Machtpolitikers (*Die Zeit*) quoll vielen seiner Gegner aus den Knopflöchern.

Hat Helmut Kohl sich durch den Skandal verändert? »Ich bin am Ende meiner Karriere immer noch der, der ich immer war«, lautet seine Antwort. Sie erinnert an seine alte Jugendhymne, die er an den weinseligen Abenden der »Arbeitsgemeinschaft Essen und Trinken« gerne anstimmte: »Ich bin een echter Pälzerbub, de Stärkschte von unsre Klass.«

Bildnachweis

dpa: 49, 81, 141, 192, 199, 208, 228, 265
Ullstein: 38, 68, 90, 104, 123, 171

Danksagung

Mein herzlicher Dank gilt Volker Hey für seine schnelle und zuverlässige Unterstützung bei der Literaturrecherche, sowie Christine Mühlbach, Claudio Gallio, Steffen Koch, Arne Molfenter und Dr. Michael Mors für ihre zahlreichen Anregungen, die mir beim Schreiben und bei der Korrektur sehr geholfen haben.

Personen- und Sachregister

Ein intimes Porträt der reichsten Familie Deutschlands

Rüdiger Jungbluth
DIE QUANDTS
Ihr leiser Aufstieg zur
mächtigsten Wirtschafts-
dynastie Deutschlands
2002. 391 Seiten · Geb.

Uniformschneider des Kaisers, Waffenschmiede der Nazis, Motor des Wiederaufbaus und des vereinigten Deutschlands: Über vier Generationen errichteten die Quandts mit unternehmerischem Geschick und politischem Kalkül ein einzigartiges Geschäftsimperium – doch ihren Namen kennen nur wenige. Rüdiger Jungbluth enthüllt in seinem Buch die faszinierende und tragische Geschichte dieser geheimnisvollen Wirtschaftsdynastie. Ihr Erfolg ist ein Lehrstück für das Zusammenspiel von Familientradition, Unternehmertum und Macht in Deutschland.

Frankfurt / New York

Gerne schicken wir Ihnen aktuelle Prospekte:
Campus Verlag · Kurfürstenstr. 49 · 60486 Frankfurt / M.
Tel. 069/97 65 16-0 · Fax -78 · www.campus.de

.